投资必修的财务分析方法

Financial Analysis Method Required of Investment

郭恩才　著

中国金融出版社

责任编辑：张哲强
责任校对：刘　明
责任印制：丁淮宾

图书在版编目（CIP）数据

投资必修的财务分析方法（Touzi Bixiu de Caiwu Fenxi Fangfa）/郭恩才
著 . —北京：中国金融出版社，2015. 9
ISBN 978 - 7 - 5049 - 8008 - 3

Ⅰ . ①投… 　Ⅱ . ①郭… 　Ⅲ . ①财务分析 　Ⅳ . ①F231. 2

中国版本图书馆 CIP 数据核字（2015）第 146281 号

出版
发行 中国金融出版社

社址　 北京市丰台区益泽路 2 号
市场开发部　（010）63266347，63805472，63439533（传真）
网 上 书 店　http://www. chinafph. com
　　　　　　（010）63286832，63365686（传真）
读者服务部　（010）66070833，62568380
邮编　 100071
经销　 新华书店
印刷　 北京松源印刷有限公司
尺寸　 169 毫米 ×239 毫米
印张　 12. 25
字数　 220 千
版次　 2015 年 9 月第 1 版
印次　 2015 年 9 月第 1 次印刷
定价　 45. 00 元
ISBN 978 - 7 - 5049 - 8008 - 3/F. 7568
如出现印装错误本社负责调换　联系电话（010）63263947

目　　录

资金枯竭或称"资金链断裂"。资金是企业肌体的血液,正是资金的正常循环和周转,给企业带来源源不断的利润。资金问题是一个"财务问题",所以说企业经营失败在很大程度上是由财务失败导致的。正因为如此,我们才有必要探讨企业财务风险的各种表现,学会识别公司的财务风险,像远离毒品一样远离财务风险可能集中爆发的"地雷"企业。

03　财务分析的"武器库"——财务比率 ………… 66

导读:如果有人问笔者,你认为这一本书中那一章最重要?笔者会毫不犹豫地告诉他:本章最重要。这倒不是因为这一章理论水平有多高,或者是技术方法有多精湛,而是因为这一章最实用。财务分析方法大致可以分成比率分析、比较分析、趋势分析和因素分析等四种类型,但最重要、最基本的是比率分析,因为其他的分析都建立在比率分析的基础之上。本章聚焦比率分析,将财务比率划分成反映企业运营、获利、偿债和成长能力四个模块,深入剖析了十五大财务指标的功能、使用条件和计算方法。正文中使用了"观止"一词,说明笔者自信心"爆棚"。

04　企业财务状况的综合评价 ……………………… 85

导读:好,并不意味着没有缺陷,比如比率分析。比率分析的缺陷是"只见树木,不见森林",鼻子、眼睛、耳朵长得都不错,但不知放到一起好不好看。要想避免"盲人摸象",财务综合状况分析就要"粉墨登场"了。财务综合状况分析的目的是描绘企业财务状况的"全景图",既可以对企业财务状况作综合诊断,又可以对不同企业整体财务状况作比较分析。沃尔比重评分法、雷达图法和Z分数法也蛮好玩的,我猜你会喜欢。

05　企业未来现金流预测 ·································· 102

导读：正如本章第一节的标题：未来现金流预测——财务分析第一难。这个"第一难"并非财务分析所独有，所有涉及对未来的预测都难，这都是未来的"不确定性"闹的。但人类的使命就是探索未来，只有预知未来，我们才知道应该采取什么策略。本章所介绍的企业未来现金流预测方法可能并不完善，但却是迄今为止人们可以找到的最好的方法。

06　资产评估与企业价值评估 ·································· 113

导读：你仔细想过没有，做投资最关键的是什么？四个字：预测、估值。如果你能正确判断投资品的真实价值，就可以知道它的价格是贵还是贱；如果你能预测投资品价格的走势，你就知道该买还是该卖。遗憾的是，预测和估值恰恰最难，这就是投资不易的原因之所在。本章所介绍的估值技术，说不定会令你"脑洞"大开。

07　投资大师青睐的财务分析指标 ·································· 140

导读：利用财务指标分析企业财务状况，进而作出明智的投资决策，是投资大师们不约而同的抉择。从格雷厄姆到彼得·林奇和巴菲特，都自觉不自觉地依据自己所钟爱的财务指标作出投资决策。他们的成功，说明这种模式是有生命力的，放之四海而皆准。所以你不要抱怨，把街谈巷议、小道消息、股市黑嘴当依据，必然会落得最悲惨的结局。

导读：理想很丰满，现实很骨感。真实的世界远不如人们想象的那么美好。在投资之前，我们想对所投资的公司进行"基本面"分析，我们依据公司所发布的财务数据作出了投资决策，然后我们发现自己错了，因为公司的财务数据是注过水的——这是每天都在发生的悲剧。歌手那英满世界呼唤——"借我一双慧眼吧"，结果不得而知，笔者却可以向你提供望远镜、显微镜和光谱分析仪，参透了本章的玄机，一切假的东西都无法在你面前遁形。

00 投资是苗 财务分析是土

导读：任何投资都有风险，要想不断提高投资的成功率，必须有科学的投资理论作指导，在这一点上，价值投资理论是不二之选。价值投资的核心是要事先评估投资对象的内在价值，当内在价值与其市场价格有差距时，你的机会就来了。那么如何估计投资对象的价值呢？估值离不开财务分析，投资与财务分析之间具有不可分割的联系。所以说，"投资是苗，财务分析是土"。

投资是苗，财务分析是土。苗木只有植根于土壤，才能茁壮成长。本章要讲述的是此间的逻辑关系。

0.1 怎样才能成为富人

打开电脑，一则小故事引起了我的关注。《钱江晚报》2014 年 11 月 10 日报道，绍兴诸暨的陈阿姨到新加坡旅游，却被新加坡警方遣返回国，原因是陈阿姨随身只带 800 元钱。因为根据新加坡方面的规定，入境时需要"拥有足够资金供在新加坡逗留期间使用"。这则故事令我心生感慨。

人生苦短。有谁不想"体面"？有谁不愿意过有尊严、有质量的生活？换句话说：有谁不想成为一个富有的人呢？但是，怎样才能成为一个富人呢？自从人类诞生以来，可以说人们一直都在探索这个问题的答案。

苏格兰记者 B. C. 福布斯于 1917 年创办了美国第一本商业新闻杂志——《福布斯》。1982 年，《福布斯》首次推出富豪榜。如今，一年一度的福布斯全球亿万富翁排行榜在全世界受到密切关注。微软创始人比尔·盖茨、"股神"沃伦·巴菲特、墨西哥电信大王卡洛斯·斯利姆·埃卢等都成为人们耳熟能详的亿万富翁。在 2014 年 3 月 4 日发布的榜单中，全球亿万富豪的队伍继续壮大，规模再次刷新纪录，而且全球覆盖范围延伸到新的角落。上榜人数多达 1 645 人，净资产总额高达 6.4 万亿美元，较上年的 5.4 万亿美元出现大幅增长。由于科技出现繁荣以及强劲的股市表现，2014 年美国富豪人数再次遥遥领先（492 人），其次是中国（152 人），随后是俄罗斯（111 人）。①

在中国，敢于和福布斯叫板的是一个来自英国的小伙——胡润。胡润 1970 年出生于卢森堡，1993 年毕业于英国杜伦大学，曾于中国人民大学学习汉语，通晓德语、法语、卢森堡语、葡萄牙语、日语等 7 种语言。英国注册会计师，有 7 年安达信伦敦分部和上海分部的工作经验。1999 年，胡润开始利用业余时间和假期，查阅了 100 多份报纸、杂志及上市公司的公告报表，凭着兴趣和职业特长，经历了几个月的辛苦后，胡润终于排出了中国历史上第一份和国际接轨的财富排行榜——胡润百富榜。最初，胡润百富榜的传播要靠《福布斯》提携，但如今已成为《福布斯》不可小觑的竞争对手。由于胡润百富榜植根中国，所以一般认为胡润百富榜对中国大陆富翁的排名比《福布斯》更具权威性。

2014 年 9 月 23 日，胡润研究院发布《2014 雅居乐海南清水湾胡润百富榜》。2014 年有 1 271 位中国大陆企业家财富达到 20 亿元及以上，比上年增加 254 人。前 10 名的上榜门槛比上年提高 20%，达到 450 亿元。前 1 000 名的上榜门槛从上年的 20 亿元提高到 24 亿元。上榜百亿富豪人数已经达到 176 位，10 年前只有 1 位。千亿富豪人数从上年的 2 位增加到 6 位。10 亿美元富豪人数从上年的 315 位增加到 354 位。胡润百富董事长兼首席调研员胡润表示："很难想到，中国 1 000 多位上榜企业家的财富总和都超过了西班牙或韩国整个国家的 GDP。10 年前中国只有 1 个百亿富豪，今天都有 176 个了，其中 6 个都是上千亿的。更吓人的是，都有 8 位 '80 后' 的白手起家富豪出来了。"②

根据《福布斯》的统计，不论是中国还是外国，大约有 2/3 的亿万富豪是白手起家，13% 的富豪靠继承，还有 21% 的人是在继承财富基础上进一步发展。这些富翁的旗下几乎都有一个或数个庞大的产业帝国。《福布斯》分析指出，从全球范围内来看，零售是第一造富行业，不仅产生最多亿万富豪，这些富豪们的财富总值也远超其他行业。科技和能源分别排第 2 位、第 3 位，分别为 53 人和 33 人。房地产业贡献了亚太地区最多的富豪，为 71 人；多元化经营和制造业分别为 52 人和 41 人。从行业看，美国富豪最多从事财务投资，共有 102 人；欧洲富豪则最多来自时尚业，共有 61 人。

如果你把兴办实业看作是成为亿万富翁的不二法门，未免太急躁了一点儿。其实，几乎每一位亿万富翁的财富来源都体现出实业投资和财务投资相

---

① http：//www. chyxx. com/news/2014/0304/230416. html.

② http：//business. sohu. com/20140923/n404561363. shtml.

融合的特征。美国税务政策中心通过对各个阶层的收入资料进行汇集并利用数学模型得出的研究结果称，美国1%最富有人群的主要财富来自财务投资和商业收入，而非工资。美国收入最高的1%人群的收入39%来自工资，24%来自商业，29%来自财务投资；而在0.1%最富有人群中，工资收入只占总收入的34%，而财务投资收入占35%，商业收入占22%。因此在美国要想成为富人，开公司创业是一个起步，当资本积累到一定程度时，依赖财务投资可以较快地迈入富人的行列。[①]

0.2　实业投资 PK 财务投资

说到投资，你可能首先想到的是投资创业，这当然是投资，而且是投资的基本内涵。但投资的含义却比创业投资广泛得多。

从理财学的意义上说，投资指的是用某种有价值的资产，其中包括资金、人力、知识产权等投入到某个企业、项目或经济活动之中，以获取经济回报的商业行为或过程。但从经济学的意义上来理解，教育也是一种投资。与改革开放之初的中国社会截然不同，那种脑体倒挂，搞导弹不如卖茶叶蛋收入高、大学生收入比不过民工的现象在美国人眼里是不可思议的。美国教育部发布的报告显示，接受过高等教育的人群要比只有高中文化水平人群一生中收入多出上百万美元，以此论证高等教育的价值。美国人口普查局的数据显示，在美国年收入超过20万美元的人群中，78%的人接受过大学以上的教育，高中以下教育水平的人群在百万富豪中所占的比例只有9%。与此相对应，在低收入人群中，69%的人只有高中以下教育水平，当然也有接受过大学以上教育的人沦为低收入者，他们在低收入人群中所占的比例仅为8%。[②]所以教育也是一种投资。

为了避免把问题复杂化，我们把讨论的范围局限于理财学意义上的投资。

投资大体上可以分为两类：实业投资和财务投资。前者是指创办实业，生产实体产品或提供服务；后者是指"以钱生利"的活动，投资股权、股票、债券、理财产品等，均属财务投资的范畴。实业投资和财务投资最明显的区别是：前者，由投资者直接掌控资本投向，通过改变物质形态取得价值增值；

---

① 乔磊：《美国人致富解密：靠工资发不了财》，新浪博客，http://blog.sina.com.cn/s/blog_5d8d68c10102edk8.html，2013-08-19。

② 乔磊：《美国百万富豪都是些什么人》，新浪博客，http://blog.sina.com.cn/s/blog_5d8d68c10102uzq6.html，2014-08-01。

后者，把资本让渡给实业投资家使用，以生产要素所有者的身份分享实业投资所创造的剩余价值。实业投资和财务投资有主从关系，实业投资是"皮"，财务投资是"毛"，"皮之不存，毛将焉附"？所以实业投资的回报率应该高于财务投资，否则就是畸形的经济结构。

这样认识实业投资和财务投资的关系，并不意味着实业投资重要而财务投资不重要。恰恰相反，从改善民生的角度而言，后者的重要性也许高于前者。中国的企业数到底有多少，由于统计口径不一有多个版本。我们以最大估值 4 600 万家计，也只是 13 多亿人口的一个零头。而财务投资恰恰是涉及到接近半数中国人口生计的大事。

专家指出，以现行汇率水平计算，中国 GDP 在 2014 年有望达到 10 万亿美元，美国则将超过 17 万亿美元，中国的经济规模只相当于美国的 58.9%。而具体到人均 GDP 上，两者大致为 7 353 美元与 53 867 美元，中国仅为美国的 13.7%，与美国仍然具有相当大的差距。[1] 这个差距既是经济发展水平的差距，也有居民收入结构方面的原因。

光大证券分析师徐高认为，从占 GDP 的份额来看，中国居民消费比美国低了近 40 个百分点。其中一半来自于中国居民较低的财产性收入，另一半来自中国较高的居民储蓄。[2]

由于有国家统计局相关统计数据为支撑，有关中国居民财产性收入占居民总收入或居民可支配收入的比例数据比较容易取得。2000 年，我国城镇居民人均工资收入占居民收入比重为 71.2%，财产性收入仅 2%。2012 年，城镇居民人均工薪收入占 64.2%，与前几年基本持平；财产性收入比重只有2.6%，比 2011 年降低 0.1 个百分点，比重不升反降，在居民收入构成中所占比重最低，与其他三项收入的差距呈扩大趋势。从农村居民收入看，家庭经营纯收入比重由 2000 年的 63.3% 下降到 2008 年的 51.2%，2012 年为37.1%，仍是主要的收入来源。工资性收入比重由 2000 年的 31.2% 上升到2008 年的 38.9%，是第二大收入来源，也是增长最快的部分。转移性收入紧随其后，是第三大收入来源。财产性收入比重从 2000 年的 2% 上升到 2008 年的 3.1%，2012 年又回落到 2.6%，在所有收入中所占比重最低。[3]

相较中国，美国居民财产性收入比重的数据来源复杂，且差距较大。据

---

① 宦佳：《中国经济频繁"被第一"中美人均 GDP 差 50 年》，载《人民日报》海外版，2014 - 10 - 11。

② 徐高：《提升居民财产性收入是道待解难题》，载《中国经济导报》，2012 - 07 - 31。

③ 梁达：《多渠道提速居民财产性收入》，载《宏观经济管理》，2013（5）。

上海市经济管理干部学院王志平教授根据美国商务部经济分析局（Bureau E-conomic Analysis）发布的《国民收入和生产账户》（NIPA）数据估算，2008年，美国居民"财产性收入"（租金收入与资产收入合计）占"个人收入"比重为 18.01%。① 而清华大学魏杰教授的估值高达 40%。② 国家统计局国际统计信息中心副主任余芳东于 2012 年 10 月发表的研究报告《世界主要国家居民收入分配状况》中披露，2010 年美国居民的财产性收入占居民家庭收入的比重则为 15.5%。③

　　尽管专家们的研究结论有差距，但有一点不容置疑：美国居民财产性收入占其总收入的比重比我国居民至少高出 10 个百分点。王志平教授在文章中特别申明，无论是基于美国还是中国的研究，都未见对"国民富裕程度越高、居民财产性收入占比越高"的观点的支持，笔者却谨慎支持"居民财产性收入占比越高、国民富裕程度越高"的观点。道理很简单：在其他收入类别收入水平、增长速度相同或等比例变化的情况下，财产性收入的增加势必会加大收入总量，进而影响收入结构。中美居民收入总量上的差异，部分是由财产性收入的差异所决定的；收入差异进而对消费差异产生了重要影响。

　　应当指出的是，财产性收入的来源范围与财务投资的范围未必完全一致。按照中国国家统计局的解释，"财产性收入"一般是指家庭拥有的动产（如银行存款、有价证券等）、不动产（如房屋、车辆、土地、收藏品等）所获得的收入。它包括出让财产使用权所获得的利息、租金、专利收入等；财产营运所获得的红利收入、财产增值收益等。财务投资以盈利为目的，将钱物转让与他人使用，一般不参与对投资标的物的经营与管理，其范围与财产性收入的来源范围基本一致。所以，财产性收入基本上可以看成是财务投资的成果。

　　专家们为什么会认为"靠工资发不了财？"第一，工资收入是"涓涓细流"，老板不会允许你赚得比他还多，所以在现实生活中，靠挣工资成为亿万富翁不是史无前例也是凤毛麟角；第二，工资是工作的报酬，如果你停止工作，工资也停止了。但财务投资不一样，在你不工作的时候，"钱"依然在"埋头苦干"为你赚钱。

　　1987 年，美国好莱坞著名导演奥利弗·斯通执导了一部商业大片——

---

　　①　王志平：《中美居民财产性收入比较及启示》，载《上海市经济管理干部学院学报》，第 8 卷，2010（4）。

　　②　魏杰：《30 年中国对外开放战略的变革——纪念改革开放 30 周年》，载《理论前沿》，2008（10）。

　　③　余芳东：世界主要国家居民收入分配状况，2012 年 10 月 6 日国家统计局网站（国家统计局科研所发布），http：//www.stats.gov.cn/tjzs/tjsj/tjcb/dysj/201211/t20121106_38098.html。

《华尔街》，片中由著名影星迈克尔·道格拉斯饰演的股市大亨戈登·盖柯的一句经典台词"贪婪是好的"（Greed is good）一夜间成为经典。金融危机后的 2010 年，斯通与道格拉斯再续前缘，携手推出《华尔街 2：金钱永不眠》（*Wall Street：money never sleeps*），再一次引起全球轰动，特别是深入浅出地揭示了财务投资赚钱效应的秘诀。

0.3　起底投资理论流派

提到投资理论，有的读者就会担心被作者引到千里雾霾中去了。但在此我向各位保证：作者绝不会如此"惨无人道"，我们所讨论的投资理论以"够用"为限度，以简明为约束，以有趣为原则，以"传道"为目的。看完后，你就会知道作者不得不讨论这一部分内容的苦衷。

投资理论极其复杂，这是因为人们从不同的角度讨论这一问题。比如，从创业投资的角度讨论，从直接投资的角度讨论，从跨国投资的角度讨论，从财务投资的角度讨论，从股票投资的角度讨论等，都会形成不同的理论体系。笔者的想法不是讨论特殊领域的投资，而是讨论一般意义上的投资（有点"形而上"，涵盖实业投资和财务投资）。

一般意义上的投资有多少种理论？笔者认为可以概括为四种：价值投资理论、趋势分析理论（技术分析）、有效市场理论（组合投资）和行为分析理论。[①]

价值投资的代表人物是大名鼎鼎的美国著名投资家、"股神"沃伦·巴菲特。巴菲特生于 1930 年，一生钟爱投资事业，并执着地信奉、弘扬、传播和发展着价值投资理论，更为精妙的是，巴菲特用自己的投资实践和投资业绩，无可辩驳地证明了价值投资理论的科学性、实用性和可操作性。

那么，究竟什么是价值投资呢？价值投资理论认为，投资对象必须"物有所值"（并不是所有的投资理论都这样认为），投资者首先需要做的就是相对准确地确定投资对象的价值。价值投资者把投资对象的价值区分为内在价值和市场价格两种形式。前者代表了该投资对象客观、合理的价位，后者是该投资对象在交易中体现的价格。由于种种原因，市场价格会像猴子一样上蹿下跳，而内在价值则相对稳定。

市场价格的波动也不是毫无规律的，长期来看，市场价格要向其内在价

[①]　郭恩才：《做巴菲特的研究生》，第七章"价值投资于其他投资理论比较研究"，中国金融出版社，2014。

值回归。这就给投资者带来了获利的机会：当市场价格低于其内在价值即投资对象被低估时，就出现了以低价买入，待价格上涨到内在价值附近即卖出的机会；相反，当市场价格高于其内在价值即投资对象被高估时，就出现了以高价卖出，待价格下降到内在价值附近再买入向卖方交付的机会（术语称"卖空"交易）。有人对价值投资的表述更简捷：就是用 0.4 美元的价格买入价值 1 美元的东西。价值投资的核心是"估值"，从而演化出价值投资的估值理论体系（如安全边际、护城河等）；由于市场价格向内在价值的回归需要一定的时间，从而演化出"长期持有"。由于价值投资需要全方位地评估投资对象，所以其分析方法被概括为"基本面分析"。

趋势分析理论是一种最古老的股票市场投资理论，该理论认为，一旦市场价格形成了下降（或上升）的趋势后，就将沿着下降（或上升）的方向运行，即市场价格有明显的"趋向"特质，且历史可以"重演"，投资者"温故而知新"，可以通过"掌控"各种趋势变化进而获利。从理论层面来看，趋势分析理论主要包括道氏[①]趋势理论、艾略特[②]波浪理论和江恩[③]循环理论。在股价、交易量资料基础上进行统计计算及绘制图表，是趋势分析方法主要的手段，从具体操作方法来看，又可以区分为指标分析法、切线分析法、形态分析法和 K 线图法四种。也有人把趋势分析理论概括为"技术分析"，笔者觉得"技术分析"的概括比较模糊，未能体现出此类理论的共性与特点，故用"趋势分析理论"予以概括。

趋势分析理论恐怕是拥戴者最多同时也是受非议最多的一种投资理论。一方面，有人把技术分析比作"巫师"，有股市投资者调侃说，牛市中 20% 的技术指标正确，80% 的技术指标不准确；而熊市中 2% 的技术指标正确，98% 的技术指标不准确。另一方面，也有不少投资者沉迷其中，不仅对一众趋势大师顶礼膜拜，还企图归纳出自己的"独门绝技"，这也成为股市分析领

---

① 查尔斯·亨利·道（Charles Henry Dow, 1851~1902）出生于康涅狄格州斯特林，是道琼斯指数发明者和道氏理论奠基者，纽约道—琼斯金融新闻服务的创始人、《华尔街日报》的创始人和首位编辑。

② 拉尔夫·纳尔逊·艾略特（Ralph Nelson Elliott）1871 年 7 月 28 日出生在美国密苏里州堪萨斯城，是波浪理论的创始人。艾略特早年是一名会计师。1939 年，艾略特在《金融世界》（*Financial World*）杂志上发表了 12 篇文章宣传自己的理论。1946 年，也就是艾略特去世前两年，他完成了关于波浪理论的集大成之作《自然法则——宇宙的奥秘》（*Nature's Law：The Secret of The Universe*），系统地阐述了一种观测股价变动趋势的理论系统，标志着波浪理论的正式诞生。

③ 威廉·戴尔伯特·江恩（William Delbert Gann）1878 年 6 月 15 日生于美国得克萨斯州的路芙根市（Lufkin），其父母是爱尔兰裔移民。江恩著述丰富，主要著作有：《股票行情的真谛》《华尔街股票选择器》《新股票趋势探测器》和《华尔街四十五年》。江恩于 1955 年去世。

域的一道独特风景。趋势分析的要害是"择时"而不是"估值","投机"色彩浓郁，这为价值投资的信徒所不屑。但笔者认为，趋势分析有其合理成分。价值投资解决了"买什么"的问题，而没有解决"什么时候买"的问题，趋势分析恰恰要回答"什么时候买"的问题。如果把两者结合起来，投资效果可能会更好。

四个投资理论流派中，最风光、最"高大上"的当属有效市场理论（Efficient Markets Theory）。这个理论的奠基人和推手不是专家就是学者，绝大多数有博士头衔，有的还获得了诺贝尔经济学奖。如果说价值投资理论和趋势分析理论是"实战派"总结、归纳出来的理论，那么有效市场理论就是"学院派"的杰作。比如，用创始人费舍·布莱克（Fischer Black）和迈伦·斯克尔斯（Myron Scholes）两个人的名字命名的布莱克－斯克尔斯期权定价模型（Black Scholes Option Pricing Model，简称 B－S 模型），既涉及自然对数，又涉及累计正态分布，"文化"得不得了，一看就是象牙塔中的"艺术"珍品。

有效市场理论也称有效市场假说（Efficient Markets Hypothesis，EMH），这个假说的奠基人是一位名叫路易斯·巴舍利耶（Louis Bachelier，1887 ~ 1946）的法国数学家。1900 年巴舍利耶的博士论文《投机的数学理论》，开创了使用学术理论特别是数学工具研究股票市场的先河。但巴舍利耶的论文在当时并未能引起学术界的重视。直到 50 年后，美国著名经济学家保罗·萨缪尔森（Paul A. Samuelson，1915 ~ 2009）发现了这篇论文，对其大为推崇。1965 年，萨缪尔森发表了题为《预测价格随机波动的证明》的论文，充分肯定了巴舍利耶的成就，并得出"在股市上赚钱和在赌场上赚钱的难度相等"的结论。1970 年，美国著名经济学家尤金·法玛（Eugene F. Fama）在最有声望的专业杂志——《金融》杂志上，发表了具有一篇关于 EMH 的经典论文——《有效资本市场：理论与实证研究回顾》。该论文不仅对过去有关 EMH 的研究作了系统的总结，还提出了研究 EMH 的一个完整的理论框架。因此，法玛获得了 2013 年诺贝尔经济学奖。

有效市场理论旁征博引，气势恢宏，但其结论却非常简单：股票市场价格"随机游走"，一切预测股市价格走势的努力都是徒劳的。有效市场理论认为，股票市场价格包含和反映了市场上所有已知和可知的信息，股票价值不存在高估或低估的问题，所以也不存在市场价格和内在价值的差异，人们常说的"股市泡沫"不过是人们的一种幻觉。在股票市场上盈利与否，与"估值""预测"半毛钱关系都没有，投资者只能听命于大盘这个"命运之神"的安排。因此，股市投资的最佳策略是购买指数基金，与大盘指数共进退。理论是可以杀人的。按照有效市场理论的观点推论，价值投资理论就是一个彻头彻尾的"错误"。第一，股票价格就摆在那里，"估值"问题不存在；第二，由于股票市场价格"随机游走"，所以"选股"（寻找股价有上升趋势的股票）是徒劳的。这两条就足以把价值投资理论打入十八层地狱了。巴菲特是价值投资的标签，而有效市场理论认为巴菲特不过是"偶然"成功，这使巴菲特怒不可遏，多次对有效市场理论反唇相讥。[①] 趋势分析理论对有效市场学说也不会有多少好印象，趋势分析理论的全部方法都在孜孜探求股市价格变动的规律，可你突然说股市价格变动没有任何规律可循，这不是"掘祖坟"是什么？

读者您看到这儿，您知道这三大投资理论水火不相容。但吊诡的是，这三大理论都有众多的铁杆粉丝，而且投资实践中也都不乏成功的范例，这说明这些投资理论都有可取之处，简单地肯定和简单地否定都是没有道理的。

与价值投资理论、趋势投资理论和有效市场理论相比，行为金融理论则年轻得多。通过经年累月的经营，有效市场理论已经高居现代金融理论的正统地位。但这些承袭经济学分析方法与技术的经典理论，其模型与范式局限在"理性"的分析框架中，却忽视了对投资者实际决策行为的分析。随着金融市场上各种异常现象的累积，模型和实际的背离使得现代金融理论的理性分析范式陷入了尴尬境地。在此基础上，20 世纪 80 年代行为金融理论悄然兴起，并开始动摇有效市场理论的权威地位。

有别于有效市场理论研究中"理性人"假设，行为分析侧重于从人们的心理、行为出发，来研究和解释现实金融市场中的现象。在现实的资本市场中，理性交易者和非理性交易者是并存的。理性的交易者在实施套利活动时要面临一系列的风险，这些风险包括基本面风险、噪箱交易者风险、实施成本风险和法律风险等。由于这些风险而导致套利者套利活动受限的现象称为套利限制（或者称为有限套利），套利限制导致证券价格并不必然对信息产生适度反应，而且在这种情况下的套利活动也无法将非理性交易驱逐出证券市场，所以，噪箱交易者能够长期存活下去，非理性会对股票价格的形成产生长期的实质性影响，使股票市场上错误定价不可避免，使资本市场难以达到有效状态。

根据行为金融学的上述理论，人们能够成功地解释有效资本市场理论所不能解释的大量"异象"。比如，行为金融学小数定律和过度自信理论可以解释波动性之谜。当投资者看到许多公司盈利时，小数定律引导他们相信公司

---

① 郭恩才：《做巴菲特的研究生》，第七章"价值投资于其他投资理论比较研究"，中国金融出版社，2014。

的盈利会不断上升，于是投资者在交易活动中会盲目跟风，从而导致股票价格过度波动。另外，投资者往往对私人信息过度自信，这也会增加股价的波动性。

"理性人"假设是有效市场理论的基本假设之一——而且是最重要的假设。行为分析所采取的颠覆策略是，毫不留情地否定"理性人"的假设，这相当于挖掉了一座大厦的基础，大厦随之倾覆，所以行为分析理论对现代金融理论带有强烈的震撼力。也许是源于此，2013年的诺贝尔经济学奖在颁发给有效市场理论的代表人物尤金·法玛的同时，也颁发给了行为金融学的奠基人之一、美国耶鲁大学经济系的罗伯特·希勒（Robert J. Shiller）教授。但也许是产生较晚的原因，与前三大投资理论相比较，行为分析理论体系最不完善，甚至找不出像模像样的以行为分析理论为基础理论的投资技术方法。

回顾四大投资理论流派，在金融教学、金融理论研究中占统治地位的是有效市场理论，因为那里面有"严密"的理论和模型推导，有数不尽的数学公式和稀奇古怪的专业术语，教授和学者们觉得讲这些东西才带劲，否则无法体现"水平"，这有点像吸毒者迷恋毒品——尽管连他们自己都不知道自己讲的东西有什么用。但在投资实践中居于主导地位、体现"正能量"的却是价值投资理论。其原因有三：

第一，从哲学的角度看，价值投资理论体现的是唯物论，它认为世界是可以认识的。人类发展史可以证明，人类认识客观世界的深度和广度不断进化，许多事物不是不可以认识，而是受认识能力的局限；有效市场理论宣扬不可知论，认为人类只能依附自然，听凭市场"发落"，有其认识论局限。

第二，理论是来源于实践还是来源于书斋？价值投资理论是实践的结晶，有效市场理论则基本上是逻辑推理的产物。理论研究不是不可以采取假设的方法，但这种假设需基本上符合客观实际，或者是经过努力可以达到的一种状态，如果这种假设完全不可能发生，那么理论也就失去了存在的价值。有效市场理论中的"理性人"假设就是一个虚假的假设，由于投资者不完全理性，所以股票市场的价格就不会包含或反映所有有价值的信息，不同的投资者对同一只股票的估价就会有所不同，估值的不同导致股价频繁波动，于是市场无效的情况就发生了。有效市场理论宣称股价与其内含的价值一致，但股价"过山车"触目皆是，你能告诉我这都是该只股票的真实价值吗？

第三，趋势分析理论和方法应用于股票、期货、外汇市场行情分析，而有效市场理论主要应用于股票市场，行为分析理论也主要探讨股票市场上投资者的心理活动对股票价格波动的影响，只有价值投资理论是涵盖实业投资和财务投资两大领域的投资理论。巴菲特的名言是"买股票就是买下企业的一部分"，说明实业投资和财务投资是相通的，其基本指导原则和原理并无本质区别。除了股市投资者，你还可以去问一问实业投资者、共同基金投资经理、天使投资人、风险投资经理或 PE（私募股权投资）经理人，问他们投资时最关注的是什么，他们一定告诉你：被投资企业的质量。如果进一步问：如何知道被投资企业的质量？答案是：基本面分析。由此可见，价值投资所覆盖领域之宽广，远非其他投资理论可比。

0.4　投资与财务分析的内在联系

投资是致富的前提、基础和充分必要条件（"拼爹"者除外）。但投资是否意味着必然成功和一定致富呢？回答是否定的。成功投资需要一定的条件，特别是掌握科学的投资方法，否则欲速则不达。

据发达国家创业数据统计：每年有上百万家新企业诞生，35% 的新企业在当年就失败了，活过 5 年的只有 30%，生存 10 年的仅为 10%。中国创业数据统计结果也显示：中国创业企业的失败率高达 70% 以上。七成企业活不过 1 年，平均企业寿命不足 3 年。[①] 据天津市人力资源和社会保障局创业中心不完全统计，包括天津在内的许多个城市，我国大学生创业成功率只有 1%，与发达国家大学生创业成功率 20% 的水平尚有较大差距。[②]

在发达国家，风险投资主要投资于成长性较高的创业企业，但遗憾的是，即使有风险投资的支持，创业失败的企业也一抓一大把。美国风险投资协会（National Venture Capital Association）估测，仅有 25% 到 30% 的风险投资支持的创业公司会倒闭。但 2012 年 10 月《华尔街日报》援引哈佛商学院高级讲师史克尔·高斯特（Shikhar Ghosh）发布的一份研究报告称："美国市场上，风险投资支持的创业公司大约有 3/4 最终无法向投资者返还资本。"[③]

当然，行业内对于"失败"的定义有各种不同的标准。如果失败意味着清算所有资产，投资者损失所有资金，那么预计有 30% 到 40% 的创业公司可能会失败。而如果失败的定义是未能带来预期的投资回报率——比如说，特定的营收增长率，或者是现金流实现收支平衡的日期——那么根据高斯特的

---

① 庄文静：《职业经理人创业？继续"职业"?》，载《中外管理》，2005（11）。

② 佚名：《数据统计：大学生创业成功率不足 1%》，津门人才网，http://www.jinmenrc.com/news/33450.html，2010－12－11。

③ 王鑫：《风险投资的秘密：75% 创业公司以失败告终》，腾讯科技，http://tech.qq.com/a/20121002/000025.htm http://tech.qq.com/a/20121002/000025.htm，2012－10－02。

研究，95%以上的创业公司都算是失败了。

投资创业为什么会失败？这也许正是你想问我的问题。企业失败的原因多种多样，这就像人死亡的原因一样。不管什么原因，人的死亡最终会表现为呼吸衰竭；企业也一样，死亡的原因是现金流枯竭——无一例外都是财务问题。

在2000年3月18日的前两年曾耗资50多亿美元建造66颗低轨卫星系统的美国铱星公司，背负着40多亿美元的债务宣告破产。铱星公司就是当代高科技的代名词：围绕地球的66颗卫星构成的超级通讯网络，使铱星系统用户可以不依赖地面网而在地球上任何"能见到天的地方"直接通信——不管你身处南极冰盖、珠穆朗玛峰顶还是浩瀚的太平洋水域，你都可以同世界上的任何人实现实时沟通。但就是这样一个美好的科技童话，却在两年后任由66颗低轨卫星葬身海底。

不管科技水平有多高，企业要生存下去就得"接地气"——赚钱。铱星手机价格每部高达3 000美元，加上高昂的通话费用（国际话费平均7美元/分钟），使得通信公司运营最基础的前提——用户发展数目远低于它的预想（毕竟在南极、喜马拉雅山顶、太平洋上的人数有限）。在开业的前两个季度，铱星在全球只发展了1万家用户，而根据铱星方面的预计，初期仅在中国市场就要做到10万家用户，这使得铱星公司前两个季度的亏损即达10亿美元。到铱星公司宣布破产保护时为止，铱星公司的客户还只有2万多家，而该公司要实现盈利至少需要65万用户，每年光维护费就要几亿美元。铱星公司犯了一个许多创业者都会犯的错误——忽略了市场需求的财务分析。[①]

实业投资离不开"要命的"财务分析，财务投资又何尝不是如此呢？

中国有一个大"牛人"——巨人集团创始人史玉柱。除经营主业网络游戏之外，史玉柱也是财务投资"大腕儿"，2013年年初，史玉柱以不到两年浮盈超过60亿元的投资业绩被千万股民送上"中国巴菲特"神坛。有人把史玉柱比作"大仙"，认为史玉柱并非遵循价值投资的投资理念，这正是因为这些人根本不懂价值投资。

价值投资的精髓在于以"估值"方式选股。2013年1月2日，史玉柱微博发布了他的股票投资心得："其实买股票没那么复杂。认真研究：（1）该公司未来盈利能否持续理想成长？（2）眼前股价被低估没？只要同时满足这两条就买入，买完，该干嘛就干嘛去。看不懂的行业，我不买；15倍以上市盈

---

① 刘燕：《铱星公司倒闭的警示》，载《中国经营报》，2000 – 03 – 28。

率的，我不买。"这几条与巴菲特的投资思路"何其相似乃尔"，怎么能得出史玉柱对价值投资"不感冒"的结论呢？何况，史玉柱"抄底"民生银行，就非常符合"别人恐惧我贪婪"的"巴氏定律"。[①] 反观许多 A 股投资者，既是"金融盲"，也是"财务盲"，不知道资产负债表，弄不懂现金流，ROA、ROE 不认识，对"利息保障倍数""复合增长率""市盈率""市净率"等财务指标一头雾水，怎么能在股市投资中获利呢？就像一个盲人，骑着一匹瞎马，赶着一群黑羊在崎岖陡峭的山路上行进，不跌入山涧是个小概率事件。

投资与财务分析的关系，你懂的。

专栏 1：

美国人致富解密：靠工资发不了财

乔磊 2013 年 8 月 19 日 新浪博客

http：//blog. sina. com. cn/s/blog_5d8d68c10102edk8. html

美国 90% 以上的人群属于工薪族，每个月领取的固定薪水成了其收入的最主要来源。人们试图通过教育来改变经济地位，大学毕业后能找到白领甚至是金领的工作意味着有了通往高薪的阶梯。但事实上，仅是依赖工资生存的人一般是发不了财的，最多只能是过上比较富有的中产阶级生活。美国税务政策中心通过对各个阶层的收入资料汇总并利用数学模型得出的研究结果称，美国 1% 最富有人群的主要财富来自投资和商业收入，而非工资。因此在美国要想成为富人，开公司创业是一个起步，当资本积聚到一定程度时，依赖投资可以较快地迈入富人的行列。

从整体上看，所有美国人的收入 64% 来自工资，这是人们的饭碗，找工作就是在找这个饭碗。美国人 7% 的收入来自商业收入，能有商业收入的人多为公司的老板，这种公司也许是世界 500 强，也许只是个个体户。美国人 11% 的收入来自投资，能从投资上赚钱的人，非富即贵，他们是资本主义的最大受益者。还有 7% 的收入来自退休金，这部分收入的获益人主要是退休人员和他们的家属。美国人还有 8% 的收入来自政府福利，能得到这类收入的人自然是穷人。

---

① 杜雅文：《史玉柱浮盈 60 亿被封股神：价值投资遭质疑》，载《中国证券报》，2013 - 02 - 07。

在美国最好别拿穷人说事，有的媒体一说到美国就讲美国有多少穷人，美国穷人连饭都吃不上，而且还以官方公布的数据作为支撑。实际上美国穷人的标准很高，在美国想当个穷人还得够资格，因为这资格一够，就可以坐在家里吃闲饭。美国五分之一人群属于收入最低的人群，他们收入中49%的收入是来自工资，那是打工赚钱养家糊口。收入最低的人群另外40%的收入来自政府的福利，等于是"山姆大叔"在养活这些人。

那么美国中产阶级的情况又是如何呢？以收入处于中间水平的20%人群为例，他们的收入70%来自工资，2%来自商业收入，4%来自投资，9%来自退休金，13%来自政府福利。即使是在美国富裕的中产阶级人群，他们的主要收入也是来自工资，美国收入最高的11%至20%人群，他们的收入77%来自工资，3%来自商业，6%来自投资，7%来自退休金。

在美国富人中，他们的收入来源反映出工资不是他们拥有巨额财富的主要来源，也等于说在美国光靠工资是发不了财的。美国最富有1%人群的收入39%来自工资，24%来自商业，29%来自投资。而在0.1%最富有人群中，工资收入只占总收入的34%，而投资收入占35%，商业收入占22%。

美国人口普查局2013年公布的统计资料显示，富人成为美国经济复苏的最大受益者。从2009年到2011年，美国所有家庭的净资产增加了14%，平均家庭净资产从297 729美元上升到338 950美元。美国最富有7%的家庭2011年的家庭净资产比2009年增加了28%，家庭净资产平均额从247万美元上升到317万美元。而余下93%家庭的家庭净资产2011年比2009年减少了4%，家庭净资产平均额从139 896美元下降到133 817美元。美国富有家庭能成为经济复苏的最大受益者，这与美国富人、中产阶级、穷人家庭的资产结构以及美国金融最早复苏有着密切的关系。富有家庭的资产集中在金融资产，而华尔街率先翻身，股市一路走高，最终拉高了富有家庭的净资产。中产阶级家庭虽然也占有一定的金融资产，但与富人相比毕竟是小巫见大巫。而中产阶级和穷人家庭的老底主要是房地产，美国房地产市场到2013年才出现真正的触底反弹，在2009年至2011年经济复苏期间，房地产仍处于低谷，因此绝大多数家庭无法真正享受经济复苏带来的益处。

经济复苏让富人得利，并使美国的贫富差距拉得更大。2009年，美国最富有的7%家庭占有的家庭财富占所有家庭的56.2%，到了2011年7%最富有家庭的财富占有量达到所有家庭的63.1%，上升了约6个百分点。如果按单个家庭来观察，美国7%最富有家庭的财富在2009年是普通家庭的18倍，到了2011年则上升到24倍。

01　三张财报洞悉企业的"超级机密"

导读：如果你在搜寻一批宝藏，你最需要的是一张"藏宝图"；如果你身临宝库坚不可摧的大门前，你最需要的是打开宝库大门的钥匙。无论是实业投资还是财务投资，你的投资对象都离不开企业。那如何才能洞悉企业的秘密呢？你的"藏宝图"、你的钥匙就是企业的财务报表。在本章，作者将带你"透入骨髓"地了解企业的三张基本财务报表。原本你可能对这一堆堆数字望而生厌，现在你会觉得看财务报表像逛迪斯尼乐园一样有趣。

2012 年 7 月、8 月，韩国某跨国公司大连区域公司洪总通过关系辗转找到我，请我帮他扫"财务盲"。原来，他马上就要晋升为该跨国企业中国东北区域公司老总了，在以往多年的工作实践中，工科出身的洪总对财务的了解总是"雾里看花"。借这个机会，他下决心抽出一周左右的时间"恶补"财务知识，决心不再做一个"财务盲"。面对以洪总为首的"一小撮"工科背景的管理层，在短短的一周内讲什么？我胸有成竹——非"三张财报"莫属。

"三张财报"是业界俗称，是指企业的三张财务报表：资产负债表、利润表和现金流量表。任何一家企业都有财务核算，而稍有一些规模的企业都要编制财务报表。如果这些报表都是真实的业务记录，你就可以直捣企业的"五脏六腑"，洞悉企业的"超级机密"，它们是了解一个企业的"牛鼻子"，也是打开企业"锈锁"的"金钥匙"。老总们心里有数，不懂财务，看不懂"三张财报"，就不是一个合格的老总。

1.1　财务报表的产生与发展[①]

会计是个古老的职业。意大利在 15 世纪文艺复兴时期出现了复式记账法

[①] 本节参考文献：周晓存：《财务报告的历史演进》，载《中国乡镇企业会计》，2007（2）；林华：《财务报告的历史演进和发展趋势》，载《华东师范大学学报》（哲学社会科学版），2006（1）；成圣树、郭亚雄：《关于财务报表的历史演进（上）》，载《财会月刊》，1998（1）；成圣树、郭亚雄：《关于财务报表的历史演进（下）》，载《财会月刊》，1998（2）；［美］迈克尔·查特菲尔德（Michael Chatfield）著，文硕、董晓柏译：《会计思想史》（*A History of Accounting Thought*），中国商业出版社，1989。

（Generally Accepted Accounting Principles，GAAP），人们认为，意大利人卢卡·帕乔利（Luca Pacioli）是系统总结复式记账法的第一人，1494 年他发表《算术、几何、比和比例概要》（即《数学大全》）一书，其中有一部分篇章是介绍复式簿记的，正是这一部分篇章，成为了最早出版的论述 15 世纪复式簿记发展的总结性文献，集中反映了到 15 世纪末期为止威尼斯的先进簿记方法，从而有力地推动了西式簿记的传播和发展。①

　　财务报表是复式簿记系统的延伸和发展，它的出现晚于复式计账。资产负债表是最早出现的财务报表，其从产生到 20 世纪 30 年代初的相当长的时期内，处于绝对的主导地位。人们通常认为它起源于 16 世纪的欧洲。1531年，德国纽伦堡商人约翰·哥特利勃（Johann Gottieb）在其所著的《简明德国簿记》中，公布了世界上最早的资产负债表格式。在 16 世纪，意大利的企业在报告应税财产时也已开始编制资产负债表。在 17 世纪初，荷兰会计学家西蒙·斯蒂文（Simen Stevin）出版了《数学惯例法》一书，提出了"资本状况表"的概念和格式，进一步为现代资产负债表勾画了轮廓。资产负债表最初是为了从算术上验证总账余额的正确性而加以编制的，到了 19 世纪初叶，又由向债权人报告发展为主要向股东报告，并且政府也开始对公布的资产负债表加以管理。在南海泡沫 100 年后，1844 年英国颁布了《合股公司法》，要求公司必须向股东公布已审计的资产负债表。

　　我国财政部 1985 年 3 月 4 日颁布，并于同年 7 月 1 日实施的《中外合资经营企业会计制度》首次引进了西方的资产负债表，但直到 1993 年的会计制度改革，我国企业才全面采用资产负债表以取代 1952 年施行的资金平衡表，此后保留至今。

　　利润表（又称损益表或收益表）的产生最早可追溯到 17 世纪的损益证明书，而其前身是 18～20 世纪初的《损益——原始资本计算书（损益表）》。大约从 19 世纪中叶到 20 世纪中叶，西方经济发达国家的财务报告已逐步定型于资产负债表和损益表组合的两表体系。

　　19 世纪中叶以后，股份有限公司已成为英国一种很普遍的企业组织形式，由于所有权与经营权的两权分离，出现了职业经理阶层，企业所有者退出企业的经营。股东迫切需要了解企业经营的情况，尤其是盈利能力和盈利分配的情况；同时，生产经营的复杂程度加剧，导致过去单凭期末与期初净资产的对比计算出盈利已不合时宜，于是反映企业一定期间生产经营成果的损益

---

① ［意］卢卡·帕乔利（Luca Pacioli），常勋、葛家澍译及解说：《簿记论》，立信会计出版社，2009。

表便应运而生。此外，所得税法的引进和发展，使人们开始密切关注有关收入和费用的核算与报告问题。

20世纪20年代，在美国和英国，日益增加的企业已经提供它们的收益表了。1929年，英国公司法首次正式要求企业编制收益表，使收益表成为企业第二个正式对外公布的财务报表。"收益表才能反映企业经营活动是成功还是失败这一主题"，因而，收益表逐渐成为财务报表的核心。

我国20世纪50年代初期以前将收益表称为损益表，后来改称利润表。改革开放以来，1981年、1985年和1989年的会计制度改革仍称其为利润表，1993年改称损益表。1998年的《股份有限责任公司会计制度——会计科目和会计报表》，2001年、2002年、2005年的会计制度改革又将其改称为利润表。

随着企业筹资活动的日益多样化和复杂化，与生产经营活动一样，企业的投资和理财活动也影响着企业的财务状况与经营成果，由资产负债表和收益表所提供的信息逐渐难以满足企业内部信息使用者了解企业财务状况变动情况的需要，因此，资金表或财务状况变动表作为财务报告的第三张财务报表应运而生，它最早出现于美国。

1961年美国注册会计师协会（American Institute of Certified Public Accountants，AICPA）发布第2号会计研究公告——现金流量分析与资金表，建议对外提供资金表。1963年10月美国会计准则委员会（Accounting Principle Board，APB）发布了第3号意见书，建议企业编制"资金来源与运用表"，并将其作为财务报告的辅助信息，但未作出强制要求。1971年3月APB发表第19号意见书取代第3号意见书，建议将此表更名为"财务状况变动表"，并将其列为对外正式公布的基本财务报表。1987年11月美国财务会计准则委员会（Financial Accounting Standard Board，FASB）公布95号财务会计准则公告（SFA95）《现金流量表》，取代了APB的第19号意见书，并要求企业在1988年7月15日以后，必须以现金流量表代替财务状况变动表。

我国财政部于1995年4月21日完成了《现金流量表》准则的征求意见稿，于1998年3月20日正式发布《现金流量表》准则，要求以其取代1985年引进的财务状况变动表，并于1998年1月1日在全国范围内实施。财政部于2001年1月28日对《现金流量表》准则进行了修订，并要求于2001年1月1日起在全国范围内施行。

在美国学者约翰·戈登（John S. Gordon）所著《伟大的博弈——华尔街金融帝国的崛起》（*The Great Game：The Emergence of Wall Street as a World Power*）（祁斌译，中信出版社2005年1月版）一书中，作者谈到了资本市场对现代财务报告体系形成的巨大推动作用（需求方主要是银行、券商、股东和外部投资人），并催生了"注册会计师"这一专门的职业。作者写道："独立会计师的出现和公认会计准则的建立不是预先计划好的，但是它们对于资本主义的自由市场经济发展至关重要，而且几乎又完全是由这场大博弈中的参与者们自己推动完成的，而与政府毫无关系。"①

1.2　解读资产负债表

在笔者看来，资产负债表是企业财务报表中最重要的一张报表。这是因为利润表和现金流量表都是所谓"流量报表"，反映的是企业资金流量的变化，而"流量"是瞬息万变的；资产负债表是"存量报表"，反映企业经长期积累而成的资产状况，此种状态相对稳定，可以由此了解企业的资金实力与分布状况。

资产负债表记录企业资产、负债和股东权益的总量和结构，遵循"资产＝负债＋股东权益"的原则编制，所以它是一张平衡表。表中信息极其丰富，是企业财务分析的主要依据（参见表1-1）。

表1-1　　　　　　　　　　资产负债表的基本格式

资产	期初	期末	负债及股东权益	期初	期末
流动资产：			流动负债：		
货币资金			短期借款		
短期投资			应付票据		
应收票据			应付账款		
应收账款			预收账款		
其他应收款			应付工资		
预付账款			应付福利费		
存货			应交税金		
流动资产合计			其他应付款		
非流动资产：			一年内到期的长期借款		
长期投资			流动负债合计		
长期股权投资			长期负债：		
固定资产			长期借款		

---

① 参见《伟大的博弈》第九章"您有什么建议？"，第198页。

续表

资产	期初	期末	负债及股东权益	期初	期末
固定资产原价			应付债券		
减：累计折旧			长期应付款		
固定资产净值			长期负债合计		
工程物资			负债合计		
在建工程			股东权益：		
固定资产合计			股本		
无形资产及其他资产			资本公积		
非流动资产合计			盈余公积		
			未分配利润		
			股东权益合计		
资产总计			负债及股东权益总计		

　　中外企业的资产负债表差别不大。国际会计准则（International Accounting Standards，IAS）对于资产负债表中作为最低要求所包括的金额是按照资产、负债和所有者权益 15 项一起来要求的，而中国企业会计准则（China Accounting Standards，CAS）是按资产 11 项、负债 9 项和所有者权益 4 项分开要求的，这符合我国长期以来的会计实践且清晰明了。IAS 中还规定作为最低要求在资产负债表内应反映金融资产，CAS 没有要求，也没有要求对衍生金融工具所产生的收益和风险信息进行披露。

　　资产是资金的占用形式，区分为流动资产和非流动资产。流动资产理论上是指在 1 年或 1 年以上的一个营业周期内可以变现的资产，非流动资产通常变现的周期在 1 年以上。负债是企业的债务，区分为流动负债和长期负债。前者表示此类债务须在 1 年或 1 年以上的一个营业周期内偿还，后者表示债务偿还的期限在 1 年以上。股东权益也称所有者权益（在非股份制企业只能称所有者权益而不能称股东权益），是指股东投入的资本金和归属股东所有的资本增值部分。企业所掌控的资金总额无非负债和股东权益两部分，这些钱用到哪里去了？就是企业经营中所形成的各类资产，所以资产负债表左侧的"资产合计"（表示资金运用）一定等于表格右侧的"负债及所有者权益合计"（表示资金来源）。

　　表 1-1 "流动资产"科目笔者列出了 7 个子项，其中"货币资金"反映企业库存现金、银行结算户存款、外埠存款、银行汇票存款、银行本票存款和在途资金等货币资金的合计数；"短期投资"反映企业购入的各种能随时变

现，持有时间不超过 1 年的有价证券以及不超过 1 年的其他投资；"应收票据"反映企业收到的未到期收款也未向银行贴现的应收票据，包括商业承兑汇票和银行承兑汇票；"应收账款"反映企业因销售产品和提供劳务等而应向购买单位收取的各种款项；"其他应收款"反映企业对其他单位和个人的应收和暂付的款项；"预付账款"反映企业预付给供应单位的款项；"存货"反映企业期末在库、在途和在加工中的各项存货的实际成本，包括原材料、包装物、低值易耗品、自制半成品、产成品、分期收款发出商品等。

在企业核算实践中，核算的科目可能比上表更细致、更复杂。比如，提取"坏账准备金"的企业需要设立"坏账准备"科目，反映企业提取尚未转销的坏账准备金的金额。接受国家财政补贴的企业需要设置"应收补贴款"科目，反映企业预计可以收到的各种补贴款的金额。

"非流动资产"科目实际是指"流动资产"以外的所有资产。包括长期投资、固定资产、无形资产、递延资产等子项。

这里的"长期投资"是指企业的不准备在 1 年内变现的财务投资，不包括固定资产的投资。随着企业经营的多角化，不少企业——特别是具备一定规模的企业都把长期财务投资作为主营业务收入的必要补充，拨出一定比例的资金和配备专职人员专伺财务投资业务，个别企业投资收益已超过主营业务利润。

按固定资产在资产总额中的比重衡量，我们可以把企业划分成"轻资产型"和"重资产型"两种类型，前者固定资产占比较小，后者占比较大。"轻资产型"企业一般是服务行业或科技型企业，"重资产型"企业一般是交通、制造、加工、采掘、物流类企业，后者对固定资产的依赖程度远远高于前者。固定资产的核算有两个口径：一个是原值（购置或建造时支付的价值），一个是净值（扣除折旧后的价值），原值与净值之差称为"累积折旧"。

无形资产包括的范围很宽，但企业会计核算中"无形资产"包括的范围并不宽，主要包括企业所拥有的商标权、著作权、土地使用权、非专利技术、商誉、专利权等。商誉及其他无确指的无形资产一般不予列账，除非商誉是购入或合并时形成的。取得无形资产后，应登记入账并在规定期限内摊销完毕。

"负债"科目用来反映企业负债增减变动及其结存情况，按其反映流动性强弱的不同分为"流动负债"和"长期负债"（或非流动负债）。"流动负债"反映企业将在 1 年或在超过 1 年的一个营业周期内偿还的债务，"长期负债"反映偿还期在 1 年或超过 1 年的一个营业周期以上的负债。

在"流动负债"科目下，"短期借款"是指借款期限在 1 年以内的银行借款和其他借款；"应付票据"是指企业购买原材料、商品和接受劳务等而开出、承兑的商业汇票（包括商业承兑汇票和银行承兑汇票）；"应付账款"是指因购买材料物资或接受劳务应付给供应单位的款项；"预收账款"是按照规定合同或协议向购房单位或个人收取的购房定金以及代建工程收取的代建工程款；"应交税金"指应向国家交纳的各项税金（主要包括营业税、城市维护建设税、固定资产调节税、所得税、房产税、车船使用税、土地使用税等税种）；"其他应付款"指应向国家交纳的教育费附加以及其他应交款。

在"长期负债"科目下，"长期借款"是指借款期限在1年以上的银行借款和其他借款；"应付债券"是企业为筹集长期资金而实际发行的债券及应付的利息；"长期应付款"是指企业除长期借款和应付债券以外付款期限在1年以上的应付款，如采用分期付款方式购入固定资产和无形资产发生的应付账款、应付融资租入固定资产的租赁费等。

"股东权益"又称净资产，是指公司总资产中扣除负债所余下的部分。股东权益是指股本、资本公积、盈余公积、未分配利润的之和，代表了股东对企业的所有权，反映了股东在企业资产中享有的经济利益。其中"股本"即按照面值计算的股本金；"资本公积"是指"股东权益"超出企业注册资本的份额，或者说是直接计入"股东权益"的利得或损失等，包括股票发行溢价、法定财产重估增值、接受捐赠资产价值等；"盈余公积"是指企业从净利润中提取的积累资金，分为"法定盈余公积"和"任意盈余公积"。"法定盈余公积"按公司税后利润的10%强制提取，目的是为了应付经营风险，当"法定盈余公积"累计额达到注册资本的50%时可不再提取。"任意盈余公积"是企业自主决定的盈余公积，用于公司福利设施支出或扩大经营规模。未分配利润则指公司留待以后年度分配的利润。

资产负债表考察的重点包括：

第一，企业的资金、资本实力。资金实力是考察企业的资产规模，资本实力是考察企业自有资本的规模、积累或扩张速度。

一般而言，企业的资产规模大，业务扩张能力强，经营相对稳定，破产倒闭的风险较小。资产规模1 000万元和资产规模10亿元的企业不可同日而语。

资本实力可以用股东权益比率（股东权益总额比资产总额）或资本化率（股东权益加长期负债而后比资产总额）来衡量，这两个比率越高，说明企业的资本实力越强；而资本实力越强，企业抗风险能力越强。在财务分析中，资金的概念和资本的概念是有区别的，"股东权益加长期负债"被称作"资本化总额"，它们是企业占用的长期资金，是企业价值创造的"高能"要素，资本规模越大，创造剩余价值的能力越强，所以理应得到重视。甲企业股东权益比率为20%，乙企业股东权益比率为80%；甲企业资本化率为30%，乙企业资本化率为60%，孰优孰劣，谁风险大谁风险小，一目了然。

自有资本的积累或扩张速度可用股本扩张倍数（股东权益比股本）或股东权益年均复合增长率[①]指标衡量。如果甲企业股本扩张倍数为2倍，而乙企业股本扩张倍数为10倍，或者甲企业股东权益年均复合增长率为0.5%，而乙企业股东权益年均复合增长率为5%，则两企业的资本积累水平高低十分明显。

第二，企业的资产结构。企业的资产结构可以通过计算一系列比重指标求得，比如流动资产所占比重、固定资产所占比重、长期投资所占比重和无形资产所占比重（分别用流动资产、固定资产、长期投资或无形资产比资产总额求得），这可以分析企业的资产类型（如轻资产型和重资产型），也可以对比其他企业或标杆企业判断其资产结构是否合理。比如，全体A股上市公司零售企业流动资产与固定资产的比率平均值为3:1，你所考察的企业是2:1，就可能说明该企业流动资金不足，有可能影响其正常的业务运作。再比如，化工行业长期投资的平均比重是10%，而你所考察的企业这一比率为30%，就可能说明该企业面临转型。

第三，企业的财务风险。财务风险主要是考察负债是否适度、债务的期限结构是否合理、资金链条是否衔接有序等方面。

负债是否适度主要考察资产负债率（负债总额比资产总额）和财务杠杆倍数（负债总额比股东权益总额）。正常情况下，前者的取值在0和100%之间，取值为0说明没有负债，取值为100%，说明资产全部由负债组成，股东权益为0元了，这两种情况都少见，一般企业的资产负债率都在0~100%。资产负债率越接近于0说明负债越少，财务安全度越高；越接近100%说明负债水平越高，财务安全度越低。负债被称为财务杠杆，适度地负债会增加企业产出的效率，但负债水平过高就将企业暴露于风险之下。不同的行业，其负债的合理水平不同。比如银行，负债率为90%可能是安全的，房地产行业负债率达到80%，就会被认为负债率过高（房地产行业正常的负债率水平为60%~70%，李嘉诚旗下的房地产企业负债率仅为20%~30%）。财务杠杆倍数越高，说明负债水平越高，2008年美国雷曼公司倒闭时，财务杠杆高

---

① 年均复合增长率（Compound Average Growth Rate，CAGR）即几何平均法计算的年平均增长率。CAGR通过计算总增长百分比的 n 次方根求得，n 等于有关时期内的年数，具体公式如下：CAGR = （现期价值/基础价值）$^{(1/n)}$ − 1。

达30倍,这意味着负债与自有资金的比例为30∶1(此时资产负债率高达96.77%,你知道是怎么算的吗?),所以有人说美国金融危机是"高杠杆率惹的祸",所以金融危机以后各国都忙着"去杠杆化"。

债务的期限结构是否合理可以用流动负债比率(流动负债比负债总额)指标进行考察,一般而言,流动负债比率保持在25%以下是比较安全的。但这与企业的资金快速动员能力有关,如果企业的筹资能力非比寻常,就可以适当提高流动负债比率。

资金链条是否衔接有序,主要是指企业的短期资金安排是否合理的问题。企业财务学中有一个重要的概念叫"流动性"。所谓"流动性",是指资产在合理的价位上迅速转化成现金的能力,不同的资产流动性不同(比如股票的流动性远远高于房地产的流动性)。在企业所有的资产中,现金的流动性最高,所以有时候"流动性"就成为现金的代名词了,比如,人们说"流动性充裕",就意味着"不差钱";"流动性紧张"就意味着现金周转不灵;"流动性枯竭"就意味着资金链断裂,企业濒临崩溃。人有许多病都可能导致死亡,而死亡的最后表现都是"呼吸衰竭";企业有许多原因都可能导致破产,而破产的最终原因都是"现金枯竭"。所以企业的最大"敌人"是资金问题,这就是"流动性"受到广泛关注的原因。保持资金链衔接有序,是企业最重要的安全保障。

从财务学的角度来看,有一个相关的重要概念叫"净营运资本","净营运资本"是"流动资产"与"流动负债"之差(相应的"流动资产"被称作"营运资本"),在企业持续经营的假设下,该指标必须是一个正值,其临界值应相当于该企业3个月的销售收入(临界值是一个经验数据,是人们在经营实践中总结出来的,达到或高于该指标正常经营活动不会受重大影响,但其取值可能因企业具体情况而异)。这是因为,企业的流动资产变现后,除偿还年内到期的债务,还必须指望着用这部分钱购买投入下一个生产周期的原料、材料、整机、部件、零件、水、电、房地使用权、技术、劳动力和信息等,没有"净营运资本"或"净营运资本"不足,企业就无法开工或开工不足。老板和公司管理层最担心的恐怕就是"资金链断裂",那种情况有可能将企业推进"万劫不复"之深渊。

第四,企业的资产质量。这里所说的"资产质量"不是指企业的大楼结实不结实,设备先进不先进,这些在资产负债表上是看不出来的,而是从财务角度看企业资产实不实。企业或资产的价值有账面价值、市场价值、公允价值和内在价值等几种不同的视角,这里主要是从股东权益角度考虑的企业的价值。

上市公司的账面价值就是资产负债表中记录的股东权益；市场价值就是股票的市场价格乘上普通股股数；公允价值是指不存在关联交易前提下交易各方认可的价值；而内在价值是指资产或企业不带偏见客观评估的价值。一个企业为什么有这么多的价值表述呢？这与它们的计算原则、估值方法不同有关，也与估值时所考虑的因素不同有关。我们以沪市上市公司贵州茅台为例，其2013年第三季度报的股东权益账面值仅为503.41亿元，而同期股票市值约为1 500亿元，也就是说，贵州茅台的市场价值是其账面价值的3倍，而该公司的市值最高点为2 700亿元（2012年7月中旬），是其账面价值的5倍多。

账面价值是以历史成本记录的，也就是当初购买或建造时的价格。随着时间的推移，资产的价格发生了变动，但账面价值并不随之调整，这就造成了账面价值与其实际价值（公允价值）之间的差异，而且，购买或建造的时间越久，两者的差距就越大。比如房地产价格，10年中至少上涨了6倍，但这种价值增值无法体现在账面价值中。也有的企业为了账面好看，把积压3～5年甚至8～10年的商品还放在库存里，价格还是当年的价格，但实际上只能当废品处理。

核算制度的约束也会使得账面价值偏离其真实价值。一家公司的股东权益是3 000万元，它和3 000万元现金绝不是一个概念。前者包含许多无形资产，比如企业架构、生产组织、客户资源、销售网络甚至工艺流程和企业文化，这些东西按制度无法记入无形资产，但确实是公司重要的无形资产，没有这些东西公司是无法运行的。厦门大学钱伯海教授（1928～2004）在《国民经济统计学》中曾经提出过"固定资产扩大率"的概念和估算方法，给我留下了深刻的印象。固定资产提取折旧，就是固定资产的价值按既定的速率转移到产品价格中去。比如一台机器价值50万元，折旧期为10年，假设设备没有残值并按直线法（也称平均年限法）折旧，每年折旧5万元，折旧满10年该设备的账面价值就是0元了。但如果这台设备还可以正常使用，固定资产不就扩大了吗？不仅如此，折旧是逐年进行的——每年从销售收入中拿出来5万元钱，它的意思是拿满10年就可以在原设备报废的时候更新原设备了。但这样做带来了两个好处：一个是节税，折旧减少了销售额，减少了作为纳税基数的利润总额，同时减少了所得税；二是扩大了资金规模，折旧是一笔钱，与其他的销售收入没有任何区别，完全由企业自主支配，是不是增加了企业收入呢？与此类似，企业的无形资产也有一个在一定年限内的"摊销"的问题。按会计制度规定，无形资产摊销期满后就账面价值为0了，但实际上它体现在商品价格中的价值还是存在的，由于不能计入股东权益，所以账面价值就被低估了。巴菲特就是满世界去找这样的股票，因为账面价值低估往往会导致股价低估，巴菲特就"用 0.4 美元买到价值 1 美元的东西"了。

市场价值的决定因素是市场价格，市场价格是在交易中形成的，因此有一定的客观性。正因为如此，有效市场理论否认内在价值的说法，他们认为，市场价格就是一项资产真实的价值。但这个说法却遭到了行为金融学家的猛烈抨击，因为在现实经济生活中，股票等金融资产的价格，在很短的时间内常常像"过山车"一样上蹿下跳，最高价和最低价之间可能会有几十倍甚至上百倍的差距，那你能告诉我哪一个是它"真实的价值"吗？事实证明，市场价格由于受投资者群体心理变化的影响，以"不理性"的表现居多，所以，"市值"这个东西不要拿它太当一回事。

公允价值（Fair Value，亦称公允市价、公允价格）公认的定义是：熟悉市场情况的买卖双方在公平交易的条件下和自愿的情况下所确定的价格，或无关联的双方在公平交易的条件下一项资产可以被买卖或者一项负债可以被清偿的成交价格。为什么要提出公允价值的概念？就是因为传统的、以历史成本法计量的账面价值常常偏离其公认的价值，为了相对准确地评估资产负债表中资产的价值，人们才提出了公允价值的计量原则和计量方法。

公允价值的确定目前主要有三种：市场价格法、类似项目法和估值技术法。市场价格法就是指直接引用所计量项目的市场价格作为其公允价值的方法，这种方法使公允价值与市场价格互为表里，在方法简单的同时，也携带了市场价格忽上忽下、忽左忽右的不稳定基因。在找不到所计量项目的市场价格的情况下，可以使用所计量项目类似项目的市场价格作为其公允价值。所谓的类似项目是那些与所计量的项目具有相同的现金流量形式的项目。但是，"世界上没有两片相同的树叶"，看似相同的东西，实质上可能有重大差别，所以，"类似项目法"也带有较大的估算成分。当一项资产或负债不存在或只有很少的市场价格信息时，一般建议采用适当的估价技术来确定资产或负债的公允价值。估价技术法是公允价值计量方法中实施难度最大的一个，也是争议最多，对公允价值计量客观性影响最大的一个。一方面，人们对估值影响因素很难有一个全面、准确的把握；另一方面，估值所采用的模型和程序因人而异，估值结果可能千差万别。通常可以见到的对公允价值的抨击，其实主要就集中在对所采用的估价方法的抨击上。良好的愿望未必引出满意的结果。由于公允价值确定的主观性较强，可操作性较差，常常导致其成为相关利益主体利润操纵的工具。

其实，对于公允价值计量原则本身，在理论界也是存在争议的。如已故著名会计学家、厦门大学葛家澍教授就认为，历史成本于账表是一项明智的会计决策，因为这是财务会计保持财务记载真实性的基本保证。因此，公允价值是否能成为一个科学的计量属性，值得研究。①

内在价值客观真实，不偏不倚，理想主义色彩浓郁，巴菲特老先生靠内在价值"打遍天下无敌手"。但内在价值有点像马克思《资本论》的"价值"概念，作为一个经济学概念，美轮美奂，鞭辟入里，闪烁着思辨的光芒，在理论上无懈可击——就是没法计算。内在价值就像是一个幽灵，似乎存在，但难以捕捉，恐怕连巴菲特也从未一睹过内在价值的芳容。当然，财务分析中也提供了众多估计内在价值的方法，容作者在后续章节中一一道来。

1.3　解读利润表

利润表依据"收入 – 费用 = 利润"的简单原理编制，主要反映一定时期内公司的营业收入减去营业支出之后的净收益。利润表的科目包括两个方面：一是反映公司的收入及费用，说明公司在一定时期内的利润或亏损数额，据以分析公司的经济效益及盈利能力，评价公司的管理业绩；另一部分反映公司财务成果的来源，说明公司的各种利润来源在利润总额中占的比例，以及这些来源之间的相互关系。通过利润表，我们一般可以对上市公司的经营业绩、管理的成功程度作出评估，从而评价投资者的投资价值和报酬。

与资产负债表不同的是，利润表是一张"流量"报表，即表中的科目数值都是一段时间内（1 个月、1 个季度或 1 年）累计的结果（表式参见表 1 – 2）。

表 1 – 2　　　　　　　　　利润表的基本格式

项目	上期	本期
主营业务收入		
减：主营业务成本		
主营业务税金及附加		
主营业务利润		
加：其他业务利润		
减：营业费用		
管理费用		
财务费用		

① 葛家澍：《财务会计的本质、特点及其边界》，载《会计研究》，2003（3）。

续表

项目	上期	本期
营业利润		
加：投资收益		
营业外收入		
减：营业外支出		
利润总额		
减：所得税		
净利润		
加：期初未分配利润		
可供分配的利润		

与资产负债表相比，利润表指标项目间的关系可谓一目了然。其可区分为如下四个层次：

（1）主营业务利润的核算

主营业务是指企业为完成其经营目标而从事的主要业务活动，一般可根据企业营业执照上规定的主要业务范围确定，但如果企业经营转向，原来的主营业务可能被其他业务所超越，所以主营业务更多是以销售额所占比重来确定的。证券交易所或证券交易主管当局一般都要求上市公司"主营业务突出"，为什么有这种要求呢？一是如果"主营业务突出"，企业所属行业比较容易识别；二是要求上市公司至少在某一个行业具备"核心竞争力"。长期浸沉于某一行业，可以积累雄厚的技术资源、装备实力和制造经验，比较容易做大做强企业，但如果涉足的产业众多，"样样通样样松"就不容易在某行业内做成龙头企业。

主营业务是企业最基本、最重要的业务，是企业收入的主要来源，应重点加以核算。因此，企业应设置"主营业务收入"科目，核算主营业务形成的收入。"主营业务收入"虽然也是企业的"产出"，但只是"毛产出"而不是"净产出"，根据经济核算的原则，只有产出大于投入的部分即"净产出"才是有意义的，所以还要计算和扣除"投入"的部分，这就是"主营业务成本"和"主营业务税金及附加"科目。

"主营业务成本"反映的是企业当期销售产品或提供劳务所含的成本，即产品成本或直接制造成本。按照《企业会计准则》的要求，产品成本包括直接材料、直接人工和制造费用。A. 直接材料。直接材料指加工后直接构成产品实体或主要部分的原料和材料成本。直接材料可以分为原材料及主要材料、辅助材料、外购半成品（外购件）、修理用备件（备品备件）、包装材料、燃料、包装物等。在生产过程中，直接材料的价值一次全部转移到新生产的产品中去，构成了产品成本的重要组成部分。B. 直接人工。直接人工指在生产中对材料进行直接加工制成产品所耗用的工人的工资、奖金和各种津贴，以及按规定比例提取的福利费。C. 制造费用。制造费用指企业各生产单位（如生产车间）为了组织和管理生产而发生的各项间接费用。制造费用是产品成本的重要组成部分。具体来讲，制造费用包括工资和福利费（指车间管理人员提取的那一部分）、折旧费、修理费、办公费、水电费、机物料损耗、劳动保护费以及其他制造费用。"主营业务税金及附加"是指企业主营业务活动应承担的税金及附加，包括营业税、消费税、城市维护建设税、资源税、土地增值税和教育费附加等。这部分税包含在产品价格中，最终是由消费者负担的。以消费税为例，甲类卷烟的消费税税率为 56%，小轿车最高税率为 40%。许多人抱怨中国民众税负太重，其实主要是指这些转嫁到消费者头上的间接税。

"主营业务收入"减去"主营业务成本"和"主营业务税金及附加"得到"主营业务利润"，它大体上相当于人们常说的"毛利"的概念。对于一家"主营业务突出"的"正常企业"而言，"主营业务利润"的多少是企业经营是否正常的"风向标"和"温度计"，如果"主营业务利润"表现不尽如人意，这个企业的盈利就基本上泡汤了。

（2）营业利润的核算

对于一家多元化经营的企业而言，"主营业务利润"毕竟不是企业利润的全部来源，如果有附营业务或其他业务，就要将其盈利考虑到营业利润中来。同时，除直接成本外，间接成本也必须考虑，这就是所谓的"三项费用"——营业费用、管理费用和财务费用。这三项费用也称间接费用或期间费用，它们共同的特点是与加工制造活动的关系没有直接制造成本那样密切，而且发生的时间和金额一般也并不与生产周期一一对应，此类费用多为"沉没成本"，意思是说，加工制造活动是否发生，与这类支出发生与否关系不密切。

营业费用是在整个经营环节中所发生的费用，包括公司销售商品过程中发生的费用和商业性公司在进货过程中发生的费用。公司销售商品过程中发生的运输费、装卸费、包装费、保险费、展览费和广告费以及为销售公司商品而专设的销售机构的职工工资、福利费、业务费等经常费用都可计入营业费用。管理费用是公司在组织生产和进行管理过程中，由行政管理部门的管理行为而产生的各种费用。管理费用包含的内容相当复杂，包括房屋折旧和无形摊销；一些税费，如车船使用税、土地使用税、印花税；行政管理部门在公司经营管理中发生的，或者应由公司统一负担的公司经费，如工会经费、待业保险费、劳动保险费、董事会费、职工教育经费、研究开发费、提取的坏账准备等。无论管理费用多么复杂，基本上都是为了公司整体的正常运转而支出的。财务费用是指公司为筹集生产经营所需资金等而发生的费用，包括公司在生产经营中的利息支出、汇兑损失以及相关的手续费等。这里应注意，并非所有的借款利息都计入财务费用，如公司为建造固定资产而借入资金，在固定资产交付使用前发生的利息支出，要计入固定资产成本而不计入财务费用。

"主营业务利润"和"营业利润"一般在数额上会有差异，如果"其他业务利润"数额很小，那么差距主要就是受"三项费用"影响所致。在"三项费用"既定的前提下，"主营业务利润"和"营业利润"的差额可以反映企业其他业务的规模和盈利能力。

（3）利润总额的核算

"营业利润"加上"投资收益"和"营业外收入"，再减去"营业外支出"就是企业的"利润总额"，它大体上可以反映企业在一定的时间内新创造的价值总和。与20年前甚至10年前不同，现在具有一定规模的企业都是"两条腿走路"——实业和投资并重，以规避行业低谷可能给企业带来的效益低估。在我国，由于产业结构不合理，加之垄断因素的影响，财务或金融投资收益水平往往远高于实业经营利润水平，这也促使相当一部分企业涉足财务与金融投资领域，去分享财务或金融投资的盛宴。在A股上市公司中，服装加工企业雅戈尔在财务投资方面名闻遐迩，作者随手查阅了雅戈尔2014年第三季度财务指标发现，该季度利润总额为247 255万元，其中投资收益为143 617万元，占利润总额的比重为58.08%。[1] 这说明就整体而言，投资收益已经成为企业盈利的一个重要来源。

"营业外收入"和"营业外支出"是调整科目，是指企业发生的与其生产经营活动无直接关系的各项收入和各项支出。营业外收入的主要内容包括：固定资产盘盈、处理固定资产净收益、罚款收入、出售无形资产收益、因债权人原因确实无法支付的应付款项、教育费附加返还款等。营业外支出的主要内容包括：固定资产盘亏、处理固定资产净损失、出售无形资产净损失、

---

[1] http://quotes.money.163.com/f10/lrb_600177.html.

罚款支出、捐赠支出、非常损失（指自然灾害如地震等造成的各项资产净损失，还包括由此造成的停工损失和善后清理费用）、计提无形资产、固定资产和在建工程的减值准备。它指企业按规定对无形资产、固定资产和在建工程实质上发生减值时提取的减值准备和债务重组损失等。

（4）净利润的核算

净利润是企业在一定期间内新创造的价值中完全归企业自主支配的部分，是投资者、经营者都密切关注的一个重要指标。净利润也比较容易计算：利润总额是企业纳税基数，净利润＝利润总额×（1－所得税税率）。根据现行《中华人民共和国企业所得税法》，我国企业适用的所得税税率共分三档：25%、20%和15%。一般企业所得税税率为25%，符合条件的小型微利企业所得税税率为20%，国家重点扶持的高新技术企业按15%的税率征收企业所得税。

股票市场的投资者，不少人对利润表比较看重，其间的逻辑是：企业利润水平较高，说明企业盈利能力强，其股票价格理应看涨。这个逻辑一般而言也不能说不对，但是要注意，利润指标是某些居心不良的企业着意粉饰的数据，财务造假大多是从虚增利润入手的（财务造假的手法将在后续章节详述）。为什么要"虚增利润"？一是人为拔高业绩，以避免公司遭遇退市厄运；二是迎合部分投资者的心理，粉饰公司业绩，拉升公司股价；三是有逢高出货的减持企图。所以我们对利润表要格外小心。

除去利润表作弊不谈，会计方法的局限也会使利润不会像你认为的那样"靠谱"。利润是一个"理论"数据，是"会计逻辑"的产物，其披露的数据与你期待的"经营绩效"不是同一个概念。

财政部颁布的自2014年7月1日起施行的《企业会计准则第30号——财务报表列报》第七条规定，除现金流量表按照收付实现制原则编制外，企业应当按照权责发生制原则编制财务报表。它的具体内涵是：现金流量表按照收付实现制原则编制，资产负债表、利润表及所有者权益变动表均按权责发生制原则编制。那么，什么是收付实现制？什么是权责发生制？它们对会计数据又会产生怎样的影响呢？

收付实现制又称现金制或实收实付制，它是以现金收到或付出为标准，来记录收入的实现和费用的发生。按照收付实现制，收入和费用的归属期间将与现金收支行为的发生与否，紧密地联系在一起。换言之，现金收支行为在其发生的期间全部记作收入和费用，而不考虑与现金收支行为相连的经济业务实质上是否发生。收付实现制比较"实在"，收到即记载收入，付出即记载支出，没功夫跟你理论应不应该记载。由于现金流量表是按照收付实现制原则编制的，所以此表中记载的资金流入流出是实际发生的流入流出数，虚假记载的可能性较小。

权责发生制亦称应计基础或应计制，它是以权利和责任的发生来决定收入和费用归属期的一项原则，或者说是指以实质收到现金的权利或支付现金的责任的发生为标志来确认本期收入和费用及债权和债务。与收付实现制相比较，权责发生制是比较"讲道理"的，一项收入或支出，得先研究"应不应该"记载收入或支出，然后再决定是否记载。比如赊销商品，按收付实现制原则不应记载收入，因为尚未收到现金；但按权责发生制原则，却应当记载产品销售收入，原因是尽管尚未收到现金，但产品的所有权已经发生转移（买方甚至已将这部分商品使用或出售），理论上我"应该"记载销售收入。按照权责发生制原则，凡是本期已经实现的收入和已经发生或应当负担的费用，不论其款项是否已经收付，都应作为当期的收入和费用处理；凡是不属于当期的收入和费用，即使款项已经在当期收付，都不应作为当期的收入和费用。

这样问题就来了。赊销商品计入了商品销售收入，然后是计算营业利润、利润总额和净利润，由于利润总额是所得税纳税基数，所以也相应计算了向国家缴纳的企业所得税，但实际上企业并未收回这部分现金，这就造成了利润指标与经营现金净流入量的不一致。说得严重一点儿，其可能会使营业利润和净利润指标很好看，但企业却因经营现金净流入量不足而出现"资金链断裂"的情况发生。所以，仅仅观察利润表可能会误导投资者。

在编制原则上，西方会计制度与我国并无本质区别，但在指标设置和指标关系上可能略有差别。下面具体比较一下美国按公认会计准则编制的利润表和我国现行利润表的差别（参见表1-3）。

表1-3 　　　　　　　　美国会计利润表的基本格式①

项目	上期	本期
营业收入总额		
减：产品销售成本		
销售费用、一般费用与管理费用		
折旧		

---

① ［美］斯蒂芬·A. 罗斯等著、李长青等译：《公司理财：核心原理与应用》，第三版，中国人民大学出版社，2013。

项目	上期	本期
营业利润		
加：其他利润		
息税前利润（EBIT）		
减：利息费用		
税前利润		
减：所得税（联邦和州）		
税后利润（净利润）		

比较表 1-2 和表 1-3，两表指标项目基本相同。差别比较大的是"息税前利润"（Earnings Before Interest and Tax，EBIT）指标，该指标的含义是"没有扣除所得税和负债利息前的利润"。笔者认为，该指标的设置比较科学，从经济内涵的角度来理解，EBIT 是企业在一定时间内新创造的价值总和，向债权人支付利息属于利润分配，向国家交纳所得税也属于利润分配，EBIT 有独立存在的价值。反观我国利润表，没有一个能反映"企业在一定时间内新创造的价值总和"的财务指标，只能用"利润总额＋利息支出"去反推（因为在计算利润总额时已经扣除了利息支出）。在西方财务理论中，EBIT 是一个核心基础指标，用途极其广泛，而我们只能推算，给应用带来极大不便。还有一点，在表 1-3 中，"折旧"单独列出，非常便于财务现金流的核算，关于这一点，后面我们还会涉及到。

1.4　解读现金流量表

如前所述，现金流量表按收付实现制原则编制，也是一张流量报表，反映公司在一定时间内现金（包含银行存款）的增减变动情形。现金流量表主要用于反映资产负债表和利润表中各个项目对现金流量的影响，并根据其用途划分为经营、投资及融资三项活动分类。（表式见表 1-4）

表 1-4　　　　　　　　　　现金流量表的基本格式

项目	上期	本期
一、经营活动产生的现金流量：		
加：销售商品、提供劳务收到的现金		
收到的税费返还		

续表

项目	上期	本期
收到的其他与经营活动有关的现金		
现金流入小计		
减：购买商品、接受劳务支付的现金		
支付给职工以及为职工支付的现金		
支付的所得税		
支付除所得税外的各项税款		
支付的其他与经营活动有关的现金		
现金流出小计		
经营活动产生的现金流量净额		
二、投资活动产生的现金流量：		
加：收回投资所收到的现金净额		
收到已到期于金融机构的定期存款		
取得投资收益所收到的现金		
处置固定资产所收回的现金净额		
收到的其他与投资活动有关的现金		
现金流入小计		
减：购建固定资产所支付的现金		
投资所支付的现金		
支付于金融机构的定期存款		
现金流出小计		
投资活动产生的现金流量净额		
三、筹资活动产生的现金流量：		
加：吸收投资收到的现金		
借款所收到的现金		
发行债券收到的现金		
现金流入小计		
减：偿还债务所支付现金		
分配股利、利润和偿付利息所支付的现金		
现金流出小计		
筹资活动产生的现金流量净额		
四、汇率变动对现金的影响		
五、现金及现金等价物净增加额		
六、期末现金及现金等价物余额		

现金流量表看起来很庞大，其实很简单，不过是一本流水账——现金流入就加，现金流出就减，小学算术水平。但是现金流量表的分析却并不简单。

其一，"经营活动产生的现金流量净额"是最重要的项目。一个正常经营的企业，"经营活动产生的现金流量净额"首先必须是一个足够大的正值（究竟多大因企业不同而异），因为它描述的是企业经营活动是否"正常"。如果该值很小，说明企业经营活动不正常；如果该值是一个负值，说明企业经营亏损或应收账款占压资金过多；如果负值较大，说明该企业销售乏力可能濒临破产。其次，"经营活动产生的现金流量净额"应该是"现金及现金等价物净增加额"的主要来源，如果相反，则说明企业的正常经营受到了干扰，或者处于由实业经营企业向投资型企业的转型期，或者企业陷入了经营困境。

如前所述，用"经营活动产生的现金流量净额"与利润表中的"经营利润"比较很有意义。如果两者比较接近，说明企业经营活动和信用活动都比较正常；如果前者小于后者且差距较大，说明许多欠账未能及时收回，企业应检讨其信用政策和应收账款管理能力；如果前者大于后者，可能说明本期应收账款回收工作取得了突破性进展。

其二，"投资活动产生的现金流量净额"是我们分析的次重点。实业企业从事财务投资已经司空见惯，如果"投资活动产生的现金流量净额"占"现金及现金等价物净增加额"的比重较高也不值得大惊小怪。对于"投资活动产生的现金流量净额"是正是负、是大是小我们不能盲目下结论，结论应由分析导出。一般来说，"投资活动产生的现金流量净额"的正值可能有三个来源：一是投资收益；二是收回投资本金；三是资产剥离收益，这通常对企业有益。但如果"投资活动产生的现金流量净额"是一个较大的负值，也不一定是个坏事，比如企业拿出一大笔钱做财务投资或购买设备扩大生产能力，从长期来看对企业发展有利，但须注意财务投资的风控措施和实业投资的市场需求分析。

其三，"筹资活动产生的现金流量净额"分析也不可忽视，它集中体现了企业的财务策略。筹资活动的现金流入有两种来源：一是股权融资（增值扩股），由此引起的现金流入增加一般来说是个好事，说明企业有扩大经营规模的意愿，公司在资本市场上受到投资者青睐；二是债务融资（借款或发行债券），说明企业增加了杠杆率，提高了负债水平，好不好应结合企业实际进行分析。比如，财务杠杆率处于正常水平就好，否则就处于风险暴露状态；融入长期资金对企业发展有利，如短期负债过高则有流动性风险；如负债用于扩大经营规模，说明企业有进取之心，如果借新债还旧债，说明企业在奔向衰退或破产的路上苟延残喘。同理，"筹资活动产生的现金流量净额"如果是一个很大的负值，是不是肯定是一件坏事呢？不一定，如果该负值的发生是由于企业偿还了一笔巨额债务，我们还应该恭喜这家企业呢。

其四，"汇率变动对现金的影响"是一个调整的科目，该科目反映企业外币现金流量及境外子公司的现金流量折算为人民币时，所采用的现金流量发生日的汇率或平均汇率折算的人民币金额与"净现金流量"中外币现金净增加额按期末汇率折算的人民币金额之间的差额。该科目只对有海外业务且设有海外子公司的企业集团有意义（集团公司要合并财务报表）。

其五，"现金及现金等价物净增加额"应该等于"经营活动产生的现金流量净额""投资活动产生的现金流量净额""筹资活动产生的现金流量净额"与"汇率变动对现金的影响"的代数和，所以是小学算数。正常情况下，"现金及现金等价物净增加额"应该是一个足够大的正值，因为它标志着企业正常的获利能力。"现金及现金等价物净增加额"再加上"期初现金及现金等价物余额"就等于"期末现金及现金等价物余额"，根据财务报表间的"钩稽关系"①，该金额应等于资产负债表中的期末现金余额。

再说两个概念。

一个是"现金和现金等价物"。《企业会计准则》中定义的现金是指企业库存现金以及可以随时用于支付的银行存款，其中的"银行存款"包括随时可用于支付的部分，也包括外埠存款、银行汇票存款、银行支票存款和在途货币资金等其他货币资金。应当注意的是，不能随时支付的定期存款属于投资而不是现金，而提前通知金融企业便可支取的定期存款属于现金。

现金等价物，是指企业持有的期限短、流动性强、易于转换为已知金额现金、价值变动风险很小的投资。现金等价物虽然不是现金，但其支付能力与现金的差别不大，可视为现金。一项资产被确认为现金等价物必须同时具备四个条件：期限短、流动性强、易于转换为已知金额现金、价值变动风险很小。通常投资日起 3 个月内到期或清偿的国库券、商业本票、货币市场基金、可转让定期存单及银行承兑汇票等皆可列为现金等价物。

另一个是"自由现金流量"。自由现金流量（Free Cash Flow，FCF）最早是由美国西北大学阿尔弗雷德·拉巴波特（Alfred Rappaport）、哈佛大学麦克尔·詹森（Michael Jensen）等学者于 20 世纪 80 年代提出的一个全新的概念。如今它在西方公司价值评估中得到了非常广泛的应用。简单地讲，自由现金流量就是企业产生的在满足了再投资需要之后剩余的现金流量。这部分现金

---

① 钩稽关系是会计在编制会计报表时常用的一个术语，它是指某个会计报表和另一个会计报表之间以及本会计报表项目的内在逻辑对应关系，如果不相等或不对应，就说明会计报表编制得有问题。

流量是在不影响公司持续发展的前提下可供分配给企业资本供应者的最大现金额。

1990年，麦肯锡公司（McKinsey & Company, Inc.）的资深领导人之一汤姆·科普兰（Tom Copeland）教授比较详尽地阐述了自由现金流量的计算方法：自由现金流量等于企业的税后净营业利润（Net Operating Profit less Adjusted Tax, NOPAT）加上折旧及摊销等非现金支出，再减去营运资本的追加和物业厂房设备及其他资产方面的投资。其计算公式：

自由现金流量 =（税后净营业利润 + 折旧及摊销）-（资本支出 + 营运资本增加）

在美国公司利润表中，有一个概括性很强的利润指标——息税前利润（EBIT），"税后净营业利润"即指息税前利润（EBIT）扣除实付所得税税金之后的数额，这个金额是企业可以支配的所得额（其中包括需支付给债权人的利息）。为什么要加上"折旧及摊销"呢？"折旧"这个物件儿很特别，从定义上讲它是固定资产的磨损价值，是一种耗费，其价值要转移到新产品的价值中去；但从资金流动的角度来看，"折旧"就是从销售额中扣除的一笔钱，理论上讲来用于固定资产的更新，但一般固定资产更新的周期都较长，在提取了折旧但尚未更新的这一段漫长的时间内，"折旧"与企业其他的自有资金没有任何区别，企业也可以自主支配，理所当然可以纳入"自由现金流量"。而"摊销"与折旧类似，可以看作是无形资产的"折旧"。为什么要减去"资本支出增加额"和"营运资本增加额"两项金额呢？这是因为，未来企业经营规模的扩张，势必要求增加固定资本投资和流动资本投资，只有把这两部分支出预先扣除，才是可供股东和债权人自由使用的现金流量。

"自由现金流量"指标是为了克服会计利润的不足而设计的。其一，针对企业可利用增加投资收益等非营业活动操纵利润的缺陷，"自由现金流量"认为只有其营业利润才是保证企业可持续发展的源泉，而所有因非正常经营活动所产生的非经常性收益（利得）不应计入自由现金流量；其二，由于会计利润按照权责发生制计算，不以款项是否收付作为确认收入和费用的依据，利润会有比较大的操纵空间，而自由现金流量是根据收付实现制确定的，企业通过虚假销售、提前确认销售或有意扩大赊销范围调节利润时，这些销售无法取得现金，这就使得这些伎俩对自由现金流量无法产生影响；其三，自由现金流量还考虑到了企业存货增减变动的影响，而这并没有反映在会计利润的计量上。

当然，在此处介绍"自由现金流量"概念，笔者还有一个小小的"私心"：后面的章节中我们要介绍巴菲特所推崇的自由现金流估值模型（FCFF），在那里，"自由现金流量"是我们讨论的中心议题，现在交代了它的内涵，届时我们就轻松多了。

1.5 财务报表间的钩稽关系

钩稽关系是在编制财务报表时常用的一个术语，是指报表之间和报表内部科目之间内在的逻辑对应关系。财务报表由若干张报表组成，它们共同反映一个机构的经济活动过程，这些过程是相互联系的，因此科目之间也必然存在某种数量联系和逻辑关系，一套报表体系设计得是否科学，钩稽关系是考察的一个重点，如果各种财务报表不能形成一个有机整体，那么这个设计就失败了。

为什么要设计钩稽关系？第一是由于企业经济活动本身就是一个联动的过程，在不同节点对此过程的描述，必然在数量关系上产生协同性；第二，钩稽关系的设计也为财务数据的稽核提供了方便。此外，这种钩稽关系也增加了财务造假的难度，鉴于表与表、科目与科目之间的内在联系，更改某个数据会使整个报表体系失去协调性，从而使造假行为大白于天下。

钩稽关系主要表现在两个方面：一个是报表内部的钩稽关系，另一个是报表之间的钩稽关系。前者我们在介绍三张基本财务报表时实际上已作出过阐述，内容也比较容易理解。比如资产负债表科目被分成左右两部分，左边是资产，右边是负债及所有者权益；右边反映的是企业资金的来源（借入及自有），左边反映的是这些资金被占用的形式。资产等于负债加所有者权益，意思就是资金占用等于资金来源，所以这张表格是一张平衡表，如果不平衡就不合逻辑。表格内部的其他科目也都有这种属性。比如，资产等于流动资产加非流动资产；负债等于流动负债加长期负债；资产减负债就等于所有者权益，等等。尽管这种关系比较简单，容易理解，但其实它们就是一种钩稽关系。由于在介绍财务报表时，我们比较详尽地介绍了财务报表内部的钩稽关系，所以本节重点介绍财务报表之间的钩稽关系。

（1）资产负债表与利润表之间的钩稽关系

资产负债表与利润表之间存在着密切的联系，前者表示企业资产与负债的存量，后者表示企业经济活动的流量；存量决定流量的规模，流量最终转化成存量。因此，在科目上两者存在密切联系。

A. 根据资产负债表中短期投资、长期投资，复核、匡算利润表中"投资收益"的合理性。如关注是否存在资产负债表中没有投资项目而利润表中却列有投资收益，以及投资收益大大超过投资项目的本金等异常情况。

B. 根据资产负债表中固定资产、累计折旧金额，复核、匡算利润表中"管理费用——折旧费"的合理性。结合生产设备的增减情况和开工率、能耗消耗，分析主营业务收入的变动是否存在产能和能源消耗支撑。

C. 利润及利润分配表中"未分配利润"项目与资产负债表"未分配利润"项目数据钩稽关系是否恰当。注意利润及利润分配表中，"年初未分配利润"项目"本年累计数"栏的数额应等于"未分配利润"项目"上年数"栏的数额，应等于资产负债表"未分配利润"项目的期初数。

（2）资产负债表与现金流量表之间的钩稽关系

在现金流量表的编制基础不包括现金等价物的情况下，年末资产负债表中符合现金流量表编制基础的"货币资金"项目年末数与年初数之差应该与现金流量表的最末一行即"现金及现金等价物净增加额"项目相等。

（3）资产负债表与利润表、现金流量表相关项目的钩稽关系

利润表中的"主营业务收入"、现金流量表中的"销售商品、提供劳务收到的现金"、资产负债表中的"应收账款"等项目之间存在钩稽关系：

利润表中的净销货额－资产负债表中的应收账款（票据）增加额＋预收账款增加额＝现金流量表中的销售商品、提供劳务收到的现金

同理，利润表中的"主营业务成本"、现金流量表中的"购买商品、接受劳务支付的现金"、资产负债表中的"应付账款"等项目之间存在的钩稽关系。

如果我们具备了企业经营和财务核算方面的基本知识，就可以以报表科目钩稽关系异常来识别企业是对财务数据作了手脚：[①]

（1）与利润表相关的会计科目异常情况

A. 营业收入增幅低于应收账款增幅，且营业收入和净利润与经营性现金流量相背离

在公司销售产品的过程中，一般都会产生应收账款。正常情况下，应收账款的变化幅度应与营业收入的变化相一致。如果应收账款增长速度高于营业收入，可能意味着：第一，公司放宽信用条件以刺激销售；第二，公司人为通过"应收账款"科目虚构营业收入。

B. 营业利润大幅增加的同时营业成本、销售费用等增加比例很小

公司正常经营产生营业收入时不可避免要产生营业成本和销售费用，这

---

① 胡彦宇：《如何揭掉财报面具：基于会计科目钩稽关系识别》，中国经济网，http：//finance. ce. cn/rolling/201404/09/t20140409_ 2628283. shtml，2014 - 04 - 09。

两项费用一般与营业收入的增长率是保持一致的。如果当期营业利润出现了大幅增加，而营业成本、销售费用等没有变化或变化很小，则有三种可能：一是相关的销售并不存在；二是公司为优化当年盈利水平，已将当期应计费用调至上一会计年度；三是公司刻意调减当期应计费用来相对提高营业利润，如将应作为期间费用的无形资产研究费用资本化为在建工程或计入长期待摊费用等。

C. 公司应缴增值税、营业税金及附加和所得税费用异常低，与收入和利润增长幅度不匹配

公司所得税一般由公司利润乘以税率所决定，如果公司利润较高，但是所得税却低于应有的水平，说明所得税费用与净利润差异较大，在没有免税条款的情况下，很可能是报表舞弊的预警信号。同样，公司应缴增值税应与销售商品增值额对应，营业税金及其附加与提供应税劳务等相对应，如果应缴增值偏低，可能意味着营业收入被虚构。此外，如果应税额与净利润差异较大，也可能是公司偷税漏税或虚构收入的预警信号。

（2）与现金流量表相关的会计科目异常情况

A. 拥有与经营业绩不相匹配的现金余额，且现金占资产总额比例过高，多年来变化很小

一般而言，公司为了避免负担额外不必要的机会成本，其货币资金余额都会与自身的经营情况相匹配。如公司的货币资金余额明显超出经营规模的需要，且多年来无变化或变化较小，则可能是由以下几方面原因造成：第一，现金用途受到限制，如进行质押、设立担保等，而公司未将相关情况进行披露；第二，现金资产被控股股东等关联方占用。

B. 高额现金伴随着高额短期负债和逾期欠款等

如果公司拥有高额货币资金的同时还伴有高额的短期银行借款等短期负债或逾期借款，且高额货币资金基本上能够涵盖短期借款或逾期借款，那么该公司背后可能也存在着和上一情况一样的问题。

C. 应收账款变动不大的情况下，销售商品、提供劳务所收到的现金与营业收入和增值税增幅不匹配

理论上来说，在应收账款年初年末余额变动幅度不大的情况下，当年的销售商品、提供劳务收到的现金增长幅度应与营业收入以及增值税的增幅相匹配，如现金流增幅大大小于收入和增值税增幅，则有虚构收入并虚开增值税发票的嫌疑。

D. 应付账款变动不大的情况下，购买商品、接受劳务支付的现金与营业

成本增幅不匹配

同应收账款一样，在应付账款年末余额变动幅度不大的情况下，当年的购买商品、接受劳务支付的现金应与营业成本增幅保持相当水平，如现金流增幅大大小于营业成本，则公司有可能虚构收入，并相应虚构了相关营业成本。

E. 其他与投资活动相关的现金流会计科目异常情况

一是某会计年度现金流量表中出现大额的"购建固定资产、无形资产和其他长期资产支付的现金"，而在资产负债表及其附注中的固定资产原值、在建工程以及无形资产等长期资产项目在年度内没有发生明显变化；二是"投资支付的现金"、"收回投资收到的现金"与长期股权投资、可供出售金融资产等科目变动幅度不匹配；三是"吸收投资收到的现金"与验资报告中的货币出资金额不匹配。

（3）与资产负债表相关的会计科目异常情况

主要表现在其他应收款或其他应付款数额巨大，与公司的主营业务收入规模不匹配。

由于公司会计人员将经营活动以外的其他各种应收或应付的款项全部用其他应收款和其他应付款科目核算，这使得这两个科目的核算内容比较繁杂，很容易成为某些单位或个人进行舞弊的工具。涉及其他应收款和其他应付款的舞弊手法主要有：第一，利用其他应收款科目隐藏短期投资，截留投资收益；第二，利用其他应收款隐藏利润，偷逃税款；第三，利用其他应收款转移资金；第四，利用其他应收款私设小金库；第五，利用其他应付款隐藏费用。

专栏 2：

彼得·林奇：财务报告的妙用

上海智博方略资产管理有限公司 2010 年 6 月 18 日 智博方略官网
http：//www.zhibofanglue.com/pnewsd.aspx? id = 1341

受格雷厄姆的影响，林奇对阅读财务报告也有着足够的重视，他常常根据公司财务报告中的账面价值去搜寻公司的隐蔽性资产。

林奇对如何阅读公司的财务报告有其独特的看法："无数财务报告的命运是送进废纸篓，这并不足为怪。封面和彩色页张上的东西还可以看懂，但却无大价值。后面所附的数字犹如天书，但又相当重要。不过，有个办法可以只花几分钟就从财务报告上得到有用的情况。那就是翻过封面和彩页介绍，直接找到印在较差纸张上的资产负债表。（财务报告，或者说所有的出版物，都遵循了一条规律：纸张越差，所印内容越有价值）资产负债表中所列出的资产和负债，对投资者来说，才是至关重要的。"林奇认为，通过公司的资产和负债，可以了解该公司的发展或衰退情况，其财务地位的强弱等，有助于投资者分析该公司股票每股值多少现金之类的问题。

对于账面价值，林奇认为有一种理论是极为错误的，那就是如果账面价值为每股20美元，而实际售价只有每股10美元，那么投资者就以便宜一半的价钱买到了想要的股票。这种理论的错误之处在于标出的账面价值常常与股票的实际价值毫无关系。账面价值常常大大超过或低于股票的实际价值。例如，1976年年末，阿兰伍德钢铁公司的标明账面价值为3 200万美元，即40美元一股。尽管如此，该公司在6个月后还是破产了。其原因在于该公司更新了一套炼钢设备，该设备的账面价值为3 000万美元，但由于计划不周，操作上又出了差错，结果毫无用处。为了偿还部分债务，该公司以约500万美元的价格把轧钢板机卖给了卢肯斯公司，工厂的其他部分则几乎没有卖得多少钱。

在资产负债表右面的负债很多的情况下，左面的超值资产就更加不可靠。假定说一家公司的资产为4亿美元，负债为3亿美元，结果账面价值是正1亿美元。谁能确保负债部分的数字是实实在在的呢？假如4亿美元的资产在破产拍卖中只能卖得2亿美元，那么实际上账面价值就是负1亿美元。公司不仅一钱不值，还倒欠不少呢。投资在按账面价值购买一种股票时，必须对这些资产到底值多少钱有一个详细的了解。

账面价值常常超出实际价值，同样，它也常常低于实际价值。林奇认为这正是投资者挖掘隐蔽性资产，从而赚大钱的地方。

对于那些拥有诸如工地、木材、石油和稀有金属等自然资源的公司来说，这些资产只有一部分真实价值登记在账面上。例如，一家铁路公司HS公司在1988年把130公里长的铁路用地卖给了佛罗里达州的CSX公司。当时，这块土地的账面价值几乎为0，而铁轨的价值却达1 100万美元。在这笔交易中，CSX公司除保留其在非高峰时期使用这条铁路的权利外，还获得了2.64亿美元的完税后收入（指土地的真实价值）。

又如，某家石油公司或炼油厂的存货已在地下保存了40年；但存货的价格还是按老罗斯福执政时计算的。若仅从资产负债表上看，它的资产价值可能并不高。但是若从石油的现值来看，其创值已远远超过所有股票的现价。

它们完全可以废弃炼油厂，卖掉石油，从而给股票持有者带来一笔巨大的财富。而且卖石油是毫不费事的，它不像卖衣服，因为没有人会在乎这些石油是今年开采的还是去年开采的，也没有人在乎石油的颜色是紫红的还是洋红色的。

20世纪60年代以后，许多公司都大大抬高自己的资产，商誉作为公司的一项资产，常常使公司产生隐蔽性资产。例如，波士顿的第五频道电视台在首次获得营业执照时，它很可能为获得必要的证件而支付25 000美元，建电视塔可能花了100万美元，播音室可能又花了100万~200万美元。该电视台创业时的全部家当在账面上可能只值250万美元，而且这250万美元还在不断贬值，到电视台出售时，售价却高达4.5亿美元，其出售前的隐蔽性资产高达4.475亿美元，甚至高于4.475亿美元。而作为买方，在其新的账簿上，就产生了4.475亿美元的商誉。

按照会计准则的规定，商誉应在一定的期限内被摊销掉。这样，随着商誉的摊销，又会产生新的隐蔽性资产。又如，可口可乐装瓶厂是可口可乐公司创建的，它在账面上的商誉价值为万亿美元，这个万亿美元代表了除去工厂、存货和设备价值以外的装瓶特许权的费用，它实际上是经营特权的无形价值。按美国现行的会计准则，可口可乐装瓶厂必须在开始经营起的4年内全部摊销完，而事实上这个经营特权的价值每年都在上涨。由于要支付这笔商誉价值，可口可乐装瓶厂的盈利受到严重影响。以1987年为例，该公司上报的盈利为每股63美分，但实际上另有50美分被用来偿付商誉了。不仅可口可乐装瓶厂取得了比账面上好得多的成就，而且其隐蔽性资产每天都在增长。

在由母公司全部或部分所有的子公司内也有隐蔽的资产存在。例如在美国联合航空公司内，国际希尔顿公司的资产值为10亿美元，赫兹租车公司的资产值为13亿美元，威斯汀饭店的资产值为14亿美元，另有10亿美元是旅行预订系统的资产。除去债务和税收之后，这些资产的总值还是高于联合航空公司的股价。因此，投资者在购买这个世界上最大的航空公司的股票时，实际上一分钱也没花。

当一家公司拥有另一家公司的股票时，其中也有隐蔽的资产。雷蒙德工业公司和油田电信服务公司的情况就是如此。雷蒙德公司的股票售价为12美元一股，而每一股都代表了电信公司价值18美元的股票。所以，投资者每买一股雷蒙德公司的股票就等于得到电信公司一股价值18美元的股票，增值了6美元。

另外，对于可能复苏型企业来说，减税是最好的隐蔽资产。由于实行损失账目结转，佩思中央公司破产后，留有巨额的税收损失可供结转。一旦佩思中央公司从破产中摆脱出来，即使它开始盈利，其中数百万美元的利润仍不用缴税。由于当时的公司所得税的税率为50%，这使佩思中央公司一开始复苏，就占有了50%的优势。佩思中央公司的复苏使它的股票从1979年每股5美元上涨到1985年的每股29美元。投资于佩思中央公司的投资者将因此而获得500%多的利润。

林奇认为，市场总是存在着盲点，投资者可以以最低的风险去实现预期的利润。投资者应保持足够的耐心和敏锐的分析能力不断地发掘市场所存在的盲点，市场盲点一旦被整个市场所认同，先迈一步的投资者将会获得可喜的回报。

对于交易者，尤其是保证金交易者来说，如果他在股市运行相反方向被套时间太长将会被淘汰出局，这时没有挽回的余地，因为时机的把握是最关键的。除了选择具有投资价值的股票进行投资以外，投资者还应把握最佳时机将股票卖出。至于什么时候卖股票，林奇认为有两种情况：一是公司的业务从根本上恶化，二是股价已上升过高，超过了其自身价值。这时应毫不犹豫地迅速将这类股票卖掉。林奇认为显示过去一二十年内的股价波动的技术图表很有参考价值，可以帮助他判断目前股票市价是否太高或太低。在具体操作时，投资者应当遵循更加明确的原则：总是在价格削弱时买入，在强劲时卖出。这要么需要一个价格敏感的经理人，要么小心地设定买卖的数量。非职业炒手，甚至职业炒手很少能像彼得·林奇那样，能发挥出极高超的技艺，常常是付出了高昂的交易成本，却未能达到预期的收益。

与传统的长期投资模式不同，林奇并不是在熟知了公司的内部管理信息才去投资，他不太担忧公司管理方面的问题。在他看来，尽管管理在公司中相当重要，但在许多时候，公司的利润稳步上升并不是管理所致，而是由于公司所从事的事业本身的声誉所致。如回收废纸并制造新纸在市场上占统治地位的福特哈佛公司；国际服务公司，作为一家殡葬屋连锁公司，稳定地购买新居住区现存最好的殡葬屋；邓金·唐纳兹在自己简单的业务里不断发展，等等。一家公司所拥有的某种独一无二的特征可以使其在市场占有较大的份额，保证其利润的稳步上升，在某种程度上可以减少人们对该公司管理方面的担忧。林奇之所以对高技术公司不感兴趣，是因为林奇认为那些高技术公司难以让人理解，即便它们中的一些公司可能不错，但如果你不真正了解它们，它们也不会让你受益。当然，林奇也并不否认有些分析家正在试图了解这些问题，但这些人通常都是专业人士。

林奇有一种超越其他投资者的优势，那就是林奇购买股票时寻找的是购买的理由，而许多其他投资者寻找的是不购买的理由。如公司实行了工会化，其他新产品的问世将给公司带来巨大的冲击，国家颁布政策禁止销售某种产品使公司利润大幅度下滑，等等。其中有许多偏见影响了大多数投资者对行情的通盘研究。"要挣钱，就得发现别人未发现的东西，就得做别人因心理定式作祟而不愿做的事。"林奇认为这是他成功的秘诀之一。

作为互助基金的管理者，林奇除了涉足国内投资以外，还将投资触角伸到了国际投资领域。如果说所有美国货币资产投资于海外的比例，必须大体上符合主要外汇市场的资本化程度的话，那么大部分美国机构资产组合应当投资于海外。但是，由于地方沙文主义的作用，上述情况不会发生。尽管如此，各国税制、获利程度、交易风险等因素的作用，将会促进美国机构资产组合继续流向海外。林奇经过调查发现，国际投资的无效性令人吃惊。林奇曾访问过瑞典的一家大股票经纪公司，公司里没有一个人曾去过沃尔沃，尽管该汽车公司距哥本哈根仅320公里。在瑞典，沃尔沃就相当于IBM、通用汽车、通用电气公司。这种情况在德国、中国香港、泰国等地也经常发生，人们对公司的分析显然是不够的，在许多情况下则几乎根本没有分析。由于市场的无效率性，使有胆识的投资者很可能在国外投资中赚很多钱。

林奇的胆识使他毫不迟疑地向国外投资。例如，林奇在考察雄狮食品超级市场时，发现雄狮食品超级市场25%的股票掌握在比利时德尔·黑兹公司的手中，而雄狮食品超级市场的股值远远超出德尔·黑兹公司的股价。所以，林奇大笔购入比利时德尔·黑兹公司的股票，后来德尔·黑兹公司的股价从每股30美元上升到120美元，而相比之下，雄狮食品超级市场的股票价格才上升了仅仅50%。又如，瑞典仅有几家保险公司上市。当美国保险公司获利率提高，保险费上涨之时，大家都预期这些公司将在世界各地大赚其钱。然而，斯堪的纳维亚公布的业绩仍然不佳，而它的竞争者已被淘汰出场。股票在利润回升之前是不会升值的。林奇抓住时机购买了这些股票，从而获得了8倍到10倍的收入。

林奇认为他在欧洲等地的成功机会要远多于在美国。购买2个月后，他仍对至少一半的欧洲公司感到满意，而美国则仅有1/2的公司尚可。"法国的经纪人是可怕的"，他说，"你仔细地分析一家公司，就会发现那些经纪人制定的目标很难实现。他们不知从哪里变出了那些数字"。

在国家当中，林奇对那些其他的资金经理们感到不安，因此不想投入大量资金的国家最为中意。比如说意大利，它的存款利率在全世界名列前茅，这将有助于把大量的钱引入到股票方面。当林奇在米兰交易所购买IFI时，那家公司将菲亚特汽车和其他公司持股价值的40%并入公司资本。SIP是一家电讯公司，以现金流量的 1.5 倍出售。换言之，意大利公司的股价相当便宜。

　　林奇最高兴的是他能在其他美国投资机构之前买进外国股。其中的一些股票有巨大的资本市场，能够吸收巨额的投资。当这个过程持续足够长的时间，该股票将会被过多的美国人所有时，那就到了转移目标的时候了。

02　透析企业经营失败的财务因素

导读：企业经营失败的原因很多，但临"咽气"之前有一个共同的特征：资金枯竭或称"资金链断裂"。资金是企业肌体的血液，正是资金的正常循环和周转，给企业带来源源不断的利润。资金问题是一个"财务问题"，所以说企业经营失败在很大程度上是由财务失败导致的。正因为如此，我们才有必要探讨企业财务风险的各种表现，学会识别公司的财务风险，像远离毒品一样远离财务风险可能集中爆发的"地雷"企业。

企业经营失败，是一个令人痛心的话题，也是一个无法回避的话题。像自然人一样，企业的生生死死是这个世界最常见的景象。企业经营失败，对创业者而言，不仅财富会付之东流，信心也会遭受打击，使人萎靡不振，甚至终身穷困潦倒。对于投资者而言，不仅会损失金钱，也会使他们对生活更加悲观。

如何定义"企业经营失败"？这与企业的定义有关。企业是指以盈利为目的，综合运用各种生产要素（土地、劳动力、资本、技术和企业家才能等），向市场提供商品或服务，实行自主经营、自负盈亏、独立核算的法人或其他社会经济组织。如此说来，企业经营失败也比较容易理解：一家企业如果持续丧失盈利能力，这家企业就算经营失败。经营失败不仅表现为企业破产或倒闭，也表现为其盈利水平持续低于同行业平均水平。

2.1　企业经营为什么会失败

19 世纪末 20 世纪初，俄国伟大的作家列夫·托尔斯泰在其名著《安娜·卡列妮娜》一书中有一句名言：幸福的家庭都是相似的，不幸的家庭各有各的不幸。借用托老的名言：成功的企业都是相似的，失败的企业各有各的失败原因。

2012 年 7 月，龙门书局翻译出版了韩国作者尹敬勋的著作《28 个世界顶尖企业的失败》（翻译：李同健），作者将企业经营失败归结为四大原因：第一是未能聚焦于核心业务，第二是缺失企业伦理意识和面对企业危机时的管理能力（如企业产品存在欺骗消费者的虚假宣传，那么这家企业最终要面对的不仅仅是来自消费者的不信任，还会丧失它在整个市场中的信誉，这样的企业很难东山再起），第三是未能直面设备投资以及技术开发方面的诸多问题，第四是未能妥善处理当今社会中日益恶化的劳资关系。

2012年中国行业研究网发表一篇文章，将企业经营失败的原因归纳为十五个：1. 缺乏品德和个性；2. 缺乏远见；3. 糟糕的品牌建设；4. 缺乏执行力；5. 战略有缺陷；6. 缺乏资金；7. 糟糕的管理；8. 销售不力；9. 有害的企业文化；10. 没有创新；11. 没有市场机会；12. 糟糕的专家建议；13. 无力吸引并保留人才；14. 缺乏竞争意识；15. 产品过时或者市场变迁。[①]

企业经营失败是一个复杂的问题，既有企业内部的原因，也有企业外部的原因，但主要是企业内部的原因。这是因为，企业是一个社会动物，适用于竞争的"丛林法则"，如果企业不能主动地适应环境的变化，就有可能导致经营失败。

管理企业千头万绪，但笔者认为主要有四个维度：战略、模式、机制和团队。

（1）战略是灵魂

战略也称战略管理（Strategic Management），是指对一个企业或组织在一定时期的全局的、长远的发展方向、目标、任务和政策，以及资源调配作出的谋划和决策。企业战略是全方位的，其中既包括竞争战略，也包括发展战略、经营战略、融资战略、技术战略、人才战略、资源开发战略、营销战略、品牌战略、服务战略，等等。一些企业不重视战略管理，这是这些企业经营失败的主要原因。

战略管理其实就是要解决一系列的"定位"的问题。比如，你准备提供哪一种产品或服务；此种产品或服务的市场需求量有多大；你的市场范围有多大；目标客户是谁（细分市场的目标客户）；产品技术含量处于哪一个层级；你的竞争对手都有谁；和竞争对手相比较你的长处和短处是什么；在竞争中你如何克敌制胜，等等。只有这些基本的问题搞清楚了，你才有可能做到"不打无准备之仗，不打无把握之仗"。

战略管理的精髓是发现潜在的社会需求，战略管理的核心是精准地满足这些需求，战略管理的成功在于永远比竞争对手"快半步"。

模式也称商业模式（Business Model），它比"战略"这个词费解。举个例子来说，理论界都比较推崇美国学者泰莫斯（Timmers）于1998年给商业

---

① 佚名：《导致企业经营失败的十五个原因》，中国行业研究网，http://www.chinairn.com/news/20120613/768701.html，2012－06－13。

模式所下的定义。泰莫斯的定义是：商业模式是指一个完整的产品、服务和信息流体系，包括每一个参与者和其在其中起到的作用，以及每一个参与者的潜在利益和相应的收益来源和方式。① 看了这个定义，你是不是一头雾水？反正我是。那么，商业模式到底是个什么东西？简单地说，商业模式就是企业从事经营活动特有的方式与方法的组合或集合，俗称企业经营的"套路"，因此也常被称作经营模式或运营模式。按照 IBM 商业研究所和哈佛商学院克利斯坦森教授（Christensen）的观点，商业模式就是一个企业的基本经营方法（Method of Doing Business）。它包含四部分：用户价值定义（Customer Value Proposition），利润公式（Profit Formula），产业定位（Value Chain Location），核心资源和流程（Key Resources & Processes）。②

　　商业模式的核心是盈利模式。绝大多数的商业模式都比较简单，比如，制造业通过加工、制造产品营利；零售业通过转卖商品赚钱；服务业通过提供某种有用的服务牟利。也有的商业模式比较复杂。比如，携程网通过整合餐饮、交通、住宿信息并提供相关服务赚钱，而阿里巴巴提供电子商务平台和第三方支付结算服务。在传统行业，由于商业模式都比较简单，所以竞争异常激烈，这就是人们重视商业模式创新的根本原因。

　　如果说，战略解决"做什么"的问题，模式则解决"如何做"的问题。商业模式的独特性在于其要素组合的独特性。商业模式是"种"概念，研发模式、采购模式、生产模式、营销模式、收入模式、盈利模式、管控模式等是"属"概念，商业模式的独特性在于属概念模式的不同组合，这正是商业模式不容易模仿的原因。如武术大师的拳法，基本招式就那么多，组合不同，威力就不可同日而语。

　　（2）模式是命门

　　商业模式体现了经营者一整套成熟的经营理念，标志着经营者对企业事务超凡的梳理和驾驭能力，所以，商业模式是管理的高端艺术，优秀的企业必定有优秀的商业模式。

　　为了更好地了解优秀商业模式的魅力，下面与读者分享一下巨人网络成功的案例。

　　史玉柱正式决定投身网络游戏行业是 2004 年。巨人网络的第一款游戏——《征途》上线之前，中国的网络游戏市场已经高速成长了 3 年，网络游戏规模从 2001 年的 3.7 亿元，直接蹿升到了 2003 年的 25.5 亿元，2004 年

---

① 吴传宝、孙筱奇：《增值业务商业模式分析》，载《通信管理与技术》，2006（2）。
② 尹一丁：《商业模式创新的四种方法》，载《21 世纪经济报道》，2012 – 06 – 29。

市场规模已经达到了 39.1 亿元。当时，盛大、网易等游戏厂商正如日中天，玩家数字呈几何级别扩大，三四线城市的乡村少年成为新生力量。《征途》选择在这个时候进入引来了轩然大波，很多人都不看好这个迟到者，但史玉柱却是有备而来。

在进入网游领域之前，史玉柱不仅找过专家咨询，还专门拜访行业主管领导，深入交流的目的只有一个：了解网络游戏市场究竟会不会萎缩。结论是，至少在 8 年或者更长的时间里，网络游戏的增长速度会保持在 30% 以上。史玉柱断言：中国游戏玩家的比例依然比较低，仍然有着巨大的增长潜力，网络游戏依然是一个朝阳产业。

2005 年 11 月 11 日，成立一年的上海征途创造了一个奇迹，当年 9 月推出的《征途》游戏，同时在线人数超过 68 万人，超过了盛大的《传奇》创造的 67 万人的最高纪录，月盈利达到 850 万美元。2006 年上海市广电局的一份统计报表显示，《征途》网络已经创造了 6.26 亿元的营业额。2007 年 5 月，《征途》宣布同时在线人数超过 100 万人，相当于一个中型城市的人口，月运营收入已经超过 1.6 亿元。2007 年 11 月 1 日，穿着白色运动服的史玉柱在美国纽交所敲响上市钟声，巨人网络挂牌上市，发行价为 15.5 美元，融资 10.45 亿美元。2008 年 3 月 1 日，《征途》宣布同时在线人数突破 150 万人新高，堂而皇之地坐上了中国网游的第一把交椅。巨人网络凭什么在如此短的时间内取得了如此巨大的成功？业内人士众口一词：巨人网络的成功是独特商业模式的成功。

2004 年以前，国内网络游戏还参照国际通行惯例，主要收取玩家登录游戏的时间费用。当时的不少网络游戏为了争取大量同时在线玩家，甚至设计了 68 元的包月不限时点卡。《征途》推出伊始就改变了游戏规则：上线游戏免费，采取出售虚拟装备的盈利模式。

对《征途》玩家来说，装备是游戏中一切活动的中心，装备价格与杀伤能力绝对成正比。富玩家一掷千金，穷玩家辛苦赚钱，无非为了在游戏中置办一套好装备，能"杀人"，能"自卫"，即使不能横行天下，至少可以安全行走江湖。

与《传奇》等老网游不同，《征途》并不直接卖装备，而是卖材料。一套装备 12 件，包括衣服、项链、头盔、盾牌、鞋子、护腕、腰带、戒指……每件装备先由各种原始材料合成不同等级的打造材料，方可打造完成。《征途》将材料等级设为 9 等，等级越高，价格越贵。原始材料分两类，一类是低级材料，包括棉线、软皮料、玉石、铁矿、檀木料等，与之对应的高级材料包括丝线、硬皮料、水晶石、银矿、乌木料等。5 个原始材料可以合成一个一等的打造材料，5个一等合成一个二等，以此类推。材料凑齐了还不够，《征途》在装备上设置了极其烦琐的升级系统。装备每升一级就会多一颗星星，升到12颗星星时，全部星星会变成一颗太阳。再从一颗太阳继续升级，升到14颗太阳。从一颗星星到14颗太阳，每升一级都是一大笔人民币。如此下来，一套装备做完，几万块钱轻轻松松地送给了《征途》。据一位玩家计算，有朝一日《征途》的材料开放到第9等，一套9等装备价位将高达百万元以上。

史玉柱解释他的盈利模式：养100个人陪1个人玩儿。据他估计，玩家中有80%是不付费的，约有8%是年支出数万元以上的重量级玩家，其余玩家支出很少。我们假定重量级玩家每人每年花5万元购置装备，这部分人数为8万人，史玉柱可以坐收40亿元的营业额——老史的算术比我们好。

（3）机制是钥匙

你如果问一家企业的老总：你的企业管理如何？老总会打开他的文件柜让你看，里面重重叠叠地摆放着各种管理制度、工作流程和管理规范，意思是告诉你，他的企业管理很规范。但深入企业实地了解，你会发现这个企业管理并不怎么出色。比如，该企业规定早9点上班、晚5点下班，并实行严格的打卡制度。但有的员工早、晚打卡时都在，中间溜出去办私事去了，从而使打卡制度形同虚设。还有的企业员工请假，基层领导隐瞒不报，致使员工考勤管理失效。

"机制"（Mechanism）一词来源于机械工程学，原意是指机器制动与制静的原理和构造。将"机制"一词引申到管理科学中来，是希望通过某种原理和传递装置优化企业内在的工作方式，提高企业系统的运作效率。所以，形成管理机制，是企业管理有效的不二法门。

理解"机制"一词的关键点有三：

第一，"机制"必须体现某种原理。机制不是依据什么原则而是依据某种原理形成的。阿基米德说，"给我一个支点，我可以撬动整个地球"，依据的是杠杆原理；发动机的工作，依据的是空气动力学原理；激励机制，依据的是马斯洛的人类需求层次理论。没有原理的支撑，不可能形成任何"机制"。

第二，"机制"作用于系统。系统是由若干要素所组成的整体，"机制"不是作用于系统的某一个要素、某一个环节、某几个要素、某几个环节，而是作用于整个系统，作用于系统的各个要素。以"撬动地球"为例，系统有四个要素：杠杆、支点、作用对象（地球）、作用力，四者缺一不可。再以激励机制为例，系统的要素包括：激励的手段、激励的对象、激励的方式和激励的主体。

第三，"机制"表现为系统内各要素的相互制约关系。"机制"作用的结果是使事物达到某种状态。在这个过程中，系统的各个要素相互传导、相互制约，相继发挥功能，促使事物向预期的结果发展。以汽车为例，点火→燃油系统工作→发动机工作→齿轮传动→变速箱启动→刹车系统启动→汽车启动，缺少了任何一个环节，汽车就无法正常工作。同时我们也看到，"机制"作用的发挥，依赖于正确的工作流程，各环节顺序安排不当，也无法发挥"机制"的作用。

管理失效是怎样发生的？关键是没有形成管理的机制。企业管理中的制度、流程和规范是"形"，管理机制是"魂"，有"形"无"魂"，管理当然会失效。一项管理制度鼓励员工做什么、怎样做，反对员工做什么、怎样做，必须有相应的配套机制，配套机制体现为一系列制度或流程体系之间的相互关联。

（4）团队是保障

联想集团是中国企业界的一个奇迹。1984 年几乎白手起家，到如今已经是世界 500 强企业之一。有人问联想成功的秘诀，柳传志将其归结为九个字：搭班子、定战略、带队伍。可见，在柳传志的心目中，团队建设（Team Building）是企业经营的头等大事之一。美国《财富》杂志的统计资料也表明：世界公司 500 强中，80% 以上的公司都在极力倡导团队工作方式，68% 的美国小型制造企业在其生产管理中采用团队的方式。[①]

团队合作的优点可概括如下：

首先，有证据表明当完成某一工作任务需要多方面的技能、判断或经验的时候，团队合作的方式要比个人方式做得好。团队是由个体有机结合组成的整体，好似一台精密机器，各个零件（即团队成员）各司其职，零件之间的公差匹配就是默契程度，公差匹配好必然导致机器效率的提高。

其次，以团队的方式工作可以提升团队成员的个人素质和能力，促进整个团队的进化。相传佛教创始人释迦牟尼曾问他的弟子："一滴水怎样才能不干涸？"弟子们面面相觑，无法回答。释迦牟尼说："把它放到大海里去。"从个体的角度来说，以团队形式工作可以帮助一个人学习怎样与他人相处（人际关系技巧），怎样与他人交流（沟通技巧），如何与他人建立良好关系（公关能力），以及向别人学习（新观点、新想法、新的思维方式，等等）。

---

① ［美］盖伊·拉姆斯登、唐纳德·拉姆斯登著；冯云霞、是文如、笪鸿安译：《群体与团队沟通》（*Communicating in Groups and Teams Sharing Leadership*，原书第 3 版），机械工业出版社，2001。

最后，以团队的方式工作，通过协调动作、优势互补可以取得"整体能力大于个体总和"的有益效果。20 世纪 80 年代，中国女排在世界上一枝独秀，可以说是"打遍天下无敌手"。后来有人想了一个主意：组成一个国际明星联队与中国女排对阵。中国女排出场的队员包括郎平、梁艳、侯玉珠、杨锡兰、杨晓君、巫丹等一流选手，国际明星联队则包括前苏联的切夫基娜、古巴的路易斯等超一流选手。这场比赛于 1985 年在北京举行，结果中国队以 3：2 的比分赢得胜利。从个人能力来看，中国队远不如明星联队，中国队赢得比赛的秘密就在于团队效应。

按照马克思主义的基本观点，人是生产力中最根本、最重要、最活跃的因素。这是因为，战略也好，模式也好，机制也好，企业的任何工作也好，通通是有人来掌控的，没有对的人，就没有对的事。杨元庆 1989 年进入联想集团工作，迄今与柳传志如影相随 26 年；查理·芒格和沃伦·巴菲特并肩作战 37 年，这才成就了联想和伯克希尔的伟大成就。

笔者没有正面回答"企业经营为什么会失败"这个问题，但是回答了"企业为什么会成功"这个问题，其实也间接地回答了前一个问题。战略、模式、机制、团队都不对，企业能成功吗？

2.2　企业经营失败的财务因素

财务部门的基本职责是从资金保障角度维护企业的运行，其服务的对象是企业的经营活动，任何"企业经营以财务为中心"的提法都是错误的。如果说企业是一个机体，资金周转就是企业的血液循环，血液循环系统出了问题，机体就会生病，可见财务对企业经营的重要性。但不能反过来说，企业经营失败都是由财务失败所造成的，正如前节分析结论，企业经营失败有多种多样的原因。

所谓"企业经营失败的财务因素"，是指由于财务运筹不当或财务工作失误所导致的企业经营失败。企业财务工作有四大环节：资金筹集、资金配置、资金投放和盈余分配。这四个环节运作不当，都有可能造成企业经营失败。

（1）资金筹集环节

企业运作的资金来源有两个方面：企业所有者的自有资金和负债。除了极个别企业外，绝大多数企业都持有一定比例的负债。这个负债的比例大有讲究。适度的负债有三大积极作用：其一，由于负债的成本一般低于经营回报率，负债有扩大盈利水平的杠杆效应——这就是人们常将负债称作财务杠

杆的原因。举个简单的例子，假设经营回报率为10%，企业自有资本为5 000
万元，无任何负债，企业盈利为500万元。再假设企业负债成本为5%，企业
负债5 000万元，企业毛利润1 000万元，扣除支付利息250万元，企业净利
润为750万元，自有资本盈利率上升到15%。如果进一步扩大杠杆率，负债
为1亿元，毛利润扩大为1 500万元，扣除利息500万元，企业净利润上升到
1 000万元，企业自有资本盈利率上升到20%。由此可见适度负债对企业盈利
的正面效应。其二，由于绝大多数国家的会计制度都规定，利息可以在所得
税前扣除（出于鼓励企业扩大投资的考虑），所以企业负债可以节税。延续前
例，在企业总资产1.5亿元的情况下，毛利率是1 500万元，如果无负债，须
支付的所得税为375万元（按所得税税率25%计算）；如负债1亿元，扣除利
息500万元，须支付的所得税为250万元，节税125万元（500万元×25%），
节税效果显著。其三，负债对经理阶层而言，心理上有警示作用。经理层有
还本付息的心理压力，就像有一群狼在后面追赶他们，促使他们发挥最大的
潜能。

　　财务部门的首要职责就是要满足企业正常经营的资金需求。由于所有者
自有资金有限，融资的重点是取得外部资金（属于外源融资）。如果财务部门
不能按时、足额取得外源融资，企业就有衰败甚至倒闭的风险。

　　巨人网络的创始人史玉柱先生被称为"营销鬼才"，在中国企业界有许多
脍炙人口的故事。史玉柱出生于1962年，1984年毕业于浙江大学数学系，
1989年从深圳大学取得软科学硕士学位。美国的IBM公司被称为"蓝色巨
人"，也是史玉柱的偶像。1991年史玉柱创立了一家企业，被史玉柱命名为
"巨人公司"。最初，公司的主要产品是系列汉化电脑软件M－6401，后进军
保健品行业，1994年推出"脑黄金"，一炮打响。此时"巨人"已成为中国
第二大民营高科技企业。此时的史玉柱开始头脑发热，盲目进入房地产行业，
在各界、各级领导的"忽悠"下，其旗下的巨人大厦由18层变为38层、54
层、64层，最后增加到70层，预算也因此从2亿元增至12亿元。

　　房地产行业是一个资金密集型行业，没有银行的支持很难做下去。但史
玉柱的标签就是"特立独行"，巨人大厦从1994年2月动工到1996年7月，
史玉柱竟未申请过一分钱银行贷款，全凭自有资金和卖楼花的钱支撑。1996
年的宏观调控下，金融机构惜贷，房地产泡沫土崩瓦解，此时的巨人集团资
金告急，债主盈门，巨人大厦终在1997年停工，巨人集团倒闭，"巨人大厦"
成了史玉柱心中永远的痛。

　　在讨论财务杠杆的时候，笔者总不忘加上"适度"的限制词。这是因为，
财务杠杆是一柄双刃剑。外部资金来源枯竭，企业九死一生；当外部资金充

盈，负债超过"适度"警戒线的时候，危机也蕴含其中。

韩国号称亚洲"四小龙"之一，1992年就有12家企业进入世界500强。但在1997年亚洲金融风暴中，韩国大企业接连倒闭，从而给韩国经济带来很大的冲击。与欧美国家不同的是，韩国大企业集团不是市场经济条件下，通过自身积累和自由竞争，而是在政府保护下，通过银行的大量借贷而迅速膨胀起来的。这使得企业对金融机构的依存度很高而对企业自有资本的依存度却很低。

据韩国中央银行的统计，1996年韩国前30家最大企业集团的自有资本比率仅为18.2%，而负债率（负债总额/自有资本总额）却平均高达386.7%，是美国160%的两倍多，日本80%的4倍多。[①] 韩国大企业负债率一直居高不下，真露集团高达3075%，汉拿集团2056%，起亚集团519%，其中超过500%的就有10家。[②] 这种高度负债发展经济模式的弊病，在经济景气时，因企业效益好而不会对企业构成阻碍因素。但一旦经济出现不景气，或产品销路不畅时，资金流动就会出现障碍。而为了生存，企业又不得不再向银行贷款，结果债务越背越重，利息负担越来越大，财务结构变得十分脆弱，一遇波动就会陷入困境。

2008年美国金融危机过后，有一个词成为人们的口头禅——"去杠杆化"。什么意思？综合各方的说法，"去杠杆化"就是一个公司或个人减少使用财务杠杆的过程，是把原先通过各种方式（或工具）"借"到的钱退还出去的潮流。为什么要"去杠杆化"？是因为这场金融危机中金融机构的高杠杆率起到了推波助澜的作用。过度的贪婪使华尔街的金融家们不择手段地追求高收益，从而推高了杠杆比例。例如，美国最大的房贷机构房利美、房地美，使用的杠杆比率高达33倍。五大投行全军覆没，AIG、花旗银行风雨飘摇，无不与高杠杆率如影随形。

此外，融资成本过高也是财务风险的一个重要来源。在我国，中小企业融资难的痼疾几十年如一日得不到缓解，于是高利贷应运而生。高利贷的利率远远超过实体经济的盈利水平，借取高利贷无疑是饮鸩止渴，这样的企业运营怎么能够持续呢？于是企业倒闭、老板"跑路"就成为了现实经济生活中的一种"常态"，这也是一种典型的财务风险。据中国之声《央广新闻》报道，2011年4月份开始，浙江温州、台州、宁波等多个地区出

---

① 尤安山：《韩国大企业集团的发展轨迹及其借鉴》，载《社会科学》，1998（10）。

② 王芳：《韩国企业集团危机的内在原因及教训》，载《北京联合大学学报》，1999（9）（第13卷第3期总37期）。

现了较为集中的中小企业老板"跑路"的事件，其中以温州比较集中。温州中小企业发展促进会会长周德文透露，其时温州民间借贷的利率水平已超过历史最高值，一般月息是 2 到 6 分，有的甚至高达 1 角 5 分，年利率达 180%。大多数中小企业的实业毛利润不会超过 10%，一般在 3% ~ 5%，借高利贷很容易把企业逼上绝路。据不完全统计，2011 年 4 月到 9 月底，仅是浙江温州地区的知名企业中，就已有 29 家企业的企业主因资金链断裂而"跑路"甚至跳楼。[①]

（2）资金配置环节

资金配置环节主要是指企业日常的资金管理活动。相较融资、投资、分配环节，日常资金管理繁杂、琐碎、经常化、动态化，可以说是财务管理的基本内容。资金配置环节包括安排长短期债务的合理结构、长短期资金的合理结构、资产流动性方面的合理安排、营运资金的合理安排、信用政策的合理安排、库存结构的动态优化、资本结构的动态调整，等等，哪一个环节出了问题，都会或大或小地导致企业的财务危机。

在买方市场的条件下，厂商往往处于不利地位。为了争取订单，企业往往要制定相应的信用政策，给销售商或客户以赊销优惠，这样就产生了令人烦恼的应收账款问题。一些企业因为信用政策不合理或应收账款管理不当，导致企业"黑字破产"[②]。2002 年，笔者曾经应邀为一家东北某地的白酒类上市公司做管理咨询，令我感到十分诧异的是，这家企业不是利润导向，而是市场占有率导向。为了扩大市场占有率，业务员在大小商场、高中低档酒店、酒类专卖店甚至小卖店不计成本地"铺货"[③]，导致应收账款居高不下，资金短缺，企业生存发生危机。雪上加霜的是，该企业应收账款管理十分混乱，业务员流动频繁，导致部分应收账款无人催收，部分应收账款长期挂账（甚至超过 2 年），部分应收账款已成死账（债务人关张、搬迁、易主、倒闭、拒不认账等），业务员贪污销售回款的现象也时有发生。可笑的是，该公司对业务员的奖励制度居然还以"铺货"为依据。管理咨询其实救不了从"芯"里已经烂透了的企业，该公司早已被其他公司收购，徒留下一个应收账款管理的失败案例。

---

① 佚名：《温州民间借贷年利率高达 180%》，载《证券时报》，2011 - 09 - 26。

② 黑字破产是指是账面上有利润，资产负债率也不高，就是账面上没有现金，企业陷入缺乏现金的危机中，既不能清偿到期债务，又不能启动下游生产，企业陷入关闭、倒闭之境。

③ 铺货就是先把自己的产品投放到别人的渠道里面，等到一定时间后或者一定的账期后再去收钱，这大都是新产品刚上市或者开拓新的领域时常用的手法。

企业的财务结构合理与否，其实是有一套客观标准的。但令人头痛的是，财务是为企业经营服务的，财务结构往往是由业务结构决定的，而不是财务结构决定业务结构。如果业务结构扭曲，财务结构必然是畸形的。在这种情况下，CFO（Chief Finance Officer，首席财务官）在公司决策层中的话语权大小就显得至关重要。

在上市公司中关村科技担任 CFO 的胡学民，在中关村科技保牌摘帽最重要的时间段里，没有奢望依靠外部巨额资本的短期注入，却采取了一种"零敲牛皮糖"的釜底抽薪策略，来逐步化解这家危如累卵的上市公司的财务风险。

胡学民上任之初中关村科技有高达 60 多亿元的担保，曾被认为是绑在身上的定时炸弹。经过一年的零敲碎打，担保已减少了 11.9 亿元，其中包括重庆中关村、北京城铁、杭州天龙等风险较大的对外担保大幅减少，应收债款也减少了 9.14 亿元，全年净现金流入 1.65 亿元。既然不能通过银行和机构投资者获得外部血液的注入，胡学民果断地把精力放在对过于庞杂的投资项目进行清理上面。仅 2004 年一年，在胡学民的主持下，中关村足足完成了 8 家公司的股权转让，以及 3 家公司的投资清算，累计回收资金 4 亿多元。这笔钱在优化银行贷款结构和维持信用方面，发挥了不可估量的作用。[①]

一个优秀的 CFO 可以挽救公司大厦之将倾。

（3）资金投放环节

企业投资有两种类型：一种是与经营联系在一起的实业投资，一种是以改进盈利结构为目的的财务投资。资金配置是企业内部的财务筹划，而投资则表现为企业与供应商和资本市场的博弈。由于涉及金额较大，对企业经营绩效和财务绩效影响较大，所以投资决策一般属于企业重大决策。实业投资决策属于企业发展战略的范畴，财务部门的话语权不大，所以我们重点讨论以财务部门为主的财务投资问题。

企业财务投资也可以区分为两种类型：一种是与企业经营密切相关的"战略性"财务投资，一种是与企业经营无任何关联的获利性财务投资。前者，比如对上游供应商、下游销售商、联盟伙伴的股权和债权投资；后者指对一般性金融产品如二级市场股票、债券、VC/PE、期货、期权的投资。是投资就会有风险，投资重大损失也会导致企业经营失败。

2004 年年终岁尾，中国航油（新加坡）股份有限公司（China Aviation

---

① 田茂永：《中关村"剩"斗士——访中关村科技总会计师胡学民》，载《首席财务官》，2006（8）。

Oil）发布了一个令世界震惊的消息：这家新加坡上市公司因石油衍生产品交易，总计亏损 5.5 亿美元（合 45 亿元人民币）。净资产不过 1.45 亿美元的中航油（新加坡）因之严重资不抵债，已向新加坡最高法院申请破产保护——中航油事件正式曝光。两年后的 2006 年 3 月，新加坡初等法院作出判决，判处陈久霖入狱服刑 4 年零 3 个月，其判刑原因是股东售股拯救公司和公司没有向交易所呈报亏损。陈久霖在新加坡服刑 1 035 天后，于 2009 年 1 月 20 日刑满出狱。

中航油（新加坡）成立于 1993 年，由中央直属大型国企中国航空油料控股公司控股，总部和注册地均位于新加坡。公司成立之初经营十分困难，一度濒临破产。后在总裁陈久霖的带领下，公司从一个贸易型企业发展成工贸结合的实体企业，一举扭亏为盈，从单一的进口航油采购业务逐步扩展到国际石油贸易业务，并于 2001 年在新加坡交易所主板上市，成为中国首家利用海外自有资产在国外上市的中资企业。短短几年间，其净资产增长了 700 多倍，股价也是一路上扬，市值增长了 4 倍，一时成为资本市场的明星。据新交所网站的介绍，其时公司几乎 100% 垄断中国进口航油业务，同时公司还向下游整合，对相关的运营设施、基础设施和下游企业进行投资。通过一系列的海外收购活动，中国航油的市场区域已扩大到东盟、远东和美国等地。2003 年，《求是》杂志曾发表调查报告，盛赞中国航油是中国企业走出去战略棋盘上的过河尖兵。国资委也表示，中国航油是国有企业走出国门、实施跨国经营的一个成功典范。2002 年中航油（新加坡）被新交所评为"最具透明度的上市公司"，并且是唯一入选的中资公司。2003 年 10 月，公司总裁陈久霖被《世界经济论坛》评选为"亚洲经济新领袖"，认为他是一个"有潜力的企业家"。

中航油（新加坡）公司的陨落源于石油衍生品交易失败。公司是从 2003 年开始参与石油衍生商品交易的，除了对冲风险之外，公司也从事投机性质的交易活动。2004 年，中国航油因澳大利亚籍交易员纪瑞德（Gerard Rigby）和英国籍交易员卡尔玛（Abdallah Kharma）从事油品期权交易导致巨额亏损。

2004 年 10 月以来，国际原油价格猛涨，导致公司必须为未平仓的衍生品仓位注入数额巨大的保证金。由于无法为一些投资性质的交易补仓，公司被迫在亏损的情况下结束部分仓位。亏损在 2004 年第一季度显现。由于纪瑞德和卡尔玛在头 3 个月继续卖空，而石油价格一路上涨，到 2004 年 3 月 28 日，公司已经出现 580 万美元账面亏损。抱着侥幸心理，公司继续大手笔买入看跌期权，企图翻本，到 2004 年 6 月时，公司因期权交易导致的账面亏损已扩大至 3 000 万美元。在又一次风险控制委员会的会议中，陈久霖再次显示出"魄力"，同意把所购期权的到期时间全部后挪至 2005 年和 2006 年，交易亏损额被进一步放大。2004 年 10 月 10 日，中航油（新加坡）账面亏损达到 1.8 亿美元。公司已有的 2 600 万美元流动资金、原准备用于收购新加坡石油公司的 1.2 亿美元银团贷款，以及 6 800 万美元应收账款，全部垫付了保证金。此外，还出现 8 000 万美元保证金缺口需要填补。此时，陈久霖仍未考虑收手。他正式向总部在北京的集团公司进行了汇报，请求资金支持。在请求遭企业主管部门国资委的拒绝后，中航油（新加坡）陷入了绝境。①

中航油（新加坡）投资金融衍生品失败绝非孤例，媒体有大量相关的报道。中国远洋在中国赫赫有名，不仅因为它是中国最大的航运上市公司而有名，也不仅是因为它连续两年巨亏而有名，还因为它曾经从事运费衍生品交易产生巨额浮亏而有名。中国远洋曾经在 2008 年年报中披露，截至 2008 年 12 月 31 日，中国远洋所持有的 FFA（Forward Freight Agreement，远期运费协议）产生浮亏 41.21 亿元。此外，美国金融危机以来，也有中国国航、东方航空、中信泰富、中国铁建等企业因金融衍生品投资导致巨额亏损的新闻见诸报端。据《上海证券报》2013 年 1 月 15 日报道（记者黄世瑾），2012 年 11 月 2 日，上市公司三普药业公告，其旗下全资子公司江苏新远东电缆公司和远东复合技术公司参与铜期货套保，因工作人员"越权"操作而导致公司出现 3.7 亿元巨额损失。对此，公司套保业务领导小组成员蒋锡培、蒋华君、陈海萍、蒋泽元将分别承担 3 亿元、5 000 万元、1 000 万元、1 000 万元的赔偿。令观众笑出眼泪的是：制药和铜期货风马牛不相及嘛，只能说"上市公司真有才"。

（4）盈余分配环节

盈余分配是指公司对税后利润的分配，因此涉及面较窄，只涉及企业和股东、大中小股东之间的利益关系。

《公司法》第三十八条和第四十七条规定，股利分配的方案由董事会制定并由股东大会通过，公司股利分配属于公司股东大会的决策事项。基于对股东、债权人及其他利益相关方利益保护，股东大会审议批准公司的利润分配方案时，应当以财务报表作为依据，并依法缴纳税款、弥补亏损、提取法定公积金、公益金。现实中有些公司私设账外账、通过往来款项交易少计收入，即便经会计师事务所审计，亦未能全面反映公司经营状况。加之一般股东大

---

① 谦石：《中航油投机石油衍生品期货爆仓狂亏 45 亿元人民币》，载《证券时报》，2004 - 12 - 02；会杰、王婷婷、姜锵：《成败陈久霖　揭开中航油事件内幕》，载《财经》，2004（24）。

会的表决是依据资本多数原则，所以公司的股利分配方案往往成为大股东操纵的工具，这造成了现实中大股东与中小股东利益失衡，不利于中小股东的合法权益，同时也不利于债权人利益保护。

尽管在盈余分配环节的矛盾和问题并不像其他环节那样突出，但处理不当也可能酿成财务风险。因此，应处理好以下两个关系：一是处理好盈利、股利与新投资之间的关系。如果企业有较强的盈利能力，保留利润投资回报率大于市场必要报酬率，一般认为保留利润盈余投资可增加公司的价值，投资者倾向于赞同不分或少分股利，就像巴菲特旗下伯克希尔公司那样，投资者可以通过所持有的公司股价上涨分享公司的利润；但如果保留利润投资回报率并不高，甚至低于市场必要报酬率，在公司盈利的前提下不分红就没有什么道理。二是处理好大股东与中小股东利益。上市公司的股利分配应当遵循股份平等分配原则。但是，在存在控股股东的公司中，控股股东往往忽略非控股股东的利益，采取有利于自己的分配方式和分配时机。一方面，他们可能会违反法律或者规章故意拖延或者拒发股利；另一方面，他们也可能会热衷于通过派发现金股利的方式对中小股东进行掠夺。这是因为大股东与中小股东在公司财务信息获取上不对称，控股股东拥有公司的控制权，所以在利润分配给所有股东之前，控股股东能够将企业利润的一部分转移给自己。这种转移可能采取多种渠道和形式，如工资、职务消费、转移价格、个人贷款、资产转让以及一些可能的直接窃取方式等。这种转移企业利润方式常常并不违法，但对企业来说成本却很高，直接后果将导致公司价值的减少和投资者所持有股票的贬值。解决这个问题并不容易，只能从内部和外部两个渠道加强对控股股东的监督。从内部来看，应完善独立董事的激励与约束机制、实施大股东表决回避制度、推进大股东诚信体系建设等；从外部来看，加大对大股东的市场监管力度，尤其是对控股股东内幕交易行为的监管，严格信息披露制度，防止大股东之间为攫取私利而进行的勾结行为，建立健全大股东之间、大股东与中小股东之间相互制衡的机制。

2.3　公司财务风险面面观

上一节我们从资金筹集、资金配置、资金投放和盈余分配四个环节，分析了可能导致企业经营失败的财务因素。但在企业经营实践中，"多因一果"和"一因多果"的现象都会经常出现，比如，融资不力、库存积压、应收账款集滞、投资损失、资金跑冒滴漏都可能导致企业"资金链断裂"，而资金周转不灵又可能造成企业多个业务环节告急。所以，系统地梳理公司所面临的财务风险，既十分必要又十分重要。

概括地讲，企业主要面临六大财务风险：

（1）市场风险

市场风险（Market Risk）是一种企业无法控制的外部风险。主要表现为外部宏观环境、国家有关政策、市场利率、汇率、产品价格等的意外变化可能给企业造成的负面影响。近年来我国光伏企业全行业不景气，生产规模和企业盈利大幅度下降，完全是美欧"双反"（反倾销、反补贴）调查和仲裁无情打击的结果。远洋航运企业的不景气、运价暴跌导致行业性亏损是美国金融危机后国际贸易量锐减所致。目前风头正劲的国际原油价格跳水，给石油生产企业及相关国家带来巨额损失。

市场风险和经济周期是任何一家企业都无法抗拒的，唯一的办法是未雨绸缪，提前制定应对方案。比较消极的措施是及早储备足够的现金准备"过冬"；积极的办法是提前进行反周期产业布局，避免临时抱佛脚，弄不好就会被一个浪头拍死。

（2）流动性风险

流动性风险（Liquidity Risk）是指企业资产不能正常和以合理价格转换成现金或企业债务和付现责任不能正常履行的可能性。由于企业支付能力和偿债能力发生的问题，称为现金不足及现金不能清偿风险；由于企业资产不能以合理价格转换为现金而发生的问题则称为变现力风险。从这个意义上来说，可以从企业的变现力和偿付能力两方面分析与评价企业的流动性风险。如前所述，企业的流动性风险是多种原因造成的，也是最值得企业重视的一类风险。流动性风险的终极影响是企业"资金链断裂"，而"资金链断裂"往往是企业破产倒闭的前兆。

抵御流动性风险的措施包括：提高产品质量，扩大销售，制定适合企业情况的信用政策，适度负债，扩大资金来源渠道，保持良好的偿付能力，保证营运资本充足等。

（3）信用风险

信用风险（Credit Risk）又称违约风险，是指债务人因种种原因，不愿或无力履行合同条件而构成违约，致使债权人遭受损失的可能性。企业的信用风险主要指应收账款回收风险。应收账款过度膨胀，既有客观的原因，也有主观的原因。从客观的角度而言，买方市场的形成、部分客户信用缺失与市场竞争的白热化是形成应收账款的基本原因。从主观上看，财务失控，对应收账款管理不力是造成应收账款过度膨胀的主要原因。应收账款居高不下，有时会拖垮一家企业。

信用风险的管理包括事前、事中和事后三个阶段。事前主要是甄别客户，把产品赊销给不守信的客户无异于挥刀自宫，所以必须严把信用客户质量关；事中加强应收账款催收工作，不能给对方造成"早还晚还都一样"的错觉，并辅之以奖励与惩罚制度；事后积极弥补亏空，追究有关责任人的责任。

（4）操作风险

操作风险（Operational Risk）通常被认为是银行的特有风险，笔者认为，用操作风险来概括企业财务管理中的此类风险也恰如其分。操作风险仅指与金融机构中运营部门相关的风险，即由于控制、系统及运营过程中的错误或疏忽而可能导致潜在损失的风险。新巴塞尔协议①对操作风险的定义："操作风险是指由于不完善或有问题的内部程序、人员、计算机系统或外部事件所造成的损失的风险。"由此可以看出操作风险具体分为四类：流程因素引起的操作风险、人员因素引起的操作风险、系统因素引起的操作风险和外部事件引起的操作风险。笔者认为，财务管理中的操作风险也完全可以概括为"由于不完善或有问题的内部程序、人员、计算机系统或外部事件所造成的损失的风险"。比如违反会计制度和会计程序、计算机病毒、黑客入侵造成的损失等。

操作风险的防范重点是建立健全各项有关制度和流程体系，加强人员培训和安全保卫工作，避免居心叵测之徒乘虚而入。

（5）技术风险

技术风险（Technical Risk）是指财务会计工作者缺失专业技能和技巧，可能给财务工作带来损失的可能性。企业的财务会计工作是一项专业性、技术性都很强的工作，其工作成果有很高的技术含量。比如会计科目设置的技术、会计分类的技术、记账的技术、编制报表的技术、融资的技术、提取折旧的技术、纳税筹划的技术、合并报表的技术、资本市场运作的技术，等等。全面掌握这些知识和技能，才是一个合格的财务工作者；某一方面的技术缺失，就有可能给企业带来损失。

技术风险的防范措施除了不断提高现有人员素质外，还需要引进或培养

---

① 巴塞尔协议的全称是资本充足协定（Capital Accord），是巴塞尔银行监管委员会成员，为了维持资本市场稳定、减少国际银行间的不公平竞争、降低银行系统信用风险和市场风险，推出的资本充足比率要求。业界将1988年首次订立的协议称为"旧巴塞尔协议"，而将1999年6月修订后公布的协议称为"新巴塞尔协议"。

一支高水平的财务会计人员队伍。

(6) 道德风险

道德风险 (Moral Hazard) 一般是指缔结合同的一方所面临的对方可能毁约而损害到本方利益的可能性。这里所说的道德风险,是指由于个别财务工作者道德有瑕疵,利用手中权力贪污、盗窃、行贿、受贿、挪用公款,从而给企业带来财物损失的可能性。

随着市场经济观念的深化,拜金主义、享乐主义成为某些财务与会计人员的信念,他们利用手中的权利和工作的便利,实施职务犯罪,使财务会计领域成为职务犯罪的高发区。例如,据中国职务犯罪预防网报道,从 2009 年到 2012 年 10 月,广西凤山县检察院共立查财务人员职务犯罪案件 6 件 7 人,占职务犯罪案件总数的 42.8%,财务人员单独犯罪或者财务人员与单位领导互相勾结共同犯罪数量,逐渐呈上升趋势。[1] 据《检察日报》报道,从 2007 年到 2012 年年初,广西宾阳县检察院查办职务犯罪案件 54 件 92 人,其中涉及财务人员职务犯罪的案件 24 件 27 人,占立案数的 44.4%,所占比例令办案人员震惊。[2] 另据法律教育网报道,仅 2000 年至 2003 年 1~9 月,江苏省镇江市两级检察机关共起诉财会人员职务犯罪案件 44 件 50 人,占起诉职务犯罪总数的 16.9%。[3] 而财务职业犯罪也有向年轻化、女性化、高学历化、隐蔽化、智能化发展的趋势。

据《上海证券报》2015 年 1 月 13 日报道,2014 年 10 月,我国上市公司泸州老窖在农业银行长沙迎新支行的一笔 1.5 亿元存款离奇失踪,2015 年 1 月 9 日,又发现有 3.5 亿元存款不翼而飞,公司将合计 5 亿元的存款计提 40% 减值准备,此举引发资本市场一片哗然。[4] 目前案件正在调查中,但有一点可以肯定的是,如果没有公司财务人员参与其中,此类案件几乎不可能发生。

---

① 韦述恒:《浅谈如何加强财务人员职务犯罪预防工作》,中国职务犯罪预防网,http: //www. yfw. com. cn/llsj/llyj/201210/t20121024_ 970552. shtml, 2012 - 10 - 24。

② 杨富财、兰洁、梁洪:《来自广西宾阳的一项调查显示:职务犯罪,财务人员占四成多》,载《检察日报》,2012 - 02 - 15。

③ 周绪平:《财会人员职务犯罪高发的情况分析及对策》,法律教育网,http: //www. chinalawedu. com/news/20800/212/2004/9/re7500565834199400220832_ 131292. html, 2004 - 09 - 09。

④ 朱邦凌:《巨额存款离奇失踪　拉响上市公司风控警号》,载《上海证券报》,2015 - 01 - 13。

专栏3：

为什么好公司还不起钱

袁克成 2010 年 4 月 24 日 第一财经日报

在上市公司的四张会计报表中，如果从对投资者的重要性角度排座次，资产负债表居首。资产负债表中包含的信息量与利用价值，是其他三张表无法比拟的。

资产负债表是反映一家上市公司在某一特定日期所拥有的经济资源、所承担的经济义务和公司股东拥有的权益的一张报表。简单来说，年报中的资产负债表，如同在每年的 12 月 31 日，给上市公司拍了一张"全景照片"。

第一恒等式

真正把握资产负债表的内涵，必须先领会下面这个等式：资产 = 负债 + 所有者权益。

简单地讲，资产是一家公司所拥有的可以计量的经济资源，负债是指公司的债务，而所有者权益（净资产）也就是公司资产减去负债的余额，它是公司股东真正享有的财产。资产、负债与所有者权益这三个概念中，最容易理解的是负债，也就是欠了别人的钱（或者货物、某种服务）。所有者权益的概念不直观，完全属于账面概念。负债是有凭有据、有协议有合同可查的。但所有者权益不同，其数额是通过资产减去负债推导出来的。

至于资产的概念，除了上面所讲的可感可见的物品，还包括对外投资形成的股权、把钱借给别人形成的债权，以及无形资产，等等。从本质上讲，资产是一种经济资源，使用这种资源可以给企业带来经济利益。了解第一恒等式的平衡关系，就可以明白一个道理：上市公司的任何一项涉及资产负债表的经营活动，投资者都要从多方面评估其后果，这样才能准确把握经营活动的真正内涵。

会计科目分类

在实际的资产负债表中，在资产、负债及所有者权益这三个栏目下，分别还有很多会计科目。这些会计科目其实是资产、负债及所有者权益的明细。

设定各种会计科目，能够使公司纷繁的事物分门别类，以简洁又不失清晰的方式呈现给报表使用者。

这就如同让你表述一下你家庭中的资产状况时，如果你一一列举，夏普 42 英寸平板电视一台 20 000 元、东芝 32 英寸彩电一台 5 000 元、LEE09 款女式低腰牛仔裤一条 600 元……那成千上万条记录肯定令人崩溃，比较恰当的方法是分门别类，表述为家电 100 000 元、衣服 80 000 元、家具 100 000 元，等等。其中的家电、衣服其实就等同于会计科目。

资产负债表中还对这些会计科目进行了分类，其中资产类科目分为流动资产与非流动资产，负债类科目分为流动负债与非流动负债。

流动资产是指预计在一年内将变现或耗用的资产。非流动资产的定义则很宽泛：流动资产以外的资产都是非流动资产；流动负债是指预计在一年之内要偿还的债务；而流动负债以外的负债都是非流动负债。

流动性排列

在资产负债表中，会计科目的排列是有规律可循的，这一规律一般被称为"流动性排列"。即资产类会计科目按变现能力由强到弱排列，负债类科目按偿还期限由短到长排列。

"货币资金"排在资产负债表的第一位，因为货币资金基本上等于现金，其变现能力最强。"应收账款"之所以能排在"存货"前面，也是因为其转化成现金的速度要超过存货。

至于负债类会计科目，近期需要偿还的债务列示在最前面，如短期借款。以后需较长时间偿还的债务列示在后，不需偿还的所有者权益部分则出现在最后。

资产负债表的左右两方都按流动性排列所形成的对称结构，最大的好处是方便了投资者分析上市公司偿还债务的能力。如流动负债的偿还期限不超过一年，投资者就要观察，上市公司是否有相当规模的流动资产作为保证。这是因为，上市公司偿还流动负债的来源一般是流动资产。如果一家公司到了需要变卖"家底"（固定资产）还债的时候，那说明其气数已尽了。

好公司还不起钱

为了更加明确和凸显流动资产与流动负债的关系，反映上市公司的短期偿债能力，我们一般会使用流动比率：流动比率＝流动资产÷流动负债。

经验表明，一般而言，制造类上市公司合理的最佳流动比率是 2，最低也至少要大于 1。这是因为，在流动资产中，变现能力最差的存货约占流动资产的一半，其余流动性较大的各类流动资产至少要等于流动负债，只有这样，公司的短期偿债能力才会有保证。因此，流动比率越高，说明公司的偿债能力也就越强。

但是，请投资者注意，有时候流动比率高，并不是一家优秀上市公司的标志（只能算是合格公司的标志）。相反，流动比率接近 1，往往是一家优秀公司的表现。

以苏宁电器为例，该公司2008年第三季度报告显示，其流动资产与流动负债的比是1.28。从一般的角度看，这个比值已经很低了，似乎风险不小。但仔细研究其短期负债构成就会发现，真正的短期借款（银行短期贷款）只有2.16亿元，在流动负债总额157亿元中，所占比例很低，而流动负债中占大头的是应付票据与应付账款，两者共计142亿元。

联系苏宁电器所从事的业务——家电零售，我们完全可以推测，应付票据与应付账款的形成，肯定是因为苏宁电器先拿了家电制造商的货去卖，但进货的钱还没有付给这些制造商。

这实际上意味着，苏宁电器在借供货商的钱去经营自己的业务，而且这种借款不用付利息。免费用别人的钱做生意，实际上是每一家公司梦寐以求的事。但真正能够做到的，只有那些市场地位超强的公司。综上所述，投资者在遇到上市公司流动比率较低时，不可一味地高估其短期偿债风险，而是要仔细研究其流动负债构成与流动资产构成，同时结合其所经营的业务进行分析。很多时候，真正的好公司，初看都像还不起钱的。

借长不借短

一般来说，出于风险控制的考虑，银行给上市公司贷款，往往倾向于贷短不贷长，也就是希望提供短期贷款而不是长期贷款。因为长期贷款还款时间过长，夜长梦多，风险随之增加。但是反过来，上市公司去银行贷款，一般会倾向于借长不借短。长期借款可以大幅降低上市公司短期内的还本付息压力。

以业绩较好的华发股份为例（2008年净资产收益率17.44%），该公司2008年年报显示，其短期借款为4.29亿元，长期借款为33.6亿元，两者之比为1:7.83。而业绩较差的哈高科（2008年净资产收益率0.56%），短期借款为2.13亿元，长期借款却只有292万元。

长期借款与短期借款之比，体现了银行对公司盈利能力与偿债能力的信心，投资者不妨以银行的判断作为评估上市公司价值的一个角度。

（摘自袁克成：《明明白白看年报——投资者必读》，机械工业出版社，2008年4月版第15章，标题为报纸编者所加，有删减。）

03 财务分析的"武器库"——财务比率

导读：如果有人问笔者，你认为这一本书中那一章最重要？笔者会毫不犹豫地告诉他，本章最重要。这倒不是因为这一章理论水平有多高，或者是技术方法有多精湛，而是因为这一章最实用。财务分析方法大致可以分成比率分析、比较分析、趋势分析和因素分析等四种类型，但最重要、最基本的是比率分析，因为其他的分析都建立在比率分析的基础之上。本章聚焦比率分析，将财务比率划分成反映企业运营、获利、偿债和成长能力四个模块，深入剖析了十五大财务指标的功能、使用条件和计算方法。正文中使用了"观止"一词，说明笔者自信心"爆棚"。

2001年10月，中央财经大学研究员刘姝威在一本只印180份的内部刊物《金融内参》上发表了一篇只有600余字的短文《应立即停止对蓝田股份发放贷款》。其时，刘姝威正在写作一本《上市公司虚假会计报表识别技术》的书，需要引用大量上市公司的实证材料，因此接触到了蓝田股份。通过分析蓝田公开披露的财务报告，刘姝威认为蓝田的偿债能力正在急剧恶化。为了避免银行遭受严重的坏账损失，她建议银行立即收回对蓝田的贷款。

蓝田正如日中天，但是，刘姝威的这篇短文却如当头一棒，砸在蓝田的要害，多家银行开始向蓝田收回贷款。一个月后，蓝田总裁瞿兆玉忽然来到刘姝威工作的中央财经大学，气势汹汹地找到了她，对着她大喊大叫："都是因为你的这篇文章，全国银行都停了我们的贷款。我们的资金链断了，我们快死了！"随之，蓝田对刘姝威提起了法律诉讼，12月13日，法院的起诉书送达刘姝威手中，开庭日期定于2002年1月23日。

刘姝威精心准备的长篇答辩词并没有派上用场。就在蓝田方面期待的这场诉讼开庭前夕，公安部门采取的一场行动使他们的如意算盘全部落空。中国证监会经过长期的调查，已经证明蓝田有一系列造假嫌疑，而且造假手段极为恶劣，涉嫌违反了国家多部法律。由于蓝田对证监会的调查拒不配合，证监会请求公安部对蓝田采取了强制行动，多个公司高管被抓捕，公司财务资料也全部封存——刘姝威打倒了一家上市公司。2003年年初，刘姝威被中央电视台评为2002年"感动中国"的"十大年度人物"之一。

刘姝威打败蓝田，她仅仅动用了一小部分财务分析武器库中的"常规武器"。

3.1 财务分析方法概述

关于财务分析的定义，美国南加州大学教授沃特·内格斯（Water B. Neigs）认为，财务分析的本质是搜集与决策有关的各种财务信息，并加以分析和解释的一种技术。[①] 简单地说，财务分析就是以会计核算和报表资料为基本依据，采用一系列专门的分析技术和方法，对企业资金运动和投入产出效果进行分析与评价的一套程序与方法。它为企业的投资者、债权人、经营者及其他关心企业的组织或个人了解企业过去、评价企业现状、预测企业未来作出正确决策提供准确的信息或依据。

企业有许多利益相关者，这些利益相关者对企业信息的需求并不完全相同。财务信息的需求主体包括权益投资人、债权人、经理人员、政府机构和其他与企业有利益关系的人士。他们出于不同目的使用财务报表，需要不同的信息，采用不同的分析程序。

（1）投资者

投资者是指公司的权益投资人即普通股东。股东投资的目的在于财富增值。因此，他们关注的重点包括：目前的财务状况如何；公司资本结构决定的风险和报酬如何；与其他竞争者相比公司处于何种地位；公司当前和长期的收益水平高低以及公司收益的稳定性，等等，他们往往比较关注公司的当前盈利能力、偿债能力和长期获利能力。

（2）债权人

债权人是指借款给企业并得到企业还款承诺的人。债权人关心企业是否具有偿还债务的能力。债权人可以分为短期债权人和长期债权人。债权人关注的重点包括：公司为什么需要筹集资金；公司还本付息所需资金的可能来源是什么；公司的经营状况及对投资风险的衡量；公司对于以前的短期和长期借款是否做到按期偿还；公司的信用政策（如是否可以提前收回债权）等。他们最关注企业的获利能力、偿债能力及经营的稳定性。

（3）经理人员

经理人员是指被所有者聘用的、对公司资产和负债进行管理的个人组成的团体，有时称之为"管理当局"。出于管理的目的，经理人员关心公司整体

---

① 朱梅：《财务分析浅谈》，载《四川水利》2005 年第 6 期。

的财务状况（资产结构、负债结构、现金流、财务风险）、盈利能力和持续发展的能力。经理人员可以获取外部使用人无法得到的内部信息，他们分析报表的主要目的是改进企业的经营与管理。

（4）政府部门

政府部门也是公司财务报表的使用人，包括税务部门、国有企业的上级管理部门、证券管理机构、会计监管机构和社会保障部门等。他们需要了解企业真实的财务状况，使用的目的是为了履行自己的监督管理职责。

（5）其他利益相关者

其他利益相关者包括：企业内部员工、供应商、销售商、中介机构（审计人员、咨询人员）等。内部员工作为企业的一员，关心企业的发展，也关心自己的报酬；供应商、销售商通过财务分析信息决定自己对该企业的信用政策；审计人员通过财务分析可以确定审计的重点；咨询人员通过财务分析信息寻找潜在客户，等等。一些国家"财务分析师"已经成为专门职业，他们也为各类报表使用人提供专业咨询服务。

财务分析的方法与分析工具众多。最经常用到的还是围绕财务指标进行单指标、多指标综合分析，再加上借用一些参照值（如预算、目标等），运用一些分析方法（比率、趋势、结构、因素等）进行分析，然后通过直观、人性化的格式（报表、图文报告等）展现给用户。

一般将财务分析的方法概括为四种类型：

（1）比率分析法

是指通过计算财务报表相关指标之间的比率，从相对数上对企业的财务状况进行分析和考察，借以评价企业的财务状况和经营成果的一种方法。

（2）比较分析法

是指通过计算不同企业间同类指标间的比率，从数量上揭示企业同类指标间差异的一种分析方法。其主要作用在于企业间经营绩效和财务绩效的对比。

（3）趋势分析法

是一种动态分析方法，根据企业连续数年的财务报表，计算同类指标的发展速度、增长速度或年均递增速度，以揭示其财务状况和经营成果增减变化的性质和发展趋势的一种分析方法。

（4）因素分析法

是将一项综合性的指标分解为各项构成因素，分析各项因素对综合指标影响方向和影响程度的一种方法。

尽管财务分析方法五花八门，财务分析指标汗牛充栋，但最基本的、最重要的是财务比率指标，其他财务指标基本上都是财务比率的派生物。所以，本章重点介绍最重要的若干个财务比率指标。

3.2 重要财务比率指标"观止"

"观止"是什么意思？"看到这儿就不用再往下看了"的意思。在这里，笔者有点儿小小的不谦虚了，意思是：本书所介绍的这些财务比率指标几乎将"精华"一网打尽了，除此之外的看不看意义不大（求求你，别理解成这本书看到这就可以停止了）。

熟悉财务的人都知道，财务比率通常被区分为五种类型：短期偿债能力、长期偿债能力、资产运营能力、获利能力和市场价值。[①] 这种分析框架的鼻祖是美国财务学者斯蒂芬·A. 罗斯（Stephen A. Ross）。罗斯的《公司理财》的版本至少有两位数，在中国已达到"泛滥成灾"的程度。其特点是不断变换副标题，不断修订，其实其内容大同小异。你不得不佩服美国人的营销策略，把写书变成了办一家公司。罗斯财务比率的分析框架并不完善，至少有两个缺陷：其一，将偿债能力区分为短期和长期理由并不充分，特别是与其他比率不是同一个"量级"，或者说不匹配。其二，概括不全面，比如企业的发展能力或曰成长能力是我们评价企业的一个重要角度，但罗斯的框架却有意或无意地忽略了这一点。基于笔者的认识，着眼企业经营的内部逻辑，我们将财务比率概括为运营能力、获利能力、偿债能力和成长能力。市场价值比率与企业财务基本面关联度不强，容易受外部因素和"管理当局"干扰，所以也将其踢出财务比率分析框架。

（1）运营能力分析

运营能力也称营运能力或经营能力，考核的重点是企业经营的效率。资本循环理论告诉我们，企业价值增值的秘密隐藏在资本循环的过程之中。产业资本循环的公式是：$G—W\cdots P\cdots W—G'$（式中 G 代表货币，W 代表原材料和产成品，P 代表生产过程）。商业资本循环的公式是：$G—W—G'$，无论是产业资本循环还是商业资本循环，初始投入的货币 G 都变成了 G'。G' 与 G 有什么不同呢？其实 $G' - G = \Delta G$，ΔG 就是每一次资本循环新创造的价值——即

---

① 例如［美］斯蒂芬·A. 罗斯（Stephen A. Ross）伦道夫·W. 威斯特菲尔德（Randolph W. Westerfield）等著，李常青、魏志华等译：《公司理财：核心原理与应用》，第 3 版，第 44 - 53 页，中国人民大学出版社，2013。

通常所说的剩余价值。很显然，如果 ΔG 相对稳定，每周转一次就取得一个 ΔG，一年内只周转一次只能取得一个 ΔG，但如果周转 5 次就可以取得 5 个 ΔG，两者的效率明显不同，其盈利能力也会明显不同。在现实经济生活中，有的行业利润率水平较高，有的行业利润率水平较低，但为什么所有的行业都有企业在经营呢？这与各行业资本周转的速度有关。有的行业虽然利润率水平较低，但如果周转的速度较快，其综合利润率水平未必就低于利润率水平较高的行业。

衡量运营能力高低主要有三组指标：存货周转率、应收账款周转率和资产周转率。

A. 存货周转率

存货周转率（Inventory Turnover）有两种计算方法：一个是存货周转次数，用于衡量企业库存在一定的时间内（通常是一年）周转了几次；一个是存货周转天数，用于衡量企业库存周转一次平均所需要的时间长度。在实践中，并不需要同时计算周转次数和周转天数，由周转次数可以推出周转天数，反之亦然，企业可以选择其中的一个指标。

$$存货周转次数（次）= \frac{产品销售成本}{平均库存额}$$

$$存货周转天数（天）= \frac{计算期天数}{存货周转次数}$$

产品销售成本数据取自利润表，库存数据取自资产负债表（注意要用平均库存数据），计算期以年为单位按 360 天计算，季度按 90 天计算，月度按 30 天计算，这样就很容易由周转次数推出周转天数。

存货周转次数越多越好（≥3），存货周转天数越少越好（≤120），这两种情况统称为存货周转率高。存货周转率高，说明企业存货变现速度快，资产流动能力强，在经营正常的情况下，企业有较强的获利能力。

B. 应收账款周转率

应收账款周转率（Receivable Turnover）也有两个指标：应收账款周转次数和应收账款周转天数。前者用于反映在一定的周期内（通常指一年）应收账款周转了几次，后者反映应收账款周转一次所需要的时间长度，应收账款周转天数也称应收账款账龄（Age of Receivable）。像存货周转率一样，这两个指标也不需要同时计算。

$$应收账款周转次数（次）= \frac{赊销收入总额}{平均应收账款余额}$$

$$应收账款周转天数（天）= \frac{计算期天数}{应收账款周转次数}$$

周转次数越多越好（≥3），说明企业回收现金能力强；周转天数越少越好（≤100），说明应收账款变现的速度快，管理效率高。

表3-1　　　　　　　A股部分行业上市公司观察值（2001年）

行业	存货周转天数（天）	行业	应收账款周转天数（天）
汽车	131	汽车	24
制药	356	冶金	56
建材	100	机加工	39
化工	101	化工	61
家电	151	家电	91
电子	95	电子	90
日用品	62	食品	50
商业	30	服装	36

资料来源：http://blog.itpub.net/9665688/viewspace-531685/.

C. 资产周转率

资产周转率（Assets Turnover）是指各种口径资产在一定周期内（通常指一年）周转的次数（资产周转率一般不计算周转天数指标）。周转的次数越多，说明企业运营效率越高，该指标通常用于同行业企业之间的运营能力比较。

$$净营运资本周转率 = \frac{销售收入}{平均净营运资本}$$

$$流动资产周转率 = \frac{销售收入}{平均流动资产}$$

$$固定资产周转率 = \frac{销售收入}{平均固定资产}$$

$$总资产周转率 = \frac{销售收入}{平均资产总额}$$

资产周转率指标中比较常用的是流动资产周转率和总资产周转率，其参考临界值分别是100%和80%。

（2）获利能力分析

获利能力也称盈利能力，是指公司获取利润的能力，也称为公司的资金或资本增值能力，通常表现为一定时期内公司纯收益数额的多少及其水平的高低。一般而言，企业经营的目的就是利润最大化。企业获利能力分析，即通过一定的财务分析指标，定量描述企业获取利润能力的大小和水平的高低。

企业的利润指标，通常为投资者所重点关注。

衡量企业的获利能力，主要有利润率、总资产报酬率和净资产收益率等三个（组）指标。

A. 利润率

利润率（Profit Margin）是衡量企业获利能力最常用的指标之一，根据计算的目的不同，有毛利率、销售利润率和净利润率之别。

$$毛利率 = \frac{产品销售收入 - 产品销售成本}{产品销售收入} \times 100\%$$

毛利也称毛利润，是指主营业务收入减主营业务成本，毛利率也称销售毛利率，用于衡量主营业务项目的盈利水平，一般要求大于15%。

$$销售利润率 = \frac{销售利润}{产品销售收入} \times 100\%$$

销售利润率也称营业利润率，以销售利润（营业利润）做分子，反映企业经营活动的盈利能力。同一家公司同一时期的销售利润率一般小于其毛利率，这是因为销售利润（营业利润）是从毛利中扣除了管理费用、销售费用和财务费用等间接成本。销售利润率一般应大于10%。

$$净利润率 = \frac{净利润}{产品销售收入} \times 100\%$$

净利润率也称复合利润率，用于衡量企业全部经济活动的盈利能力。

由于利润率有多个计算口径，每个口径指标的经济意义不同。如单纯考察主营业务的盈利能力，适合采用毛利率指标；如要考察所有业务活动的盈利能力，销售利润率是一个合适的指标；如果要分析企业全部经济活动的产出效果，净利润率指标概括能力最强。

利润率指标的缺陷是利润受会计核算方法的影响，也比较容易被人为操纵，有时不能真实反映企业的经营业绩。

B. 总资产报酬率

总资产报酬率（Return on Assets，ROA）是净利润与企业平均资产总额的比值，是用于衡量企业运用全部资产获取利润能力的最概括的指标，也是投资者最关注的企业盈利能力指标之一。

$$总资产报酬率 = \frac{净利润}{平均资产总额} \times 100\%$$

该指标的缺陷也来源于会计净利润的计算方法和原则，所以有人主张用"经营活动现金净流量"取代"净利润"，这样可以考察真实财务背景下总资产的获利能力。

C. 净资产收益率

与总资产报酬率不同,净资产收益率(Return on Equity, ROE)也称权益报酬率,是净利润与平均净资产(也即平均股东权益)的比值,净资产收益率反映投资者自有资本的获利能力。

$$净资产收益率 = \frac{净利润}{平均股东权益} \times 100\%$$

一般认为,净资产收益率越高(>8%),企业自有资本获利能力越强,运营效益越好。巴菲特选股的标准是其所在公司 ROE 高于 15% 。

(3)偿债能力分析

偿债能力是指企业到期偿还各种到期债务的能力。偿债能力的强弱,体现了企业的财务状况,是企业经济实力和财务状况的重要体现。客观地评价企业的偿债能力,一是可以反映企业利用财务杠杆的水平,分析企业资产负债比例是否适度,促进企业合理负债;二是确定企业的资信状况;三是促进企业提高经济效益,减少财务风险。

偿债能力是以资产变现能力来衡量的。资产的变现能力或流动性强弱分为短期资产和长期资产,因此,偿债能力分析可以分为短期偿债能力分析和长期偿债能力分析。短期偿债能力是企业以流动资产偿还流动负债的能力,它反映企业偿付日常到期债务的实力。流动负债是将在 1 年内或者超过 1 年的一个营业周期内需要偿付的债务,企业能否及时偿付到期的流动负债,是反映企业财务状况好坏的重要标志。长期偿债能力是企业偿还长期债务的现金保障程度。企业的长期债务是指偿还期在 1 年或者超过 1 年的一个营业周期以上的负债,包括长期借款、应付债券、长期应付款等。分析一个企业长期偿债能力,主要是为了确定该企业偿还债务本金和支付债务利息的能力。由于长期债务的期限长,企业的长期偿债能力主要取决于企业资产与负债的比例关系,取决于获利能力。

A. 流动比率

流动比率(Current Ratio),流动资产与流动负债的比值,用来衡量企业流动资产在短期债务到期前可以变为现金用于偿还流动负债的能力,表明企业每 1 元钱流动负债有多少流动资产作为支付的保障。

$$流动比率 = \frac{流动资产}{流动负债} \times 100\%$$

一般来说,流动比率越高,说明企业的流动性越强,流动负债的安全程度越高。但从企业的角度来看,流动比率并不是越高越好。流动比率太高,说明企业的流动资产占用的现金太多,而流动资产的盈利性往往较差,因而太高的流动比率可能表明企业的盈利能力较低。另外，流动比率太高还可能是由于存货大量积压、大量应收账款迟迟不能收回等原因导致的，或者还可能表明企业没能充分利用商业信誉和现有的借款能力。因此，对流动比率要具体情况具体分析。

根据经验，通常认为流动比率等于或大于200%比较合理。因此在财务分析中，往往以2作为流动比率的比较标准，但这个经验数据不是绝对的，不同的环境、不同的时期、不同的行业，情况都不尽相同。

流动比率不低于2，适用于一般性的企业，但并不完全适用于巴菲特最喜欢选择的具有强大持续性竞争优势的超级明星公司。巴菲特持股的很多具有持续性竞争优势的超级明星公司，流动比率都低于2，甚至低于1。比如IBM为1.26、可口可乐为1.1、沃尔玛为0.88、卡夫为0.85、宝洁为0.83。[①] 一般的企业流动比率低于2，意味着可能面临偿还短期债务的困难。但这些超级明星公司具有强大的销售渠道，销售回款速度很快，能够产生充足的现金流量，保证按期偿还流动负债。而且公司盈利能力非常强，能够快速产生较多的利润，足以保证还债能力。同时公司信用评级很高，短期融资能力巨大，公司可以利用短期商业票据或信用贷款等手段迅速融资还债。越是赚钱的公司，流动资产周转速度越快，流动资产占用资金量越小，流动比率反而越低，低于2甚至低于1。当然，这只限于少数非常优秀的公司。

B. 速动比率

速动比率（Quick Ratio）也称酸性测试（Acid Test），指速动资产（quick assets）与流动负债的比率，用于衡量企业在无须出售库存的情况下可以偿还流动负债的能力。速动资产大于流动负债时，借款人被认为有足够的短期偿债能力。

$$速动比率 = \frac{速动资产}{流动负债} \times 100\%$$

初看起来，速动比率与流动比率很相似，区别就在于流动资产被速动资产取代了。速动资产一般被定义为流动资产减去存货、预付账款和待摊费用，所以它是流动资产的一部分。为什么要从流动资产中扣除存货、预付账款和待摊费用呢？待摊费用是已经支付的费用，只是根据会计核算的权责发生制原则尚未摊销，所以不可能用于偿债；预付账款是预先支付给供应商的货款，也不是企业可以用于还债的资金；把存货从流动资产中剔除的主要原因是：第一，在流动资产中存货的变现速度最慢；第二，由于某种原因，存货中可

---

① 刘建位：《流动比率并非越高越好》，载《中国证券报》，2011－12－01。

能含有已损失报废但还没作处理的不能变现的存货;第三,部分存货可能已抵押给某债权人;第四,存货估价还存在着成本与合理市价相差悬殊的问题。存货在理论上可以在一年内变现,但实际上无法判别,所以指望它变现后用于偿债有一定的风险。从流动资产中扣除这些"不靠谱"的项目,剩下来的基本"靠谱"。因此,如果一家企业的速动比率达到100%或以上,偿还到期短期外债基本上没什么问题。

因揭露蓝田公司财务造假,被评为"2002年经济年度人物"和"感动中国——2002年度人物"的刘姝威,质疑蓝田公司的根据就是普通得不能再普通的流动比率和速动比率指标。刘姝威通过蓝田股份发布的财务报告发现:2000年蓝田股份的流动比率是0.77,速动比率是0.35,这说明蓝田股份基本上已经失去了偿还短期债务的能力。如果你是一个有心人,又略懂财务知识,你也是可以做到的。

一般来说,速动比率越高说明企业的流动性越强,流动负债的安全程度越高,短期债权人到期收回本息的可能性也越大。但与流动比率类似,从企业的角度看,速动比率也不是越高越好,对速动比率要具体情况具体分析。根据经验,通常认为速动比率等于或大于100%比较合理。速动比率过低,企业面临偿债风险;速动比率过高,账上现金及应收账款占用资金过多,会增加企业的机会成本。

对选股来说,流动比率和速动比率以0.8为选股最低极限,低于0.8不要选入,两个比率正常在1~1.5及以上。流动比率、速动比率都是0.5之下就是垃圾。

表3-2　　　　　　A股部分行业上市公司观察值(2001年)

行业	流动比率	速动比率
汽车	1.10	0.85
房地产	1.20	0.65
制药	1.25	0.90
建材	1.25	0.90
化工	1.20	0.90
家电	1.50	—
啤酒	1.75	0.90
计算机	2.00	1.25
电子	1.45	0.95
商业	1.65	0.45

续表

行业	流动比率	速动比率
机械	1.80	0.90
玻璃	1.30	0.45
食品	>2.00	—
餐饮	>2.00	>2.00

资料来源：http://blog.itpub.net/9665688/viewspace-531685/.

C. 现金比率

现金比率（Cash Ratio）是速动资产扣除应收账款后的余额与流动负债的比率，最能反映企业直接偿付流动负债的能力。速动资产中，流动性最强、可直接用于偿债的资产称为现金资产。现金资产包括货币资金和现金等价物，它们与其他速动资产有区别，其本身就是可以直接偿债的资产。

$$现金比率 = \frac{现金和现金等价物}{流动负债} \times 100\%$$

现金和现金等价物是指库存现金、银行存款、其他货币资金以及企业持有的期限短、流动性强、易于转换为已知金额的现金、价值变动风险很少的短期投资。这个公式反映出公司在不依靠存货销售及应收账款的情况下支付短期债务的能力。一般认为现金比率高于20%为好。但现金资产获利能力极低，现金比率过高意味着企业现金类资产过多，机会成本增加，而且表明企业未能合理利用流动负债减少资金成本。

D. 利息保障倍数

利息保障倍数（Times Interest Earned，TIE）又称已获利息倍数，是指企业生产经营所获得的息税前利润与利息费用的比率，它是衡量企业偿付负债利息能力的指标。

$$利息保障倍数（倍） = \frac{息税前利润}{利息支出}$$

在我国会计制度下可写成：

$$利息保障倍数（倍） = \frac{利润总额 + 利息支出}{利息支出}$$

我国企业外部资金来源以银行借款为主，美国企业外部资金来源以发行债券为主，两者的共同特点是均须定期向债权人支付利息，所以利息支出是企业最重要的财务支出。利息保障倍数抓住了企业负债的这一特点，将财务费用与支付以及保证它的能力联系起来，具有很强的针对性，因此，它成为债券评级机构（如穆迪公司和标准普尔公司）非常广泛地应用的一种财务评价指标。

如果利息保障倍数小于 1，表明自身产生的经营收益不能支付现有的债务规模。利息保障倍数等于 1 也是很危险的，因为息税前利润受经营风险的影响，是不稳定的，而利息的支付却是固定数额。利息保障倍数越大，公司拥有的偿还利息的缓冲资金越多。一般认为，企业的利息保障倍数要大于 2.5。

"股神"巴菲特的一个选股标准：非金融企业的利息保障倍数高于 7 倍。巴菲特的前 10 大重仓股市值占整个组合的 94%，2010 年度这 10 家公司的利息保障倍为：可口可乐 16 倍，富国银行 5 倍，美国运通 4 倍，宝洁 17 倍，卡夫 2.7 倍，强生 38 倍，沃尔玛 12 倍，WESCO 金融 182 倍，康菲石油 18 倍，美国银行 4 倍。[①] 在巴菲特 10 大重仓股中，非金融企业只有卡夫食品（Kraft Foods）没有达标，但卡夫是全球第 2 大的食品公司，在全球 145 个国家开展业务，具有极强的吸金能力。

E. 财务杠杆倍数

如果你是一个初学财务者，我相信你一定会被财务杠杆理论搞得焦头烂额。财务杠杆之所以被称为杠杆，肯定有它的奥妙之所在。物理杠杆通过增加动力臂长度，提高动力的作用，来节约付出的力量；而财务杠杆是通过增加负债数量来节约自有资金的支出，更进一步提高自有资金的收益水平，或者简单地说，财务杠杆就是指负债。

举个简单的例子。你以每股 50 元的价格买了 20 000 股 G 公司普通股票，1 年后股价涨到每股 60 元，而且每股配发了 2 元股息。你这项投资的资产报酬率为 24%（=［（10 元 + 2 元）/50 元］×100%）或者 =［（20 万 + 4 万）/100 万］×100%）。如果这 100 万元资金全部是你自己的钱，你的总报酬率（不考虑资金来源的投资收益率）就等于你的自有资产报酬率。

但如果这 100 万元中你自己的钱是 50 万元，另外的 50 万元是借的，负债年利率 4%，收益情况不变，总报酬率没有变化，仍然是 24%，盈利仍然是 24 万元，但你的资产报酬率却发生了变化。此时的资产报酬率是 44%（［（24 万 - 2 万）/50 万］×100%）。总报酬率不变，是因为总报酬率不区分资金来源；资产报酬率提高了，是因为它区分资金来源，你投入的资金减少了，但投资收益并未等比例减少，因此你自有资产的报酬率提高了。设想一下，如果你只有 10 万块钱，其余的 90 万全是借的，你的资产报酬率可以高达 204%（［（24 万 - 3.6 万）/10 万］×100%）（由此你知道了华尔街金融机构和我国

---

① 刘建位：《巴菲特财报分析密码 14：利息保障倍数越高越好》，载《中国证券报》，2011 - 04 - 28。

商业银行业为什么利润率那么高）。但财务杠杆正效应有个基本的条件，就是负债利率低于资产报酬率，也就是说，借钱赚得钱要比借钱的利息高，否则贷得越多，赔得越多（由此你也知道了 2008 年美国金融危机中巨型金融机构破产倒闭和濒临破产倒闭的原因）。

与财务杠杆简明易懂不同，财务杠杆率（Financial Leverage Ratios）、财务杠杆倍数（Times Financial Leverage）却极其复杂，看概念都差不多，但其内涵及计算方法相去甚远。首先我们排除一套"综合杠杆比率 = 经营杠杆比率 × 财务杠杆比率"的分析体系，在笔者的心目中这是一种数字游戏。有人将财务杠杆倍数（或财务杠杆率）定义为资产总额与所有者权益总额的比值（即通常说的权益乘数），有人将其定义为负债总额/有型所有者权益总额（所有者权益总额扣除无形资产价值），还有人将其概括为产权比率（ = 负债总额/所有者权益总额）、资产负债率（ = 负债总额/资产总额）和长期负债对长期资本比率（ = 长期负债/（长期负债 + 所有者权益总额））等一组财务比率指标。笔者觉得没有必要把简单的问题复杂化，财务杠杆倍数可以简单地表述成负债总额与所有者权益总额的比值。如果财务杠杆倍数等于 1，就是一倍的杠杆率，意味着企业资产中有 50% 是自有资本，50% 是负债；如果财务杠杆倍数是 2，意味着企业资产中有 1/3 是自有资本，2/3 是负债。这样表述既符合人们的表述习惯，也符合概念的内涵。由于在金融资产的保证金交易中，绝大多数的杠杆比率都大于 1，所以称为"财务杠杆倍数"更为确切。

$$财务杠杆倍数 = \frac{平均负债总额}{平均所有者权益总额}$$

由于财务杠杆是一柄双刃剑，所以财务杠杆倍数在 1 ~ 2 倍比较安全。

F. 资产负债率

资产负债率（Assets – Liabilities Ratio）也称总负债率、负债比率或举债经营比率，用于衡量企业利用债权人提供资金进行经营活动的能力，也反映债权人发放贷款的安全程度。

$$资产负债率 = \frac{平均负债总额}{平均资产总额}$$

资产负债率是人们最经常使用的衡量企业负债水平的指标。负债比率越高，企业面临的财务风险越大，正常情况下获取利润的能力也越强。但如果企业资金不足，依靠欠债维持，导致资产负债率特别高，偿债风险就应该特别注意了。资产负债率在 50% ~ 70% 比较合理、稳健；达到 85% 及以上时，应视为发出预警信号，企业应提起足够的注意。资产负债率与财务杠杆倍数可以相互推算。

资产负债率指标虽然常用，但笔者认为其与企业偿债能力关系并不密切，因为该指标并未涉及企业用于偿债的资源或收益。其实它最明显的作是用于分析企业的资产结构。

（4）成长能力分析

已故的"锦州专利大王"张歌今先生生前是笔者的好朋友。1992年，歌今先生以300万元起家，组建锦州俏牌有限责任公司，制造超声脱壳设备，当时的厂房是租的，几乎没有什么家底。但到2006年张总因病去世前，公司净资产已近亿元。在外行看来，俏牌似乎很"寒酸"：账上总是没钱，老总兜儿里也没钱。张总抽烟凶，后来只抽"云烟"一个牌子。有一年春节笔者从大连回锦州，买了2条高档云烟去看他，他却让手下去商店换了6条他"专属"包装和价位的那种云烟，令我感到震撼。

人们都说沃尔玛是做房地产的，歌今先生也是做房地产的。10多年里，公司的盈利除扩大经营的费用，基本上都用于买地了，而土地价值的飙升也令公司净资产的价值直线上升。歌今先生的生意经使我深受启发。什么是好公司？真正的好公司不在于账面利润有多高，账面上资金有多雄厚，厂房有多漂亮，老板抽的烟有多贵，而在于公司净资产的增长有多快。所以我认为，好公司的一个衡量标准是它的成长能力。另外，前面我们讨论过的运营能力、获利能力和偿债能力都偏重于一年以内的短期分析，而成长能力则偏重于长期分析。

成长能力也称为发展能力，侧重考察企业实力的变化情况。有人主张，企业成长能力用一定时间长度（比如3年或5年）的总资产增长率、净资产增长率、销售收入增长率、净利润增长率、每股收益增长率、市场占有率增长率等指标考评，这没有问题，这些指标在衡量企业成长能力方面的作用有目共睹。但这些指标均为动态相对数，而我们前面考察的运营能力、获利能力和偿债能力基本上都是静态比率指标，将动态指标和静态指标掺杂在一起，违背了科学研究上的"同一律"。所以，笔者拟"构造"下述三个指标评价企业的成长能力。

A. 自有资本增值倍数

自有资本增值倍数（Value Added Times of Owned Capital）是所有者权益总额与注册资本金的比值，用以反映在一定的经营期限内，企业自有资本的增长水平。

$$自有资本增值倍数 = \frac{期末所有者权益总额}{期末注册资本金}$$

很显然，如果企业自有资本增值倍数大于1，说明企业有一定的积累；自有资本增值倍数大于 1.5，说明企业步入正常增长期。该指标的数值越大，说明企业积累越多，实力越雄厚。如比较不同企业的成长能力，由于企业组建年限不同，不能直接对比，可以用各自的组建年限去除该指标数值，即计算平均自有资本增值倍数。

　　B. 自有资本撬动倍数

　　自有资本撬动倍数（Leveraging Times of Owned Capital）是资本总额与注册资本金的比值，用以反映投资者投入的自有资本带动社会资本的状况。

$$自有资本撬动倍数 = \frac{期末资本总额}{期末注册资本金}$$

　　一般而言，企业自有资本撬动倍数均大于 1，倍数越大，自有资本带动社会资本的规模越大，企业的经营能力越强，盈利能力也越强。

　　C. 资本积累率

　　一般认为，资本积累率（Rate of Capital Accumulation）就是股东权益增长率，指的是企业当年所有者权益增长额同年初所有者权益的比率。由于我们所讨论的财务比率均为静态分析指标，所以，此处我们将资本积累率定义为企业盈余公积加未分配利润与所有者权益总额的比值，用以反映企业积累资本的能力和水平，是评价企业发展潜力的重要指标。

$$资本积累率 = \frac{期末盈余公积 + 期末未分配利润}{期末所有者权益总额} \times 100\%$$

　　盈余公积是指企业从税后利润中提取形成的、存留于企业内部、主要用于扩大企业经营规模的收益积累。2006 年新《公司法》规定公司按照税后利润的 10% 提取法定公积金。也就是说，公司制企业必须按照规定比例 10% 从净利润（减弥补以前年度亏损后）中提取法定公积金，但法定盈余公积累计额已达到注册资本的 50% 时可以不再提取。按照《企业所得税法》的规定，以前年度亏损（5 年内）可用税前利润弥补，从第 6 年起只能用第 6 年税后利润弥补法定盈余公积。除法定盈余公积外，许多企业的股东不愿意将盈利吃光分光，他们倾向于将部分盈余放在公司里用于扩大再生产，这就是与法定盈余公积相对应的任意盈余公积。无论是法定盈余公积还是任意盈余公积，都是股东的财富，与股票不同的是，它们以"盈余公积"的面孔记载在资产负债表的"所有者权益"项目当中。

　　从法律上讲，企业提取的盈余公积可用于弥补亏损、扩大生产经营、转增资本（或股本）或派送新股等，但主要的用途是扩大企业经营，是企业资本积累的主要形式。

　　未分配利润是企业实现的净利润经过弥补亏损、提取盈余公积和向投资者分配利润后留存在企业的、历年结存的利润。未分配利润通常用于以后年度向投资者进行分配或扩大经营规模。由于未分配利润相对于盈余公积而言，属于未确定用途的留存收益，因此企业在使用未分配利润上有较大的自主权，受国家法律法规的限制比较少。显然，与盈余公积一样，它也是企业资本积累的一个组成部分。

一般而言，企业资本积累率越高，说明企业的"家底"越厚实，发展的潜力越大，成长的速度越快。但也要注意平衡企业发展与股东现实利益的关系，切实听取股东的意见，因为并不是所有的企业都有巴菲特旗下伯克希尔公司的盈利能力。

企业成长能力的三大分析指标，只是笔者的浅见，合理与否，有待学界和读者评判。

3.3 科学使用财务比率指标

财务比率是财务分析的"常规武器"，也是最基本的分析方法，但不是财务分析的全部方法和内容。在使用财务比率指标时，必须注意以下几个方面的问题：

第一，财务比率指标的计算基于企业的财务报表，因此，财务报表数据的准确性、真实性与可靠性就显得至关重要，丢掉了这个前提，财务比率分析就是一个数字游戏。财务报表造假是企业的一个多发病、常见病，所以我们必须有一双能识别"妖魔鬼怪"的"慧眼"，把这"纷纷扰扰"看真切。如何识别财务报表作弊？这个问题比较复杂，我们准备列专章研究。

第二，每个财务比率指标，通常只表述企业某一个方面的财务特征，由于视野不宽，加之财务指标计算原理的局限，所以，"窥一斑"无法"知全豹"，必须"窥多斑"才能"知全豹"，也就是说要多个财务比率指标结合运用。比如企业偿债能力很强，但资金周转速度很慢或盈利能力不高，可能说明企业资金未能得到有效、合理的应用。

第三，财务比率指标偏重静态分析，但企业发展是一个动态的过程，所以财务分析的最佳状态是静态分析与动态分析相结合，这样才能详细描述企业的成长轨迹。没有比较就没有鉴别，计算了许多财务比率，却无法判断指标表现的优劣，所以应该将比率指标和比较指标相结合，准确判断本企业在行业中的位置。好在比较指标和动态指标基本上都建立在比率分析的基础之上，这为各类指标的结合运用奠定了坚实的基础。

第四，财务比率分析给出了许多评价的临界值或经验数据，但这些临界值或经验数据不应成为束缚我们手脚的锁链，应结合行业、企业、企业发展阶段、内外部环境的特点，具体问题具体分析。比如，大型超市等零售行业，处于价值链条的顶端，其话语权较大，应付账款占比较高，其流动比率和速动比率可以远远低于其他行业而不会发生短期债务偿付危机。再比如，两个公司的财务数据完全相同，其中一个的应收账款账龄均为 1 年以内，另一个的应收账款账龄有 50% 以上超过 2 年，显然后者的应收账款管理水平较差，发生坏账的可能性更大，其流动比率的可信度低于前者。因此，要准确地把握公司财务状况，还要透过现象看本质，对报表数据背后反映的情况进行具体现实的分析。

专栏4：

巴菲特财务报表分析八法

刘建位　　2012 年 10 月 20 日　　第一财经日报

"我们不仅要在合理的价格上买入，而且我们买入的公司的未来业绩还要与我们的预测相符。但是这种投资方法——寻找超级明星——给我们提供了走向真正成功的唯一机会。"

现在这个社会，女人爱八卦，男人也爱八卦。巴菲特也爱八卦，不过他八卦的不是花边新闻，而是分析财务报表。具体来说，巴菲特运用八种方法分析公司财务报表，笔者称之为巴菲特财务报表分析八卦。

一、垂直分析：确定财务报表结构占比最大的重要项目

垂直分析，又称为纵向分析，实质上是结构分析。第一步，首先计算确定财务报表中各项目占总额的比重或百分比。第二步，通过各项目的占比，分析其在企业经营中的重要性。一般项目占比越大，其重要程度越高，对公司总体的影响程度越大。第三步，将分析期各项目的比重与前期同项目比重对比，研究各项目的比重变动情况，对变动较大的重要项目进一步分析。经过垂直分析法处理后的会计报表通常称为同度量报表、总体结构报表、共同比报表。以利润表为例，巴菲特非常关注销售毛利率、销售费用率、销售税前利润率、销售净利率，这实质上就是对利润表进行垂直分析。

二、水平分析：分析财务报表年度变化最大的重要项目

水平分析法，又称横向比法，是将财务报表各项目报告期的数据与上一期的数据进行对比，分析企业财务数据变动情况。水平分析进行的对比，一般不是只对比一两个项目，而是把财务报表报告期的所有项目与上一期进行全面的综合的对比分析，揭示各方面存在的问题，为进一步全面深入分析企业财务状况打下基础，所以水平分析法是会计分析的基本方法。这种本期与上期的对比分析，既要包括增减变动的绝对值，又要包括增减变动比率的相对值，才可以防止得出片面的结论。每年巴菲特致股东的信第一句就是说伯克希尔公司每股净资产比上一年度增长的百分比。

三、趋势分析：分析财务报表长期变化最大的重要项目

趋势分析，是一种长期分析，计算一个或多个项目随后连续多个报告期数据与基期比较的定基指数，或者与上一期比较的环比指数，形成一个指数时间序列，以此分析这个报表项目历史长期变动趋势，并作为预测未来长期发展趋势的依据之一。趋势分析法既可用于对会计报表的整体分析，即研究一定时期报表各项目的变动趋势，也可以只是对某些主要财务指标的发展趋势进行分析。巴菲特从事长期投资，他特别重视公司净资产、盈利、销售收入的长期趋势分析。他每年致股东的信第一页就是一张表，列示从 1965 年以来伯克希尔公司每年每股净资产增长率、标准普尔 500 指标年增长率以及二者的差异。

四、比率分析：最常用也是最重要的财务分析方法

比率分析，就是将两个财务报表数据相除得出的相对比率，分析两个项目之间的关联关系。比率分析是最基本最常用也是最重要的财务分析方法。财务比率一般分为四类：盈利能力比率，营运能力比率，偿债能力比率，增长能力比率。2006 年国务院国资委颁布的国有企业综合绩效评价指标体系也是把财务绩效定量评价指标分成这四类。从巴菲特过去 40 多年致股东的信来看，巴菲特这四类比率中最关注的是：净资产收益率、总资产周转率、资产负债率、销售收入和利润增长率。财务比率分析的最大作用是，使不同规模的企业财务数据所传递的财务信息可以按照统一的标准进行横向对照比较。财务比率的常用标准有三种：历史标准、经验标准、行业标准。巴菲特经常会和历史水平进行比较。

五、因素分析：分析最重要的驱动因素

因素替代法又称连环替代法，用来计算几个相互联系的驱动因素对综合财务指标的影响程度的大小。比如，销售收入取决于销量和单价两个因素，企业提价，往往会导致销量下降，我们可以用因素分析来测算价格上升和销量下降对收入的影响程度。巴菲特 2007 年这样分析，1972 年他收购喜诗糖果时，年销量为 1 600 万磅。2007 年增长到 3 200 万磅，35 年只增长了 1 倍，年增长率仅为 2%。但销售收入却从 1972 年的 0.3 亿美元增长到 2007 年的 3.83

亿美元，35 年增长了 13 倍。销量增长 1 倍，收入增长 13 倍，最主要的驱动因素是持续涨价。

六、综合分析：多项重要指标结合进行综合分析

企业本身是一个综合性的整体，企业的各项财务活动、各张财务报表、各个财务项目、各个财务分析指标是相互联系的，只是单独分析一项或一类财务指标，就会像盲人摸象一样陷入片面理解的误区。因此我们把相互依存、相互作用的多个重要财务指标结合在一起，从企业经营系统的整体角度来进行综合分析，对整个企业作出系统的全面的评价。目前使用比较广泛的有杜邦财务分析体系、沃尔评分法、帕利普财务分析体系。最重要最常用的是杜邦财务体系：净资产收益率＝销售净利率×资产周转率×权益乘数，这三个比率分别代表公司的销售盈利能力、营运能力、偿债能力，还可以根据其驱动因素进一步细分。

七、对比分析：和最主要的竞争对手进行对比分析

和那些进行广泛分散投资的机构不同，巴菲特高度集中投资于少数超级明星公司，前 10 大重仓股占比超过 80%。这些超级明星公司各项重要财务指标都远远超过行业平均水平。在长期稳定发展的行业中，那些伟大的超级明星企业也往往都有一个与其实力相比难分高下的对手。比如软饮料行业中可口可乐与百事可乐，快餐行业中的麦当劳与肯德基，飞机制造行业中的波音与空客。两个超级明星企业旗鼓相当，几乎垄断了行业的大部分市场，这就形成了典型的双寡头垄断格局。因此把超级明星公司与其竞争对手进行对比分析是最合适的方法。

八、前景分析：预测未来长期业绩是财务分析最终目标

巴菲特进行财务报表分析的目的不是分析所有公司，而是寻找极少数超级明星："我们始终在寻找那些业务清晰易懂、业绩持续优异、由能力非凡并且为股东着想的管理层来经营的大公司。这种目标公司并不能充分保证我们投资盈利：我们不仅要在合理的价格上买入，而且我们买入的公司的未来业绩还要与我们的预测相符。但是这种投资方法——寻找超级明星——给我们提供了走向真正成功的唯一机会"。对企业未来发展前景进行财务预测是财务报表分析的最终目标。巴菲特说得非常明确："我关注的是公司未来 20 年甚至 30 年的盈利能力。"

04 企业财务状况的综合评价

导读：好，并不意味着没有缺陷，比如比率分析。比率分析的缺陷是"只见树木，不见森林"，鼻子、眼睛、耳朵长得都不错，但不知放到一起好不好看。要想避免"盲人摸象"，财务综合状况分析就要"粉墨登场"了。财务综合状况分析的目的是描绘企业财务状况的"全景图"，既可以对企业财务状况作综合诊断，又可以对不同企业整体财务状况作比较分析。沃尔比重评分法、雷达图法和Z分数法也蛮好玩的，我猜你会喜欢。

前一章，我们从企业运营能力、获利能力、偿债能力和成长能力四个维度，系统地介绍了财务分析中应用最广泛的比率分析法，这对读者构建自己的财务分析能力的大厦起到了打基础的作用。但这些指标往往都是独立的，反映企业经营过程的某一个侧面，无法对企业的经营效率和管理效率作出综合性的评价。如果要想综合评价一家企业，特别是比较不同企业的经营与管理效率，就需要对企业的财务状况作出综合评价。

4.1 企业财务状况综合评价概述

企业财务状况综合评价，是以企业财务报表所反映的财务指标及财务分析时所计算的财务比率指标为主要依据，对企业的财务状况和经营成果进行综合性评价，以反映企业在运营过程中的利弊得失、财务状况及发展趋势，为改进企业财务工作和优化决策提供重要的财务信息。

财务状况综合评价不仅仅是对公司的财务状况所作出的评价，同时也是对公司财务运营效率与财务治理水平的评价。公司财务状况是指一定时期的企业经营活动体现在财务上的资金筹集与资金运用状况，它是企业一定期间内经济活动过程及其结果的综合反映。财务运营效率反映了企业对其资源的有效配置，是衡量竞争能力、投入产出能力和可持续发展能力的重要指标，因此，具有较高经营效率的公司具有更强的资源配置能力与更大的增值空间。财务治理是在公司制条件下，经营管理者在财务收支管理、财务剩余索取、财务监督、财务利益分配和财务人员配置等方面进行的控制，从而形成协调的财务管理体制。良好的财务治理水平有助于提高企业整体的运营水平与获利能力。因此，综合财务状况评价、综合财务运营评价与综合财务治理评价相互补充，互辅共生，是构成公司综合财务评价体系的重要部分。财务综合评价的最终目的在于全方位地了解企业经营理财的状况和对社会的贡献，并借以对企业经济效益的优劣作出系统的、合理的评价。

利益相关者——特别是投资者为什么需要对企业的财务状况作出综合性的评价呢？主要基于三点考虑：

第一，弥补单项指标评价的缺陷。单项评价是指采用单一的、明确的评价标准加以评价，综合评价则是相对于单项评价而言的。

企业的财务评价涉及多个方面，如运营能力、获利能力、偿债能力、成长能力、财务风险等，某个指标反映企业财务状况的某一个侧面，依据不同的财务指标，像盲人摸象一样——可能会对企业的财务状况得出不同的结论，因此，单纯地采用单项指标评价很难全面、客观地评价企业的财务状况。针对企业财务评价的特点，就需要将综合评价方法引入财务评价领域。

综合评价通常指对一个同时受到多个因素影响的复杂系统进行评价时，需要依据多个相关指标采用多层次、多角度、复杂多项的评价标准加以考察并得出结论。综合评价法则是根据评价的目的，以财务会计资料为依据，借助一定的手段和方法，对不能直接加总的、性质不同的项目进行综合，得出概括性的结论，从而揭示事物的本质及其发展规律。

运用综合财务评价方法对上市公司的业绩进行分析，首先能够有效地克服单一评价结果的片面性及不准确性，增加评价结果的客观性及全面性，为企业作出正确的投融资决策提供依据；其次，还能够对定性信息加以量化，突出评价结果的科学性与有效性，真正做到用数据说话，提高决策的可信度；此外，综合评价方法能够为企业财务评价及可行性分析提供一种新的思路，有助于财务评价体系及财务评价理论的深层次多元化发展。

第二，方便投资者选择投资对象企业。以比率分析为例，单项财务指标有数十种之多，但就股票投资而言，截至 2014 年年底，我国有 A 股上市公司 2 600 多家，香港联交所大约 1 600 家，美国的上市公司有 8 000 多家，如果投资者逐一分析上市公司的财务比率，非淹死在数字的海洋中不可，所以是不可取的。但如果我们通过单一数值的财务综合评价指标对企业财务状况进行排序，就很容易找到我们心仪的投资对象。此时，只对少数的、进入视野的、初审合格的企业进行进一步的研究，就可以大大节省我们调查研究的工作量。

第三，方便投资者追踪审查已投资企业的财务状况。企业财务状况综合评价一方面可以评价企业目前的财务状况，另一方面又可以向投资者发出财务预警信号——财务预警是企业财务状况综合评价的另一项功能。如果我们持有股票或所投资的公司财务状况急剧恶化，企业财务状况综合评价的结果就会向投资者传递抛售的信息。

由于企业财务状况综合评价是一项非常重要的工作，所以人们创造出许多评价的方法，笔者将其归纳为表4-1供读者参考。

表4-1 主要财务状况综合评价方法一览表

序号	方法名称	方法描述
1	雷达图法	将一个企业各项重要的财务比率指标刻画在一个圆形的固表上，概括地反映一个企业整体的财务状况，使用者能直观地了解企业绩效和财务管理水平。由于按这种方法所绘制的财务比率综合图状似雷达，故得此名。
2	杜邦分析法	一种企业经营绩效的因素分析法，它以净资产收益率（ROE）为起点和基础，从影响权益净利率的因素着手，通过层层分解构建起一个企业业绩考核和评价的指标体系。它由美国杜邦公司最先使用，故称之为杜邦分析法。
3	沃尔比重评分法	将选定的财务比率用线性关系结合起来，并分别给定各自的分数比重，然后通过与标准比率进行比较，确定各项指标的得分及总体指标的累计分数，从而对企业整体的经营绩效作出评价的方法。由于运用此法对财务状况进行综合评价的先驱者之一是亚历山大·沃尔，故又称为沃尔比重评分法。
4	经营效率评价法	多采取数据包络分析模型（EDA）① 对企业的资源整合与财务运营状况进行分析。数据包络分析（DEA）是以相对效率概念为基础，根据多指标投入和多指标产出，对相同行业的公司进行相对有效性或效益评价的一种分析方法。
5	财务治理指数法	基于一个详细和专业的财务治理指标体系，从财权配置、财务控制、财务监督和财务激励四个方面评价财务治理水平。
6	杠杆系数分析法	通过对经营杠杆系数（DOL）、财务杠杆系数（DFL）和总杠杆系数（DTL）的分析来衡量企业经营风险、筹资风险和总风险的大小及杠杆利益水平的高低。杠杆系数越大，企业财务风险也越大，反之财务风险越小。
7	Z分数法	Z分数法（Z Score）是根据统计结果，对于企业财务状况有重大影响的5个财务指标进行加权平均而成为"Z分数"，并根据"Z分数"的高低而综合评价企业财务状况的方法。

① DEA（Data Envelopment Analysis）是一个线形规划模型，表示为产出对投入的比率。通过对一个特定单位的效率和一组提供相同服务的类似单位的绩效的比较，它试图使服务单位的效率最大化。在这个过程中，获得100%效率的一些单位被称为相对有效率单位，而另外的效率评分低于100%的单位被称为无效率单位。

序号	方法名称	方法描述
8	多元逻辑模型	多元逻辑（Logit）模型的目标是寻求观察对象的条件概率，从而据此判断观察对象的财务状况和经营风险。这一模型建立在累计概率函数的基础上，不需要自变量服从多元正态分布和两组间协方差相等的条件。判别方法和其他模型一样，先是根据多元线性判定模型确定公司破产的 Z 值，然后推导出公司破产的条件概率。
9	人工神经网络模型	人工神经网络模型（Artificial Neural Network，ANN）是将神经网络的分类方法应用于财务预警。ANN 除具有较好的模式识别能力外，还可以克服统计方法的局限，因为它具有容错能力和处理资料遗漏或错误的能力。最为可贵的是，ANN 还具有学习能力，可随时依据新的数据资料进行自我学习，并调整其内部的储存权重参数，以应对多变的公司环境。

　　表 4 - 1 归纳了文献中提及较多的 9 种企业财务状况综合评价的方法。实际上学者们提出的方法更多，比如北京化工大学周首华等学者曾经提出了企业财务状况综合评价的 F 分数模式（《会计研究》1996 年第 8 期），西安交通大学杨淑娥等学者提出了 Y 分数模型（《中国软科学》2003 年第 1 期）等。这些方法大致上可以区分为三种类型：综合指标法（如雷达图法、沃尔比重评分法、财务治理指数法、Z 分数法、F 分数法、Y 分数法等）；指标分解法（如杜邦分析法和杠杆系数分析法）；数学模型法〔综合指标与数学模型结合，如数据包络分析模型（EDA）、多元逻辑（Logit）模型和人工神经网络模型（ANN）等〕。系统介绍这些模型可能会把读者烦死（也没有这个必要），所以本章重点介绍一下具有代表性的三种方法——沃尔比重评分法、雷达图法和 Z 分数法。

4.2　沃尔比重评分法

　　美国学者亚历山大·沃尔（Alexander Wole）于 1928 年在其出版的《财务报表比率分析》和《信用晴雨表研究》两书中首次提出了信用能力指数的概念，最初的目的是用于评价企业的信用水平，经过演化和完善，最终形成了企业财务状况综合评价的经典方法。其实沃尔评分法的思路很简单，我们在实践中经常自觉不自觉地使用（比如对人、组织的绩效评价），只不过美国人善于"忽悠"，所以许多人类共有的成果就"染"上了美国色彩。

　　台湾经济日报社曾多次对上市公司的股票进行评级，其评级的办法是根据证券交易所公布的数据，对反映上市公司的获利能力、营运能力、短期偿债能力及其股票交易情况的指标进行测算，并按照一定的权重进行分配，计算出得分值并求出相应的等级。

这些指标及权重：税前盈利率（55%）、股东权益周转率（15%）、流动比率（10%）、股价波动幅度（10%）、股票交易周转率（10%）。其中，税前盈利率和股东权益周转率为大型指标，其他指标为适中型指标。计算样本股票组相应指标的全距、十分位差、均值，大型指标以样本平均值定为60分，每高于均值十分位则加10分，低于10分为则减10分；适中型指标则以样本平均值为100分，每高于或低于十分位则减10分。通过上述办法得到指标的最终得分，之后按照权重进行综合，得到评级的最终得分，并将最终得分和股票等级评分表对照，确定级别。这实际上就是运用了类似沃尔评分法的综合指标法。

沃尔评分法是指将选定的财务比率用线性关系结合起来，并分别给定各自的分数比重，然后通过与标准比率进行比较，确定各项指标的得分及总体指标的累计分数，从而对企业的信用水平作出评价的方法。对选中的财务比率给定其在总评价中的比重（比重总和为100），然后确定标准比率，并与实际比率相比较，评出每项指标的得分，最后得出总评分。

（1）沃尔比重评分法的基本步骤

A. 选择评价指标并分配指标权重

沃尔选择了七个财务比率，即流动比率、产权比率（本书将其定义为财务杠杆倍数）、固定资产比率、存货周转率、应收账款周转率、固定资产周转率和自有资金周转率等，并按照其在评价体系中的作用大小加权，权数总和等于100。

值得注意的是，财务比率指标有正指标（其数值越大越好，比如说利润率）、逆指标（其数值越小越好，比如说费用率和存货周转天数）和适度指标（这类指标既不能过小也不能过大，应处于适度水平，比如产权比率、资产负债率、国定资产比率等）。沃尔倾向于选择正指标，因为在他的模型中综合分数越大越好，这是我们在使用沃尔评分法时需要特别注意的。

B. 确定各项比率指标的标准值

标准值是沃尔评分法的要件之一，标准值选择不当，这种评分就毫无意义了。一般而言，标准值有不同的选择方法：取行业平均值、取行业内标杆企业数值、取指标序列中上四分位数值等，由研究目的而定。一般而言，评估的目的是找准企业在同行业中的位置，所以取行业平均值较好。

C. 计算企业在一定时期各项比率指标的实际值

$$流动比率 = 流动资产 ÷ 流动负债 × 100\%$$
$$产权比率 = 负债总额 ÷ 所有者权益总额 × 100\%$$
$$固定资产比率 = 固定资产 ÷ 资产总额 × 100\%$$
$$存货周转次数 = 产品销售成本 ÷ 平均存货成本$$
$$应收账款周转次数 = 赊销净额 ÷ 平均应收账款余额$$
$$固定资产周转次数 = 固定资产总额 ÷ 销售收入$$
$$自有资金周转次数 = 所有者权益总额 ÷ 销售收入$$

这些指标的数值可以通过财务报表中的相关数据求得。

D. 汇总评价结果

单项指标得分：实际分数 = 实际值 ÷ 标准值 × 权重

财务评价总得分：通过汇总各指标实际得分得到。

沃尔评分法最主要的贡献，就是它将互不关联的、经过加权的财务指标转化为了可以直接加总的得分，从而使综合评价成为可能。

（2）沃尔比重评分法举例

沃尔的评分法从理论上讲有一个明显的问题，就是未能证明为什么要选择这七个指标，而不是更多或更少些，或者选择别的财务比率，以及未能证明每个指标所占比重的合理性。这个问题确实比较复杂，就评价指标体系中指标的选择而言，"一千个人的眼中有一千个哈姆雷特"，想整齐划一基本上是不可能的，沃尔评分法也不过是给人们一个思路而已。

我国财政部曾于 1995 年 1 月 9 日发布《企业经济效益评价指标体系（试行）》，公布了销售利润率、总资产报酬率、资本收益率、资本保值增值率、资产负债率、流动或速动比率、应收账款周转率、存货周转率、社会贡献率和社会积累率等十项考核指标，要求选择一批企业采用沃尔综合评分法，按照新的指标进行经济效益综合评价。这套评价指标体系所有指标均以行业平均先进水平为标准值，标准值的重要性权数总和为 100 分，其具体分配如表 4 - 2 所示。

表 4 - 2　　　　　　1995 年财政部企业经济效益评价指标权重表

	评价指标	指标权重
1	销售利润率	15
2	总资产报酬率	15
3	资本收益率	15

续表

	评价指标	指标权重
4	资本保值增值率	10
5	资产负债率	5
6	流动或速动比率	5
7	应收账款周转率	5
8	存货周转率	5
9	社会贡献率	10
10	社会积累率	15
11	总计	100

但由于人们对这个问题的认识分歧太大，财政部的方案并未得到有效的贯彻落实。

沃尔评分法的使用并不复杂，下面以 2011 年 3 月 18 日公布的中国石油 2010 年年度报告为例，说明沃尔比重分析法的具体应用。

表4-3　　　　　　　　　沃尔比重评分法案例分析表

选定的指标	分配的权重	指标的标准值	指标的实际值	实际得分
	①	②	④	⑤ = ④ ÷ ② × ①
一、偿债能力指标	20			
1. 资产负债率（%）	12	60	39	18
2. 已获利息倍数（倍）	8	10	24	19
二、获利能力指标	38			
1. 净资产收益率（%）	25	25	16	16
2. 总资产报酬率（%）	13	10	10	13
三、运营能力指标	18			
1. 总资产周转率（次）	9	2	1	4.5
2. 流动资产周转率（次）	9	5	5	9
四、发展能力指标	24			
1. 营业增长率（%）	12	25	44	21
2. 资本累积率（%）	12	15	11	9
五、综合得分	100	—	—	109.5

资料来源：http://blog.sina.com.cn/s/blog_4dd0d40f0100qpy1.html.

上表数据表明，中国石油的综合评分大于 100，说明企业的财务状况良好，特别是企业的偿债能力较强，市场占有率和竞争力较强，具有一定的持续发展能力，但与国际同行业相比，企业的盈利能力不强，资产利用效率不高。

(3) 沃尔比重评分法的局限性

其一，指标选择、权数确定因人而异，似乎没有公认的客观标准，为这种方法的推广使用带来了负面影响，需依靠组织或行政力量推动。

其二，沃尔评分法天然有偏爱正指标的倾向，对逆指标一般可将指标分子分母颠倒计算（这样逆指标就变成了正指标），但适度指标的问题未能很好解决。笔者认为可引入"偏离度"的概念，将此类指标标准化。其原理是，越接近标准值，得分越高；只要偏离标准值，不管是正偏离还是负偏离，得分都会下降，偏离越远，得分越低。

其三，沃尔评分法从技术上讲也有一个问题，就是当某一个指标严重异常时，会对总评分产生不合逻辑的重大影响。这个毛病是由财务比率与其比重相乘引起的。财务比率提高一倍，评分增加100%；而缩小一倍，其评分只减少50%。当某一单项指标的实际值畸高时，会导致最后总分大幅度增加，掩盖情况不良的指标，从而给投资者造成一种假象。所以应在计算时剔除极端值的影响。

4.3　雷达图法

雷达图（Radar Chart），又称蛛网图（Spider Chart），因图形的形状而得名。据考证，日本企业界在对企业的综合实力进行评估时最先使用了这种方法，因其考察的要素主要是企业的财务指标，后演变成一种财务状况综合的评价方法。

从本质上看，雷达图法仍然是一种综合指标法，即综合多种指标对考察对象作出综合性的评价。雷达图法与沃尔比重评分法的不同之处有两点：一是雷达图法不考虑指标的权重，而沃尔评分法必须考虑和赋予指标以权重；二是雷达图法不是用一个综合指标数值来表现分析的结果，而是用图形（雷达图）来表现分析的结果。这使雷达图法更加直观、生动，但其缺点是缺乏精确度，不便于对多个图形近似的企业进行排序。

由于画雷达图新潮、刺激又有浪漫色彩，所以其应用早已超出财务状况综合评价的狭窄范围，广泛应用于各管理领域。比如，雷达图可用于国家、地区、城市、企业、机构、组织、个人竞争力、能力与素质的综合评价，可用于对产品、服务、住宅小区、环境的综合评价，还可以用于对一些抽象对象如软实力、信用度、满意度、结合度、利润质量等作出综合评价，总而言之，凡是有综合评价的场所，就有雷达图应用的空间。雷达图的优势在于它的思想。

（1）雷达图的基本原理

图4-1是企业财务状况综合评价雷达图的基本形状。雷达图通常把企业的财务状况归纳为收益性、生产性、流动性、安全性和成长性五个维度，每个维度用若干个财务比率指标来表现。当然区分为5个维度只是众多想法中的一种，你也可以区分为4个或6个维度，7个或8个维度，要根据研究对象的属性而定。但如果维度太少（比如少于4个）动这样大干戈就没有意义了。各维度中的代表指标的选取也因人而异，所以雷达图的思维像其形状一样也是发散的。

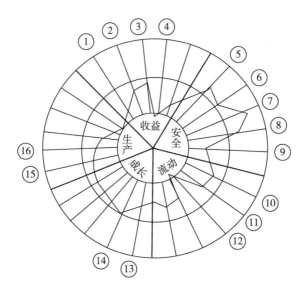

图4-1　企业财务状况综合评价雷达图

雷达图的绘制方法是：先画3个同心圆，把圆分为5个区域（我们以图4-1为分析蓝本，因此每个区为72度），分别代表企业的收益性、生产性、流动性、安全性和成长性。同心圆中最小的圆代表同行业平均水平的1/2值或最差的情况；中心圆代表同行业的平均水平或特定比较对象的水平，称为标准线（区）；大圆表示同行业平均水平的1.5倍或最佳状态。在5个区域内，以圆心为起点，以放射线的形式画出相应的经营比率线。然后，在相应的比率线上标出本企业决算期的各种经营比率。将本企业的各种比率值用线连接起来后，就形成了一个不规则闭环图。该图清楚地表现出本企业的综合财务状况，并把这种综合财务状况与标准线相比，就可以清楚地看出本企业的成绩和差距。如果企业的比率位于标准线以内，说明企业比率值低于同行业的平均水平，应认真分析原因，提出改进方向；如果企业的比率值接近或低于小圆，则说明企业经营处于非常危险的境地，急需推出改革措施以扭转局面；如果企业的比率值超过了中圆或标准线，甚至接近大圆，则表明企业经营的优势所在，应予以巩固和发扬。如果你再努把力，计算出由折线围成的面积（假设具备初等数学知识），就把模糊的区块大小转化成面积大小的比较了，近似企业的排序问题就迎刃而解了。

有的资料上说，雷达图也称戴布拉图（Debra Chart），这是为什么呢？这是因为，学者们在将雷达图应用于创新战略的评估时，用率先使用者的名字给它命名为"戴布拉图"。实际上戴布拉图与雷达图的绘制与分析方法完全相同，但是，戴布拉图是用企业内部管理责任——协作过程、业绩度量、教育与开发、分布式学习网络和智能市场定位，以及外部关系——知识产品/服务协作市场准入、市场形象活动、领导才能和通信技术等两个基本方面十个具体因素来替代经营雷达图的五个因素的。

（2）绘制雷达图法的基本步骤

A. 选择评价指标并分类

如前所述，雷达图法也是综合指标法的一种，所以也涉及到评价指标选择的问题。指标的选择与评价的目的和范围有关。现有文献中通常把企业的财务状况归纳为收益性、生产性、流动性、安全性和成长性五个维度，但实际上比如区分为营运能力、获利能力、偿债能力和成长能力四个维度也并无不可。

确定了分析框架之后，就可以选择分析指标了。比如：

表 4 - 4　　　　　　　　　雷达图评价指标选择方案举例

指标归属	指标名称		财务比率临界值设定		
	序	财务比率指标	优异	正常	落后
营运能力	1	存货周转次数（次）	3 ~ 5	1 ~ 3	0 ~ 1
	2	应收账款周转次数（次）	3 ~ 5	1 ~ 3	0 ~ 1
	3	总资产周转次数（次）	0.8 ~ 1.2	0.4 ~ 0.8	0 ~ 0.4
获利能力	4	利润率（%）	7 ~ 11	5 ~ 7	0 ~ 5
	5	总资产报酬率（ROA）（%）	6 ~ 8	4 ~ 6	0 ~ 4
	6	净资产收益率（ROE）（%）	8 ~ 15	5 ~ 8	0 ~ 5

续表

指标归属	指标名称		财务比率临界值设定		
	序	财务比率指标	优异	正常	落后
偿债能力	7	流动比率（％）	2~2.5	1.5~2	0~1.5
	8	速动比率（％）	1~2	0.5~1	0~0.5
	9	利息保障倍数（倍）	7~10	3~7	0~3
	10	财务杠杆倍数*（倍）	0~0.5	0.5~3	3~9
成长能力	11	自有资本增值倍数（倍）	5~10	3~5	0~3
	12	自有资本撬动倍数（倍）	10~15	5~10	0~5
	13	资本积累率（％）	4~8	2~4	0~2

注：*逆指标，取值从大到小。

B. 绘制雷达图框架图

绘制3个同心圆，直径各占1/3。按表4-4指标数设计，将同心圆13等分（每份约27.69°），从原点出发画出13条射线至大圆（参见图4-1），图中的每一条射线代表1个财务指标。

绘制雷达图框架图的一个关键步骤是设定纵轴（即射线）的临界值（即每根纵轴与各圆交点的数值）。画图显不出啥功夫，确定各纵轴临界值才见真功夫。临界值的确定要考虑三个要素：一是要考虑到其所代表的质的差别，比如财务杠杆倍数是企业负债总额比所有者权益总额，倍数为0.5，代表资产负债率约为33%；倍数为3，意味着资产负债率达到了75%。如果负债超过总资产的75%，这个企业的经营风险是比较大的，所以将财务杠杆倍数的临界值设为3是比较合理的（从安全或"偿债能力强"的角度来看将"优异"的临界值设为0.5也是合理的）；二是要考虑行业的因素，不同的行业资本与资产结构是不同的，并不存在适用于所有行业的评价临界值指标。比如，银行业的负债安全值远远高于其他行业，因为银行就是经营货币的；零售行业的流动比率和速动比率可以比其他行业低很多，原因是它们有其他行业无法比拟的变现能力，并持有大量可随时动用的浮存金；三是要考虑指标间的关系，不能相互矛盾。比如，一般而言，企业的净资产都低于总资产，总资产报酬率指标和净资产收益率指标都是用净利润作分子，所以一般而言同一个企业同时期的总资产报酬率一定低于或等于（无负债的情况下）净资产报酬率，如果相反就不合逻辑了。

临界值通常采用行业平均数或先进平均数，或计划指标，它们都来源于实践经验的科学总结，而不是随意设定的。表4-4"雷达图评价指标选择方案举例"中设定的指标临界值根据经验数据设定，并非随意但未经过充分论证，仅供理解和思考方法用，不作为计算建议。

此外，纵轴量度的设定还有几个技术细节需要注意：

第一，表4-4"雷达图评价指标选择方案举例"中所列举的指标绝大多数都是数值"越大越好"的正指标，只有一个"越小越好"的逆指标"财务杠杆倍数"。对于逆指标，只要设其数值从大到小（从原点出发）就和其他指标一致了。表4-4中没有适度指标，如果有，其量度设定就比较特殊了。比如，现金比率是现金与流动负债的比率，这个比率越高，短期偿债能力越强。但现金是所有资产中收益率最低的资产，保有超过现实需要的现金就意味着降低收益，所以这个指标既不能太大也不能太小。我们假设现金比率的合理水平是10%～15%，5%～10%和15%～20%两个区间也是可以接受的，而如果低于5%或超过20%就很不合理，那么我们设定的临界值就是：10%～15%为优异；（5%～10%；15%～20%）为正常；（＜5%；＞20%）为落后。

第二，临界值的设计只能采取闭区间而不能采取开区间，原因是采取开区间无法确定纵轴刻度。比如利润率一般在0～11%的区间内，但有一家企业利润率是2 000%，这样的极端值几乎无法度量。采取闭区间设计方法，将极端数值设定为最高或最低值即可，不会影响分析的结论。

第三，社会经济现象未必是均匀分布的，这意味着指标数值在优异、正常和落后之中并非等距离分配。我们设定大圆、中圆、小圆的直径是3∶2∶1，这意味着指标数值在相邻两个临界值内均匀分布，而在整个纵轴上并非均匀分布。

C. 根据真实数据制作雷达图

框架图绘制完成后，工作完成了一大半。将特定企业的财务比率指标计算出来后，将其取值绘点于各相应纵轴上，连接各点，一份企业财务状况综合评价雷达图就绘制完成了（参见图4-1）。如果图中不规则的折线图在小圆内，说明企业的财务状况堪忧，与这样的企业打交道需要格外小心；如果图中不规则的折线图在覆盖小圆的中圆内，说明企业的财务状况正常，各项指标均比较理想，与该企业打交道基本不会出问题；如果图中不规则的折线图覆盖小圆和中圆在大圆内，说明企业的财务状况优异，流动性、收益性、安全性、成长性都没有问题，与这样的公司打交道可以说是高枕无忧。同时，通过图形的形状，也可以发现企业的财务软肋，或某个经营环节还存在问题，对企业发现矛盾、解决问题也有很大的帮助。正如作者前面提到的，通过折线图所围成的面积的计算，还可以比较企业之间的财务管理成效。

懒人推动了人类社会科学技术的发展。绘制雷达图是不是有点麻烦？这一点早有人想到了。现在绘制雷达图的工作软件很多，比如微软办公系统

（Office）下的 Excel 和 Word 都提供了解决方案，统计软件 SPSS 也能干这个活，MATLAB（矩阵实验室）① 绘制雷达图也毫不逊色，麻烦的是，我们还必须学会如何操作。

（3）雷达图法举例

笔者是个俗人，所以也懒，于是想给大家介绍一个现成的例子。该例刊登于 2006 年 2 月期《中国管理信息化》杂志，作者是华南理工大学工商管理学院的邵希娟、杜丽萍两位学者，论文的题目是《财务分析中雷达图的阅读与绘制》。看题目你就知道，你不仅可以看到雷达图绘制案例，还可以了解如何用 Excel 绘制雷达图。

两位作者采用的方法与笔者上面介绍的常规方法略有不同：

第一，她们将评价指标分为四类：流动性、收益性、成长性和安全性，所选择的指标与笔者选择的指标也略有不同，参见表 4 - 5。

表 4 - 5　　　　　　案例企业雷达图指标选取及数据计算表

指标归属	指标名称	企业实际值	行业平均值	对比值
流动性	流动比率（%）	2.41	2.13	1.1315
	速动比率（%）	0.73	0.30	2.4333
	应收账款周转率（%）	20.95	7.895	2.6535
	存货周转率（%）	0.55	0.63	0.8730
收益性	销售利润率（%）	0.1145	0.085	1.3470
	资产经营利润率（%）	0.0809	0.0785	1.0305
	净资产收益率（%）	0.1145	0.115	0.9956
成长性	主营业务收入增长率（%）	0.202	0.395	0.5113
	净利润增长率（%）	0.619	0.418	1.4808
	权益资本增长率（%）	0.319	0.391	0.8159
安全性	资产负债率*（%）	0.594	0.5492	0.9246
	经营净现金流量与总负债比率（%）	2.3862	0.445	5.3622
	利息保障倍数（倍）	13.7646	7.6316	1.8036

注：*逆指标，对比值由行业平均值除以企业实际值求得，而其他正指标是企业实际值除以行业平均值。

---

① MATLAB（矩阵实验室）是 MATrix LABoratory 的缩写，是一款由美国 The MathWorks 公司出品的商业数学软件。MATLAB 是一种用于算法开发、数据可视化、数据分析以及数值计算的高级技术计算语言和交互式环境。除了矩阵运算、绘制函数/数据图像等常用功能外，MATLAB 还可以用来创建用户界面及与调用其他语言（包括 C，C++ 和 FORTRAN）编写的程序。

第二，两位作者制作的雷达图仅分大圆和小圆，大圆和小圆直径的比例是3:1，这倒省事多了，小圆的意思是"不好"，覆盖小圆的大圆的意思是"好"。由于采用"两分法"，所以指标数值只设定一个临界值就好了，工作量减少了一半。

第三，由于只分两个圆，小圆直径长度为1，如果不规则矩形在小圆之内，就意味着财务状况"不好"；如果指标值落在大圆中，其取值必须在2和3之间。案例作者是如何做到这一点的呢？她们是通过计算企业实际值和行业平均值的比率的方法得到的（参见表4-5）。对于极端值的处理，她们采用了与笔者相同的思路和处理方法。

从图4-2可以看出，案例企业财务流动性、安全性处于较高水平，但收益性和成长性水平较低，净资产收益率（ROE）、主营业务收入增长率都处于较低水平，说明盈利能力不强。原因是什么呢？我们看到该企业存货周转率较低，说明经营各环节相互脱节，运营效率较低；还有权益资本增长率水平较低，说明企业积累速度过慢，有可能是资金瓶颈制约了企业的发展。

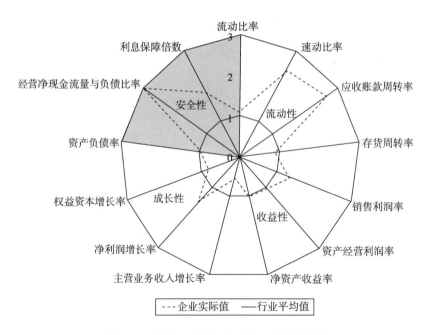

图4-2　案例企业财务状况综合评价雷达图

4.4 Z 分数法

（1）Z 分数法的基本原理

1946～1965 年，美国纽约大学教授爱德华·埃特曼（Edward Altman）选取了 33 家破产的和正常经营的公司，使用了 22 个财务比率来分析公司潜在的失败危机。他利用逐步多元鉴别分析（MDA）逐步萃取 5 个最具预测能力的财务比率，建立起了一个类似回归方程式的鉴别函数——Z 分数模型（Z-Score Model），为了纪念该模型的发明人，人们又把这种模型称为埃特曼模型（Altman Model）。该模型将反映公司营运能力、获利能力、偿债能力和成长能力的指标有机联系起来，用于综合分析和预测公司财务失败或破产的可能性。

Z 分数模型为

$$Z = 1.2R_1 + 1.4R_2 + 3.3R_3 + 0.6R_4 + 1.0R_5$$

其中：Z 为判断财务失败的函数值；R_1 = 净营运资本/资产总额，该比率反映企业资产的流动性和分布状况，比率越高说明资产的流动性越强，财务失败的可能越小；R_2 = 盈余公积与未分配利润之和/资产总额，该比率反映企业的积累水平，比率越高说明企业的积累水平越高，财务失败的可能越小；R_3 = 息税前利润/资产总额，该比率反映企业资产的获利水平，比率越高说明企业的获利能力越强，财务失败的可能越小；R_4 = 资本市价总额/长期负债总额，该比率反映企业总市值为长期负债的倍数，比率越高说明企业的长期偿债能力越强，财务失败的可能越小；R_5 = 销售收入/资产总额，即总资产周转率，反映企业运营效率的高低，比率越高说明企业运营效率越高，财务失败的可能越小。

上述 5 个指标，其中 4 个分母是资产总额（只有 R_4 分母是负债总额），说明埃特曼对资产产出效率的格外重视，符合投入产出分析的一般原理；5 个指标反映的侧面有资产流动性、成长性、盈利性、安全性、效率性，说明埃特曼侧重对企业财务状况的综合评价；R_1、R_2、R_3、R_4、R_5 的权数分别为 1.2、1.4、3.3、0.6、1.0，表明了埃特曼对各指标重视程度的差别；从理论上看，5 个指标间联系不密切（或较少包含关系），说明埃特曼在指标选取上有一定的理论支撑。

在 Z 分数模型中，埃特曼提出了判断企业财务失败的临界值为 2.675。如果企业 Z-Score 值大于等于 2.675，表明企业财务状况良好；反之，当 Z 小于 2.675 时表明企业存在财务风险，Z 值越小发生财务失败的可能性就越大。

当 Z 值小于 1.81 时，则企业存在很大的破产危险，与该企业发生业务往来须格外当心。埃特曼将区间（$1.81 \leqslant Z < 2.675$）称为"灰色地带"，在这个区域的企业财务状况是极不稳定的，虽然可以与其发生信用往来，但需注意防范风险。

不同国家采用这一模型及其临界值预测企业财务失败的准确性会有所差别，但实践证明，该模型在西方预测公司破产的准确率可以达到 70% ~ 90%，公司破产一般发生在第一次 Z 值出现负数的 3 年里，而且破产企业的 Z - Score 值总是在 2.675 这一临界值以下。

（2）Z 分数法应用举例

DH 公司的资产负债表及损益表中与"Z 分数法"有关的内容如下：

表 4 - 6　　　　　　　　　　　DH 公司资产负债简表

2014 年 12 月 31 日　　　　　　　　　　　单位：千元

资　　产	期初期末平均值※	负债和所有者权益	期初期末平均值※
货币资金	1 600	应付账款	800
应收账款	2 000	其他应付款	900
存货	1 400	流动负债合计	1 700
流动资产合计	5 000	长期负债	4 000
固定资产	6 000	负债合计	5 700
		股本（每股面值 1 元）	4 000
		盈余公积与未分配利润	1 300
		所有者权益合计	5 300
资产总计	11 000	负债与所有者权益总计	11 000

注：※资产负债表中数据均为时点数据，计算比率指标时要求出平均数而后计算。

补充数据：在资产负债表日（即 2014 年 12 月 31 日），企业发行在外的股票 4 000 000 股，当日股票市价为每股 6 元。

表 4 - 7　　　　　　　　　　　DH 公司利润简表

2014 年　　　　　　　　　　　（单位：千元）

财务指标	指标数值
销售收入	2 000
息税前利润	300

则有关计算如下：

$$R_1 = 营运资本 / 总资产 = (5\,000 - 1\,700)/11\,000 = 0.30$$

$R_2 = 盈余公积 / 总资产 = 1\ 300/11\ 000 = 0.1182$

$R_3 = 息税前利润 / 总资产 = 300/11\ 000 = 0.0273$

$R_4 = 股本市价 / 长期借款 = (4\ 000 \times 6)/4\ 000 = 6.00$

$R_5 = 销售收入 / 总资产 = 2\ 000/11\ 000 = 0.1818$

$$Z = 1.2R_1 + 1.4R_2 + 3.3R_3 + 0.6R_4 + 1.0R_5$$
$$= 1.2 \times 0.30 + 1.4 \times 0.1182 + 3.3 \times 0.0273 + 0.6 \times 6.00 + 1.0 \times 0.1818$$
$$= 4.3974$$

从上述计算结果可以看出，DH 公司的 Z 分数远远高于 2.675 分，说明与企业进行正常的经济活动较为安全，短时间内公司不会面临破产问题。

Z 分数模型中 5 个指标有 4 个指标均用总资产作为分母，也可能会产生所谓的"系统性偏差"，因为，总资产的价值较多地取决于企业的会计政策。因此，在企业间横向比较时应尽量剔除各企业会计政策差异的影响。此外，经济生活中的企业破产往往与某一特定地区的宏观经济环境有关，而 Z 分数法则较少考虑或没有体现反映宏观经济环境的变量如利息率、失业率等。由此可以想象，包括体现宏观经济环境的变量模型将能提高 Z 分数法的预测适应性。

05　企业未来现金流预测

　　导读：正如本章第一节的标题：未来现金流预测——财务分析第一难。这个"第一难"并非财务分析所独有，所有涉及对未来的预测都难，这都是未来的"不确定性"闹的。但人类的使命就是探索未来，只有预知未来，我们才知道应该采取什么策略。本章所介绍的企业未来现金流预测方法可能并不完善，但却是迄今为止人们可以找到的最好的方法。

5.1　未来现金流预测——财务分析第一难

　　企业未来现金流预测，被称为"财务分析第一难"。为什么这样难？源于企业未来经营业绩的不确定性。从理论上讲，现金流预测就是对企业未来的"投入产出分析"，难就难在未来投入与产出及其影响因素的"不确定性"。从投入的角度看，原材料的价格、资本品的价格、劳动力的价格、技术的价格、信息的价格、资金的价格都处于不断的变化之中；从产出的角度看，受社会需求和技术进步的影响，产出品的数量、质量、价格、花色、品种、规格甚至消费习惯也都会发生变化。所有这些变化影响因素之多，影响层次之多，影响方式之多，使人们"准确"预测企业未来现金流成了一个几乎"不可能完成的任务"。所以，在定量预测领域，"准确"是一种偶然现象，"不准确"才是必然的。

　　既然如此，人们为什么还要强迫自己去做预测呢？预测科学为什么还会生生不息呢？答案很简单——社会需要。以企业未来现金流预测为例，至少在以下四种情况下非预测不可：

　　第一种情况：项目可行性研究。

　　项目可行性研究是科学决策必需的环节，无论是企业上马重大项目，还是政府规划的重大项目，都必须经过可行性论证。不论是哪种项目的可行性研究报告，都无一例外地要包括经济可行性、技术可行性、社会效益、环境评估等环节的评估和论证，其中的经济可行性就是要进行投入产出分析或曰经济效益评价——尤其是企业上马的项目，如果没有经济效益或是经济效益不显著，这个项目就失去了上马的必要。

　　投资项目经济可行性分析的内容大体上包括：（1）项目市场需求和销售

情况（包括需求量、需求品种等的预测）；（2）项目建设条件（包括资金、原料、场地等条件）；（3）项目技术工艺要求（包括设备供应、生产组织、环境等情况）；（4）项目投资数额估算（包括设备、厂房、运营资金、需求量等投资数额）；　（5）项目资金来源渠道和筹借资金成本的比较分析；（6）项目生产成本的计算（包括原材料、工资、动力燃料、管理费用、销售费用各项租金等）；（7）项目销售收入的预测（包括销售数量和销售价格）；（8）项目实现利税总额的计算；（9）项目投资回收期的估算和项目生命周期的确定；（10）项目折旧及上缴税金的估算；（11）项目经济效益的总评价。其核心就是项目周期现金流的预测。

项目可行还是不可行，也有一些定量的财务判别标准，如净现值（Net Present Value，NPV）准则、内部收益率准则（Internal Rate of Return，IRR）、获利指数（Profitability Index，又称现值指数）准则，遗憾的是，无论哪一种准则都离不开未来现金流预测的结果。

第二种情况：撰写商业计划书。

你要创业吗？你想吸收天使投资或创业投资吗？如果回答是肯定的，那你必须要撰写一份不可或缺的文件——商业计划书。商业计划书是新创企业融资、寻求合作、指导运营的必备工具，是全面展示企业和项目状况、未来发展潜力、执行策略的书面材料，要求体现项目的竞争能力、市场机会、成长性、发展前景、盈利水平、抗风险能力、回报等。商业计划书是企业融资成功的重要因素之一，也是企业的行动纲领和执行方案，可以使企业有计划地开展商业活动，增加创业成功的概率。

一般来说，商业计划书按这样的顺序展开：（1）描绘市场机会；（2）产品及潜在客户；（3）商业模式；（4）财务规划；（5）公司估值；（6）管理及技术团队。这些方面无疑都是重要的，但投资者最关注的还是财务规划部分——因为投资的目的无非是为了赚钱。

财务规划和企业的生产计划、人力资源计划、营销计划等都是密不可分的。要完成财务规划，必须要明确下列问题：（1）产品在每一个期间的发出量有多大？（2）什么时候开始产品线扩张？（3）每件产品的生产费用是多少？（4）每件产品的定价是多少？（5）使用什么分销渠道，所预期的成本和利润是多少？（6）需要雇用哪几种类型的人？（7）雇用何时开始，工资预算是多少？等等。说到底，仍然是未来现金流预测的问题。一方面，你需要合乎逻辑地作出预测，另一方面，你需要合乎逻辑地说明你预测的结果是可以实现的。

第三种情况：债权投资。

财务投资有债权投资和股权投资两种类型。债权投资就是在一定期限内把钱借给别人，按约定收取利息，到期收回本金。股权投资就是投资入股，分享投资收益。债权投资的收益方式有固定利率和浮动利率两种方式（在我国大多采取固定利率），投资风险相对较小，一般无蚀本的风险，收益相对固定（不考虑通货膨胀），收益率相对较低。而股权投资的收益水平不稳定，有蚀本的风险，但潜在收益水平较高。比如商业银行，只做债权投资，不做股权投资，所以银行放贷的风险并不是最高的。虽然债权投资的风险低于股权投资，也并不意味着没有风险。所以银行也要预先对借款人进行资信评估。

银行对客户做信用风险评估时通常采用"5C 分析法"。"5C"是指借款人的道德品质（Character）、还款能力（Capacity）、资本实力（Capital）、担保（Collateral）和经营环境条件（Condition）五个方面，由于这五个方面的英文单词开头第一个字母都是 C，故称"5C 分析法"。银行掌握客户以上五个方面的品质状况后，基本上可以对客户的信用品质进行综合评估了。对综合评价高的客户可以适当放宽标准，而对综合评价低的客户就要严格信用标准，甚至可以拒绝提供信用以确保经营安全。

"5C"中无疑每个"C"都至关重要，但最重要的还是还款能力（Capacity）。为什么呢？因为如果企业失去了"造血"功能，有再多的积累也会坐吃山空，所以持续盈利是最重要的条件。什么叫持续盈利呢？就是要有相对稳定的正向现金流。所以对于债权人而言，他们也必须关注企业的未来现金流预测的结果。

第四种情况：股权投资。

股权投资是指持有某一家公司的股权，与其他股东一起风险共担，收益共享。股权投资的方式有两种：持有某一家公司的股票（比如对上市公司的投资）和持有某一家公司的股权（不一定采取持有股票的方式）。比如，机构和个人投资者对某一家企业的投资、收购某一家公司的大部分股权、兼并一家企业，都属于股权投资。股权投资依投资所占目标公司股权比例划分意义重大。如所占比例较小（如低于 10%），一般称投资或股权投资，投资超过目标企业股本的 50%，称为绝对控股；虽然低于 50%，但是第一大股东，称为相对控股。与我国资本市场上上市公司股权高度集中的状况不同，西方成熟资本市场上上市公司的股权高度分散，因此它们被称为"公众公司"，在这类企业，由于股权高度分散，持股 10% 甚至更少就有可能成为控股股东了。比如，2014 年年底，巴菲特旗下的伯克希尔哈撒韦公司持有可口可乐公司股票 9%，却是该公司的控股股东，因为它就是第一大股东。

股权投资——特别是股票投资有一个十分有趣的现象：投资价格的参照

系是该只股票的市盈率，但同实业投资相比较，按市盈率买股票是十足的傻瓜。

市盈率（P/E Ratio，P 代表 Price per Share，E 代表 Earnings per Share）是一个财务分析指标，通常指在一个考察期（通常为 12 个月的时间）内，股票的价格和每股收益的比率。投资者通常利用该比例值估量某股票的投资价值，或者用该指标在不同公司的股票之间进行比较。一般认为，如果一家公司股票的市盈率过高，那么该股票的价格具有泡沫，价值被高估。

市盈率为什么可以用来衡量股票的投资价值呢？其实这种分析思路有两个基本假定：假定 1 是每股盈余全部分配给股东；假定 2 是此后各年每股盈余相同。比如每股盈余是 1 元钱，股票的市场价格是每股 10 元钱，市盈率为 10 倍，就意味着按前述假设投资者 10 年可收回投资成本。在资本市场上，一般认为市盈率低于 13 倍，股票价值被低估；市盈率在 14 ~ 20 倍，股票价格处于正常水平；市盈率在 21 ~ 28 倍，股票价值被高估；如果市盈率高于 28 倍，说明股市出现了投机性泡沫。在现实经济生活中，成熟资本市场股票的市盈率一般在 15 ~ 20 倍，新兴资本市场的市盈率一般在 25 ~ 30 倍。2007 年我国股指高峰期，股票平均市盈率曾高达 60 倍，个别股票的市盈率竟达到 1 000 倍。截至 2015 年 3 月 5 日，我国深圳创业板平均市盈率高达 80 倍，中小板平均市盈率为 50 倍，而深圳主板和上海主板的平均市盈率分别为 27 倍和 16 倍。因为我国股市充斥着市盈率低于 16 倍的廉价股，所以许多专家还认为中国股市股价超级便宜。但是，实业投资的投资回收期一般为 3 ~ 10 年，你投资股票 16 年才收回原始投资，怎么叫划算呢？从这个角度看，投资股票的人是不是犯傻呢？

其实，上述对市盈率与股价关系的分析停留在历史数据上，所以称为静态市盈率。投资者之所以愿意投资某只股票，关键是看好股票发行公司未来市场价值的增长。美国著名的基金经理人彼得·林奇（Peter Lynch）说得好：公司市场价值能增长，有三个要素，第一个是盈余增长，第二个是盈余增长，第三个还是盈余增长。当经理人能创造盈余增长的事实时，就不怕得不到别人的认同。也就是说，投资者投资某只股票，是预期该只股票价格会上升，而价格上涨的唯一原因是该公司的盈利能力大大超过其竞争对手，盈利能力出类拔萃的表现就是源源不断的正向现金流量，这就是股权投资需要未来现金流量预测的原因。

众所周知，巴菲特所坚守的投资原则是价值投资，价值投资的核心是找到股票的内在价值，巴菲特所推崇的内在价值估计模型是自由现金流贴现模型（Discounted Free Cash Flow Model，DFCF），而 DFCF 估值的基础就是企业未来现金流。

世界上的事情有些就是这样不尽如人意，你厌恶它、鄙视它，甚至想生吞活剥了它，但你最后还不得不依赖它——就像讨厌的未来现金流预测。

5.2　未来现金流预测的方法

（1）项目现金流量预测

项目现金流量预测是针对单一项目产出的现金流量预测，方法比较简单，在财务学中多有阐述。

项目现金流量预测的思路是将项目存续期（从项目建造到项目报废的完整周期，通常以年为单位）分为初始期（建造期，1 年或 1 年以上的短周期）、经营期（项目正常经营的周期，通常数十年或更长）和终结期（项目报废的周期，通常为确定的年份）。按项目实际的投入与产出预算，计算初始现金流量、经营现金流量和终结现金流量。预测各年的现金流量数据是项目决策的主要依据。

A. 初始现金流量

初始现金流量主要由期初资产的投入，处理旧资产的所得收入，以及与处理资产相关的税负等组成。具体包括：固定资产投资支出；垫支的营运资本；其他费用（如职工培训费、谈判费、注册费用等）；原有固定资产的变价收入；相关税赋等。其中"相关税赋"是指如果旧设备变现价值超出旧设备的折余价值，应按相应的所得税税率向国家交纳所得税。

在计算初始现金流量时，只有极少数项目是现金流入（如原有固定资产的变价收入），其他项目均为现金支出，所以初始现金流量通常为负值。另外，如果是新建项目而非更新改造项目，初始期几乎没有任何的现金流入。

B. 经营现金流量

经营现金流量是指项目建成投产后正常的现金流量。经营现金流量的计算有三个原则：第一个是实际现金流原则，它的意思是计算现金流要按收付实现制而不是权责发生制，计算的是企业实际可以支配的现金而不是具有理论色彩的会计利润，比如折旧是不计入利润的，但折旧确实是企业可以支配的现金，所以应计入企业的现金流：

$$经营现金流量 = 息税前盈余（EBIT）+ 折旧 - 所得税$$

在我国财务报表体系下：

$$经营现金流量 = 收现销售收入 - 经营成本费用 + 折旧 + 利息支出 - 所得税$$

第二个原则是"增量"原则，它的意思是说这里所计算的经营现金流量，一定是因该项目上马所导致的现金流增量，而不要把与此项目无关的现金流增量计算进来；第三个叫税后原则，它的意思是说要在现金流中扣除向国家缴纳的所得税。为什么呢？因为所得税交给国家了，并不能由企业自主支配，可见，现金流体现的是企业自身的利益关系。

经营现金流量是我们判断项目是否可行的主要依据，只有经营现金流的现值大于初始现金流的现值，也就是说产出高于投入，投资项目才是可行的。正常情况下，经营现金流是一个比较稳定的正值，这意味着企业投资该项目可以获得稳定的现金收入。

C. 终结现金流量

终结现金流量是项目结束或报废年份的现金流量，它通常由两部分组成：一部分是正常经营的现金流量；一部分是非经营现金流量，期末的资产处理、出售，以及相关的税收等都可能导致期末净现金流量。

按此种方法计算的现金流量预测表，通常按年编制，服务于投资项目可行性评价。

（2）企业现金流量预测

项目现金流量预测是针对企业单一项目，相对比较简单，企业现金流量预测就比较复杂了，涉及企业全方位的经营活动，且企业的类型众多，预测程序相对烦琐。

企业现金流量预测虽然比较复杂，但思路却比较简单，最基础的环节就是编制预计的财务报表——预计资产负债表、预计利润表和预计现金流量表。预计财务报表中的数据从哪里来呢？来自企业未来的经营和投资计划。比如，企业未来5年的固定资产、流动资产、技术、产品研发投资计划、产品生产、销售、广告推广、售后服务计划等均已拟定，预计的财务报表就可以编制完成了。有了预计的财务报表，就可以预计未来各年的现金流量了。表5-1就是某小型空气净化设备制造企业未来5年的现金流量预测表。

表5-1　　某小型空气净化设备制造企业未来5年现金流量预测表　单位：万元

序	财务指标	2016年	2017年	2018年	2019年	2020年
1	年销售量（万台）	6.00	10.00	20.00	20.00	20.00
2	一、现金流入					
3	自有资金	29.00				
4	银行贷款	1 000.00		1 000.00		1 000.00

续表

序	财务指标	2016 年	2017 年	2018 年	2019 年	2020 年
5	股权融资	1 000.00	1 000.00			
6	销售收入	3 600.00	7 300.00	14 550.00	18 750.00	22 000.00
7	连锁加盟收入		60.00	98.00	128.00	144.00
8	增值服务收入	107.48	420.60	1 312.85	1 915.10	2 413.35
9	广告收入	125.00	200.00	600.00	800.00	900.00
10	移动硬盘销售收入	100.00	300.00	1 000.00	1 300.00	1 500.00
11	现金流入合计	5 961.48	9 280.60	18 560.85	22 893.10	27 957.35
12	二、现金流出					
13	生产材料	3 819.72	6 066.30	10 687.00	10 687.00	10 687.00
14	管理费用	360.00	400.00	500.00	500.00	500.00
15	销售费用	420.00	450.00	600.00	600.00	600.00
16	财务费用	54.00	54.00	54.00	54.00	54.00
17	税金支出	1 043.31	1 701.64	3 788.31	4 168.21	4 450.81
	偿还银行贷款		1 000.00		1 000.00	
18	现金流出合计	5 697.03	9 671.94	15 629.31	17 009.21	16 291.81
19	三、现金净流量	264.45	−391.34	2 931.54	5 883.89	11 665.54
20	四、累计现金净流量	264.45	−126.89	2 804.65	8 688.54	20 354.08

（3）企业现金流预测的改进方法

传统的财务预测方法简单直观，但其对环境的变化及其影响重视不够。传统财务预测虽然在理论上也包含反馈机制，但对究竟如何及时地将实际与预测的差异反映到财务预测模型中研究不够，对战略决策的动态性反映不足。由于企业资本决策金额巨大，且具有投入的不可撤销性，因而对资本投资决策必须谨慎，但传统财务预测并没有反映这种决策对财务预测的需要。近年来，有学者针对传统现金流预测方法的缺陷提出了各种改进模型。

2007 年，蔡岩松、方淑芬两位学者在《哈尔滨理工大学学报》（2007（3））发表《企业经营活动现金流量预测的灰色拓扑模型》一文，文章针对企业经营活动现金流量小样本、波动大、影响因素多、难以满足现有预测方法对样本的规模及分布要求的特点，首次提出采用灰色拓扑预测方法建立经营活动现金流量的灰色拓扑预测模型。该模型克服了传统预测方法对样本数据的限制，实证检验表明该方法能够较好地对经营活动现金流量中期发展趋势进行描述。

2006 年宋新波、张霖两位学者发表题为《基于 ANN 理论的企业现金流预测模型构建》（ANN 即神经网络——Artificial Neural Network 的英文缩写——作者注）的文章，发表于《商业时代》2006 年第 25 期，文章分析了预测现金流对于企业运营的重要性，并在剖析现金流量预测的传统方法缺陷的基础上，提出了基于神经网络理论的现金流预测模型。

模拟人类实际神经网络的数学方法问世以来，人们已慢慢习惯了把这种人工神经网络直接称为神经网络。神经网络在系统辨识、模式识别、智能控制等领域有着广泛而吸引人的前景，特别在智能控制中，人们对神经网络的自学习功能尤其感兴趣，并且把神经网络这一重要特点看作解决自动控制中控制器适应能力这个难题的关键钥匙之一。宋新波、张霖两位学者的研究成果不仅有预测效果颇佳的实例佐证，还介绍了预测的计算机流程，有较高的参考价值。

2011 年，苏瑾、周健勇两位学者在《科技与管理》（2011 年 3 期）发表《灰色神经网络在预测企业经营活动现金流中的应用》一文，提出利用灰色Verhulst 模型与 BP 神经网络相结合的方法来预测企业经营活动净现金流量的构想。实例证明，灰色神经网络模型预测值的平均相对误差率均小于单独使用以上两种方法，模型精度准确性较高，有一定的应用价值。

2011 年林葱在《华东经济管理》2011 年 8 月号（第 25 卷第 8 期）上发表题为《基于系统动力学的企业现金流预测研究》的研究论文，系统地介绍了企业现金流预测中系统动力学的应用。

该文以企业现金流量的变动作为系统设计的出发点，综合考虑经营、筹资、投资、分配活动等行为要素，选取经营现金净流量、投资现金净流量、筹资现金净流量、现金和留存利润等 5 个水平变量，9 个流速变量及 13 个辅助变量。为了验证模型建立的有效性，该文还以上海证券交易所某上市公司为例，运用该测模型进行实证分析，将该公司 2009 年现金流量表实际值与该模型的第一年预测值相比较，总体上预测值与实际值方差较小，说明该模型的预测是有效的。

5.3　未来现金流预测的难点及对策

企业未来现金流预测应用于两种场合：一种是新建项目或企业（或业务转型企业）；二是持续经营的企业。在后一种情形下，由于有历史数据作参照，预测结果的可靠性相对较高。但不论哪一种场合，由于未来的不确定性因素多而复杂，要准确预测企业未来的现金流量都是很困难的。但正如在本章第一节的分析结论，尽管困难重重，人类还必须要孜孜不倦地探索，那种否定定量预测的结论不仅是消极的，也是有害的。

未来现金流预测的难点在哪里？其实不在于客观对象的空前复杂性，而在于人类认识能力和预测方法的局限性。无论是自然科学还是社会科学，科学的发展正在解决一个个困扰人们已久的谜团，随着人类认识能力的提高和科技手段的日新月异，许多自然和社会之谜总会真相大白。比如，如日中天的大数据分析理论，就是人类提升认识能力的新型重磅武器之一。

笔者不揣冒昧，将未来现金流预测的难点归纳为如下三个方面：

第一，人类对客观对象认识能力的局限。笔者是一个坚定的唯物论者，我认为世间的万事万物没有不可以理解、不可以认识的，有许多现象人们之所以还不能理解、不能认识，完全是认识能力的局限。推而广之，未来也是可以预计、可以预测的，而且这种预计或预测的准确性也会不断提高。比如气候气象、天体运行的预测预报水平都已经有了质的提高，这是因为人们掌握了天气和天体的运行规律。

一个事物的发生、发展和变化，都是有规律可循的，有的是一因一果，有的是一因多果，有的是多因一果，有的是多因多果，没有原因的结果是不存在的。所以预测的基本原理就是因果论，找到了影响一个事物发生、发展和变化的主要因素，预测的结论就会大体符合客观实际。以现金流预测为例，其最主要的影响因素有三个：销售量、单价和单位成本。如果这三个变量的预测大体准确，定量预测的结论也八九不离十。有许多人舍本求末，将次要影响因素当成主要影响因素，或遗漏主要影响因素，这样的预测结论不可能准确。

此外，主要影响因素自身的变化也是结果，它也受诸多影响因素的影响，所以对它们的分析也是找到主要影响因素及其影响的方式。以销售量为例，与客户需求有关，与人口基数有关，与同行业竞争对手有关，与企业的营销水平有关，更与产品的适销性有关，把握了这些主要的影响因素，就可以得到相对准确的销售量预测数据。

第二，预测方法的局限。预测方法归纳起来不下几十种，既有定量的方法，也有定性的方法；既有简单的方法，也有复杂的方法；具有阳春白雪的方法，也有下里巴人的方法。每一种方法都有自己适用的场合和对象，不能说哪一种方法科学，哪一种方法不科学，关键是找到"此情""此景"最适合的方法。

此外，每一种方法都有其限定的使用条件，不满足这些条件，科学的方法也变得不科学了。比如，有一种定性兼具定量特征的德尔菲方法（专家意见法的一种），预测效果较好。使用德尔菲方法的充分必要条件有两个：一个是所选专家一定是真正的专家或行家；另一个是专家的数量要达到 50 人以上，人数太少偏差就会增大。打分程序和预测方案设计也重要，但比较起来，上述两个条件更重要。再以数学模型法为例（回归模型、自回归模型、趋势模型等），要点也有两个：一是样本数量不能过小，否则没有代表性；二是对主要影响因素的"突变点"的识别，主要影响因素发生了质的变化，原有序列的形式就会发生突变，再用原有的模式得出预测结论，就会"谬之千里"。

第三，规划、计划、预算的约束。预测这件事一般是普通技术人员操作的，在操作时难免受到企业战略规划、业务发展规划、年度计划甚至财务预算的干扰，预测者昧着良心硬把预测结果向规划、计划或预算的数据靠拢，把预测变成了一种数字游戏。而科学的程序是把规划、计划和预算建立在科学预测的基础之上。

那么，如何才能切实提高企业现金流预测的准确性呢？笔者认为也有三大关键点：

其一，定性研究与定量研究相结合，找准影响预测结果的主要影响因素。

企业未来现金流预测是一种定量预测，是要用数据来说话的。但是，定量分析的前提和基础是定性分析。如前所述，找准影响未来现金流变化的主要因素是关键。定量预测的关键环节是研究未来现金流产生的基础经营要素的稳定性和成长性。举个例子来说，某一家制药企业有一项治疗晚期胃癌的专利技术，专利保护期 10 年，该公司采取"撇脂"定价策略，每盒定价（一个疗程用量，产生明显治愈效果需 3 个疗程）为 9 880 元（单位成本为 2 416 元），该企业有效市场人口 2.5 亿人，胃癌发病率为 8.2%。过去 10 年，胃癌发病率以 0.31% 的速度递增；最近 3 年单位成本每年下降 2.6%，单位售价不变，市场占有率保持在 80% 左右。根据上述数据，就可以预测该公司未来 10 年的销售量、销售额和毛利数据，且误差不会很大。

其二，预测程序要得当，预测方法要科学。

如前所述，要使预测结果准确，预测程序、预测方法也至关重要。以销售量预测为例，除对影响销售量的各种要素进行缜密的定量研究外，还要考虑偶然因素对销售量变动的影响。重点考量的因素：样本数据量的选取，样本数据过少影响预测效果；考虑极端数据的影响，剔除或平滑数据；选择适用的模型；考虑重要影响因素的突变，必要时转换模型；适当考虑概率分布，尽可能采用平均预期数据；综合多种预测结果，平滑预测结果；预测的年数不要太长，越长越不准确，以 5～10 年为宜；滚动预测。

其三，优化决策程序，预测先行。

　　预测是主观见之于客观，以事实为基础，以科学为准绳，不能屈服于长官意志，受名目繁多的规划、计划、预算约束；反过来，规划、计划、预算应以科学的预测结果为依据，将决策建立在科学预测的基础之上。各级领导要改变作风，尊重科学，尊重规律，民主决策，而不是"假、大、空"，拍脑袋盲目决策，建立健全科学决策的制度基础。

　　除此之外，决策者还要将真实数据与预测数据进行比较分析，找出差异，评估预测结果与实际情况的匹配性，考核现金流预测工作的合理性以及现金流调配工作的有效性。更为重要的是要研究差异形成的原因，找出预测工作中的缺陷所在，总结经验并思考解决方案。企业只有持续地运用环境变化的跟踪机制，把握企业内外部经营环境的变化，并搜集和解读相关数据，在动态环境中不断完善现金流预测工作，进一步提高预测现金流的准确性与可靠性，才能为后期的现金流预测和配置提供科学合理的依据。

06　资产评估与企业价值评估

　　导读：你仔细想过没有，做投资最关键的是什么？四个字：预测、估值。如果你能正确判断投资品的真实价值，就可以知道它的价格是贵还是贱；如果你能预测投资品价格的走势，你就知道该买还是该卖。遗憾的是，预测和估值恰恰最难，这就是投资不易的原因之所在。本章所介绍的估值技术，说不定会令你"脑洞"大开。

6.1　财务估值技术

　　什么是估值技术？为什么要估值？我们从一个例子说起。假如现时市场利率10%，你有一个朋友同你商量，要你从今年起，每年借给他5 000元，共借10年；从第11年起，每年他还给你10 000元，共还10年。从经济角度考虑，你是否应把钱借给他？表面上看，你共借给他50 000元，他却还给你100 000元，你是合算的。但是情况没有这样简单，上述结论忽略了一个重要问题：付出金钱和获得金钱的时间不同。至少有两个因素值得关注：一个是金钱是生息资本，投资时间越长，账面回报越多；另一个是通货膨胀，通货膨胀率越高，货币贬值的速度越快，10年前的10 000元和今天的10 000元绝不是等值的，也就是说购买能力是下降的，至于下降的幅度与通货膨胀率高低有关。那么如何衡量未来资金的盈亏？可行的办法就是计算未来货币的现值（折合到现在值多少钱），未来值折现的方法在财务上就称为估值技术（在财务学中称"货币的时间价值"）。比如在前例中，你借给朋友的50 000元钱，折成现值是30 722.84元，10年后你共得到100 000元，折成现值只有23 689.97元，所以从经济核算的角度看，达成这笔交易你是不合算的。

　　财务估值技术是一种比较成熟的技术，但有一点需要注意。计算生息资本的利息有两种模式：即单利模式和复利模式。前者不计算利息的利息，后者计算利息的利息——即所谓的"利滚利"。在资金额较小、投资期较短的情况下，两种模式所得到利息额差距不大，可以忽略不计；但当资金额较大、投资期限较长时，两种模式下所得到利息额就相差很大了——单利利息额较小而复利利息额较大。在我国，银行存款利息通常按单利计算，虽然对单个储户而言损失似乎不大，但对全体储户而言却是一笔巨大的财富。下面我们要介绍的估值技术以复利模式为前提。

为了叙述上的方便，我们先与读者约定一下公式中代表符号的含义（如果每个公式都说明符号的含义，你不嫌烦我都嫌烦）：P 代表现值（未来现金流现在的价值）；F_t 代表终值（将来值或未来值）；r 代表利率（或折现率）；C 代表发生在一定周期内的等额现金流；t 代表计算利息的周期数。这些字母通常是对应英文的首个字母，如果你英文好，记住它们没有问题。

（1）一次性收付款项的终值

终值是指一定量的本金按复利计算若干期后的本利和。

$$F_t = P(1+r)^t$$

式中 $(1+r)^t$ 称为"一次性收付款项终值系数"，记作 $(F/P, r, t)$，可以直接查阅"一元复利终值表"，也可以用函数型计算器直接计算。

例6-1　某人有一笔银行定期存款 10 000 元，存期 5 年，年利率为 5%。试计算到期存款本利和。

解：

$$F_t = P(1+r)^t = 10\,000 \times (1+5\%)^5 = 12\,763(元)$$

（2）一次性收付款项的现值

现值是终值的逆运算，它是指今后某一规定时间收到或付出的一笔款项，按折现率计算的现在价值。

$$P = F_t(1+r)^{-t}$$

式中 $(1+r)^{-t}$ 称为"一次性收付款项现值系数"，记作 $(P/F, r, t)$，可以直接查阅"一元复利现值表"，也可以用函数型计算器直接计算。就复利公式 $P = F_t(1+r)^{-t}$ 而言，只要已知 4 个变量中的 3 个，就可以求出另一个未知变量。如：$F_t = P(1+r)^t$；$t = (\log F_t - \log P)/\log(1+r)$；$r = (F_t/P)^{1/t} - 1$。

例6-2　你向朋友开的一家公司投资了一笔钱，朋友答应你 10 年后给你 100 万元，假设市场年利率为 8%，这笔钱折成现值是多少钱？再假设你投资的金额是 20 万元，年平均投资收益率是多少？

解：

$$P = F_t(1+r)^{-t} = 100/(1+8\%)^{10} \approx 46.32(万元)$$
$$R = (F_t/P)^{1/t} - 1 = (100/20)^{1/10} - 1 \approx 17.46\%$$

（3）普通年金的终值

年金是指在一定时期内每隔相同的时间（如 1 年）发生相同数额的系列收付款项，如折旧、租金、利息、保险金等通常都采用年金的形式计提或收付。年金按收付款的方式有多种，如普通年金、预付年金、递延年金、永续年金等，先介绍普通年金的计算方法。

普通年金又称后付年金，是指一定时期内每期期末等额的系列收付款项。年金终值类似零存整取的本利和，是一定时期内每期期末收付款项的复利终值之和。

$$F_t = C[(1+r)^t - 1]/r$$

式中 $[(1+r)^t - 1]/r$ 称为"年金终值系数"，记作 $(FV/C, r, t)$，可以直接查阅"一元年金终值表"，也可以用函数型计算器直接计算。

例6-3 某家庭为孩子将来上大学，在今后12年内每年年末存款2 000元，年利率为6%，孩子上大学时存款本利和是多少？

解：

$$F_t = C[(1+r)^t - 1]/r = 2\,000 \times [(1+6\%)^{12} - 1]/6\% \approx 33\,740(元)$$

（4）年偿债基金的年金

偿债基金是指为了在约定的未来某一时点，清偿某笔债务或积聚一定数额的资金而必须分次等额提取的存款准备金。由于每次提取的等额准备金类似年金存款，因而同样可以获得按复利计算的利息，所以债务实际上等于年金终值，每年提取的偿债基金等于分次存款额 C，因此，偿债基金的计算实际上是年金终值的逆运算。年金的计算公式：

$$C = F_t \cdot r/[(1+r)^t - 1]$$

式中 $r/[(1+r)^t - 1]$ 称为"偿债基金系数"，记作 $(C/F, r, t)$，可查阅"偿债基金系数表"，也可以用函数型计算器直接计算。

例6-4 某企业有一笔4年后到期的借款，数额为1 000万元，为此设立偿债基金，年利率为10%，以备到期一次还清借款，每年年末应存入银行的金额是多少？

解：

$$C = F_t \cdot r/[(1+r)^t - 1]$$
$$= 1\,000 \times 10\% \div [(1+10\%)^4 - 1] \approx 215.47(万元)$$

（5）普通年金的现值

年金现值是指一定时期内每期期末收付款项的复利现值之和。

$$P = C[1 - (1+r)^{-t}]/r$$

式中 $[1 - (1+r)^{-t}]/r$ 称为"年金现值系数"，记作 $(P/C, r, t)$，可以直接查阅"一元年金现值系数表"，也可以用函数型计算器直接计算。

例6-5 大连某企业将180亩的厂房用地租赁给大连造船厂使用，每年年末造船厂向该企业支付648万元租金，设贴现率为6%，合同期限为10年，问租赁费总额折成现值是多少?

解:

$$P = C[1 - (1 + r)^{-t}]/r = 648 \times [1 - (1 + 6\%)^{-10}]/6\% \approx 4\,769.34(万元)$$

(6) 年资本回收额

资本回收是指在给定的年限内等额回收或清偿初始投入的资本或债务,其中未回收部分要按复例计算。年资本回收额是年金现值的逆运算。

$$C = P \cdot r/[1 - (1 + r)^{-t}]$$

式中 $r/[1 - (1 + r)^{-t}]$ 称为"资本回收系数",记作 $(C/P, r, t)$,可以直接查阅"资本回收系数表",也可以用函数型计算器直接计算。

例 6 - 6　某企业从银行借得 1 000 万元贷款,双方商定在 10 年内以年利率 12% 均匀偿还,问每年应偿还的金额是多少?

解:

$$C = P \cdot r/[1 - (1 + r)^{-t}] = 1\,000 \times 12\%/[1 - (1 + 12\%)^{-10}] \approx 176.98(万元)$$

以上介绍了 6 种估值方法,概括起来有 6 种系数。

A. 终值系数: $(1 + r)^{t}$

B. 现值系数: $(1 + r)^{-t}$

C. 年金终值系数: $[(1 + r)^{t} - 1]/r$

D. 偿债基金系数: $r/[(1 + r)^{t} - 1]$

E. 年金现值系数: $[1 - (1 + r)^{-t}]/r$

F. 资本回收系数: $r/[1 - (1 + r)^{-t}]$

你注意到了这 6 个系数的相互关系了吗? A 和 B 互为倒数, C 和 D 互为倒数, E 和 F 互为倒数。掌握了这个规律便于记忆。另外,上述 6 种估值方法也是最基本的估值方法,下面介绍的估值方法不过是前 6 种估值方法的推广。

(7) 先付年金的终值与现值

先付年金又称当期年金,是指每期期初有等额收付款项的年金,而普通年金是指每期期末有等额收付款项的年金。就终值计算来看,先付年金比普通年金多计算一期利息;而就现值计算来看,先付年金又恰好比普通年金少贴现一期利息。因此两者有如下关系:

$$F_{先付} = F_{普通} \cdot (1 + r) = \{C[(1 + r)^{t} - 1]/r\}(1 + r)$$

$$P_{先付} = P_{普通} \cdot (1 + r) = \{C[1 - (1 + r)^{-t}]/r\}(1 + r)$$

(8) 递延年金的现值

递延年金是指最初的年金现金流不是发生在当前,而是发生在若干期后。

设不发生现金流的时期数为 m，从 m 开始发生现金流的时期数为 t（从 m 到 t 实际上就是时间轴后移了 m 期的普通年金），因此，递延年金的总期限长度为 $m+t$ 期，其中 m 称为递延期。

递延年金（$m+t$ 期）终值的计算与普通年金（t 期）终值计算一样，不过代入公式的期限不是 $m+t$，而是 t。

求解递延年金的现值要分两步走：第一步先求出 m 期以后 t 期普通年金的现值；第二步再将第一步结果贴现到期初，即再将普通年金的现值向前贴现 m 期。

$$P_{递延} = C\{[1-(1+r)^{-t}]/r\}(1+r)^{-m}$$

还记得笔者本章开头所举的那个例子吗？你朋友从第 11 年开始每年付给你 10 000 元，连付 10 年，市场利率设为 10%，问你这笔钱现值是多少，就是一个典型的递延年金的问题，求解过程如下：

$$
\begin{aligned}
P_{递延} &= C\{[1-(1+r)^{-t}]/r\}(1+r)^{-m}\\
&= 10\,000\{[1-(1+10\%)^{-10}]/10\%\}(1+10\%)^{-10}\\
&= 23\,689.97(元)
\end{aligned}
$$

（9）永续年金的终值与现值

永续年金是指无止境按期支付的年金。如无期限支付固定利率利息的债券、有固定股利而又无到期日的优先股等。"无期限"即指 $n\to+\infty$，永续年金的终值与现值即为普通年金终值与现值的极限值：

$$F_{永续} = \lim\{C[(1+r)^{t}-1]/r\} = +\infty$$

$$P_{永续} = \lim\{C[1-(1+r)^{-t}]/r\} = C/r$$

（10）不等额现金流的终值与现值

年金指每期收付相等款项，在实际生活中，可能每期收付的款项并不相等。对于这些不等额的现金流，要将每期的现金流分别按复利计算到终期或者贴现到现在，然后加总求和：

$$F_t = \sum C_t(1+r)^{t-1}(t=1,2,\cdots,n)$$

$$P = \sum C_t(1+r)^{-t}(t=1,2,\cdots,n)$$

式中 C_t 代表第 t 期的现金流，原来用 C 代表年金，因为 C 是个常量，可以没有下标；但 C_t 是个变量，t 不同 C_t 的取值就不同，所以必须加下标 t。其实，年金只是现金流的一个特例，绝大多数企业的现金流都不可能是常量。不等额现金流的终值与现值的公式看起来最简单，从实际计算的角度来说它们是最复杂的。

例 6-7   某系列现金流如表 6-1 所示，贴现率为 10%，求此现金流的现值。

表 6 - 1   例 6 - 7 预计现金流量表

年次	预计现金流	年次	预计现金流
1	50	6	100
2	50	7	100
3	50	8	100
4	50	9	100
5	100	10	200

分析：在表 6 - 1 中，1 ~ 4 年为普通年金，5 ~ 9 年为递延年金，第 10 年为一笔单独的现金流，故应分段求解（一看数据就知道作者偷懒，其实 10 年的数据可能是 10 个不同的数值）。

解：

$$P = 50 \times \{[1 - (1 + 10\%)^{-4}]/10\%\} + 100 \times \{[1 - (1 + 10\%)^{-5}]/10\%\}$$
$$\times (1 + 10\%)^{-4} + 200 \times (1 + 10\%)^{-10}$$
$$\approx 50 \times 3.170 + 100 \times 2.589 + 200 \times 0.386 \approx 494.6$$

财务估值有三个值得读者注意的问题：

其一，现值和终值计算中，关键的因素是利率 r。在由现值推算终值时，我们习惯称 r 为利率；在由终值推算现值时，我们又习惯将 r 称为贴现率。这是因为在金融学中通常将由未来值推算现值的行为称为"贴现"。

在财务估值中通常将 r 设为固定值，按某标准取值，这样做可以使计算简单，但问题是可能脱离实际，因为利率本身也是变量，处于不断的变化之中。所以如果我们获得的数据包含利率变动的信息，应将此信息反映在计算程序之中。

其二，上面有关估值的讨论均是以年为单位的计息期，而实际计息期可能是半年、一个季度、一个月甚至一个星期，年内均匀的计息期称为复利频率。

假定一年计息 m 次，则对于年利率 r、n 年的年金来说，计息率为 r/m，息期数为 mn。

例 6 - 8　某 5 年期债券票面金额 100 元，息票年利率 8%，半年支付一次利息，问此债券的现值是多少？

解：这个问题实质上是求普通年金（每次支付的利息额）的现值，依题

意 $n=5$，$m=2$，$r=8\%$，$mn=10$，$C=100\times8\%/2=4$，则

$$P = C\{[1-(1+r/m)^{-mn}]/(r/m)\} + 100\times(1+r/m)^{-mn}$$
$$= 4\times\{[1-(1+4\%)^{-10}]/4\%\} + 100\times(1+4\%)^{-10} = 100(元)$$

其三，在以复利方式计息、一年内多次付息的情况下，设定利率与实际利率不同，对借款人往往有一定的欺骗性。债权人一般以年率方式报出的利率，称为设定利率（Stated Interest Rate）或报价利率，而借款人实际支付的年利率称为实际利率（Effective Annual Rate，EAR）或实际年利率，实践中，设定利率和实际利率可能是有区别的，需要投资者注意。

例 6-9 某银行向客户发放 1 年期贷款 100 万元，年利率为 12%，以每月复利方式计算利息，试计算该客户实际支付的年利率。

解：表面上看客户贷款利率为 12%（月利率为 12%/12 = 1%），应支付的利息为 12 万元。但由于每月复利，实际支付的利息额为 126 825〔= 1 000 000×（1+1%)^{12}–1 000 000〕，所以实际支付的年利率为 12.68%（= 126 825/1 000 000×100%）。

6.2 财务估值技术在资产评估中的应用

在"财务估值技术"一节中，有一个核心的概念——现值（或折现值）。这是因为被评估对象千差万别，从逻辑上讲，只有统一转换为现值，不同的方案才可以相互比较。我国《企业会计准则——基本准则》规定，会计计量属性包括：（1）历史成本；（2）重置成本；（3）可变现金净值；（4）现值；（5）公允价值。在现值计量下，资产按照预计从其持续使用和最终处置中所产生的未来净现金流入量的折现金额计量；负债按照预计期限内需要偿还的未来净现金流出量的折现金额计量。涉及的准则主要有：固定资产、无形资产、资产减值、收入、租赁、企业合并、金融工具等。可见，以"现值"为核心的财务估值技术已成为规范的财务分析方法。

那么什么是资产评估呢？从概念上看，资产评估就是对资产在某一时点的价值进行估计的行为或过程。具体地讲，资产评估是指为了特定的评估目的，遵循适用的评估原则，选择适当的价值类型，按照法定的评估程序，运用科学的评估方法，对特定资产的价值进行估算的过程。从评估对象来看，资产评估主要是对有形资产（机器、设备、工程项目、桥梁、道路等）、无形资产（专利权、商标权、独有技术等）和金融资产（股票、债券、金融衍生品等）的现时价值作出评判。

有人认为，资产评估值是评估机构的事，这种认识有失偏颇。作为一个

投资者，最基本的素质就是价值判断能力。你买的东西到底值多少钱？如果对这个问题茫然无知，你怎么能赚钱呢？许多人都听说过赌石赚钱，但其实赌石的风险相当高，高手可能百里挑一甚至万里挑一，为什么？因为原石的价值判断太难了。其实投资的核心问题也是"估值"的问题。不管你投资什么，如果你能对投资对象科学估值，知道它的价格是高了还是低了，在此基础上作出投资决策，你会无往而不胜。遗憾的是，绝大多数投资所缺少的就是"估值"能力，如果你重视了这个问题，如果你掌握了一些估值的方法和技巧，你投资成功的概率就会大幅度提高，难道还有什么别的技巧吗？有人说，我可以请教专家和委托咨询机构来做这件事，不用说费用高和不可能事事求人，所谓专家和咨询机构就靠谱吗？他们如果有本事赚大钱，就用不着从事这个职业了（当然大型项目或大笔投资委托专业机构评估还是有用的，这叫兼听则明，但主意还需自己拿）。所以，作为一个投资者，掌握尽可能多的估值方法和技巧是头等重要的大事。

资产评估方法主要有收益现值法、资产基础法、重置成本法、现行市价法和清算价格法。由于本章主要讨论基于"现值"的财务估值方法，所以主要给读者介绍其中的收益现值法。

收益现值法是将评估对象剩余寿命期间每年（或每月）的预期收益，用适当的折现率折现，累加得出评估基准日的现值，以此估算资产价值的方法。收益现值法通常用于有收益企业的整体评估及无形资产评估等。此方法，国外用得最普遍，在国内也是技术型资产评估的主要方法。它的出发点是资产的价值由使用所产生的效益大小决定，不考虑其成本。

使用收益法的前提条件：其一，要能够确定和量化资产的未来获利能力、净利润或净现金流量；其二，能够确定资产合理的折现率。对于收益可以量化的机器设备，可用收益法评估，如生产线、成套化工设备等。

在项目评估中所广泛使用的净现值（Net Present Value，NPV）法，就是收益法的典型应用。净现值是指在整个建设和生产服务年限内各年净现金流量按一定的折现率计算的现值之和。

$$NPV = \sum_{t=0}^{n} \frac{NCF_t}{(1+r)^t} = \sum_{t=0}^{n} NCF_t(1+r)^{-t}$$

式中，NPV 代表项目的净现值之和，NCF_t 是第 t 期净现金流量；r 代表项目资本成本或投资必要收益率（为简化假设 r 各年不变）；n = 项目周期（指项目建设期和生产期）。决策标准：$NPV \geq 0$ 项目可行。

例 6 - 10　设某企业计划上马一套新设备，设备使用寿命为 5 年，预测各年的现金流量情况如表 6 - 2 所示。假定资本成本为 10%，试计算上马该设备的净现值。

表 6 – 2   例 6 – 10 相关数据

项目	第 1 年 ($t = 0$)	第 2 年 ($t = 1$)	第 3 年 ($t = 2$)	第 4 年 ($t = 3$)	第 5 年 ($t = 4$)	第 6 年 ($t = 5$)
净现金流量（万元）	– 170 000	39 800	50 110	67 117	62 782	78 972

解：

$$NPV = 170\,000 + \frac{39\,800}{(1 + 10\%)} + \frac{50\,110}{(1 + 10\%)^2}$$
$$+ \frac{67\,117}{(1 + 10\%)^3} + \frac{62\,782}{(1 + 10\%)^4} + \frac{78\,792}{(1 + 10\%)^5}$$
$$\approx -170\,000 + 219\,932 \approx 49\,932(万元)$$

计算结果说明，该投资项目可以给企业带来近 5 亿元的现值回报，在经济上是可行的。

顺便说一点，净现值法既是一种资产价值估值的方法，也是一种项目可行性评价的方法。与净现值法一脉相承的还有内部收益率和现值指数，它们也都是项目可行性评价的方法。

内部收益率（Internal Rate of Return，IRR）是项目净现值为零时的折现率或现金流入量现值与现金流出量现值相等时的折现率，其计算公式为

$$NPV = \sum_{t=0}^{n} NCF_t (1 + IRR)^{-t} = 0$$

此式的怪异之处在于求解的是未知变量 IRR，即所谓的内部收益率。内部收益率的下限是资本成本或投资最低收益率，但一般会高于这个标准，假如资本成本是 8%，我们可以将 13% 作为设定的内部收益率，这是一个"满意"标准的概念，体现了决策者的主观意愿。假设决策者设定的 IRR 为 15%，说明 15% 的内部收益率是决策者可以接受的。假设有若干个可以选择的投资项目，通过比较其 IRR，决策者就可以从中找到潜在收益水平最高的那个项目。内部收益率法的决策标准：IRR > 事先设定的内部收益率，该投资项目可行。

获利指数（Profitability Index，PI）又称现值指数，是指投资项目未来现金流入量（CIF）现值与现金流出量（COF）现值（指初始投资的现值）的比率，其计算公式为

$$PI = \frac{\sum_{t=0}^{n} CIF_t (1 + r)^{-t}}{\sum_{t=0}^{n} COF_t (1 + r)^{-t}}$$

现值指数的决策标准：$PI \geq 1$ 投资项目可行，为什么呢？很简单，因为当 $PI \geq 1$ 时 $NPV \geq 0$，所以这两个判别准则是等价的。

长期固定利率债券的估值，也采用了计算净现值的思路。估值公式为

$$V = \sum_{t=1}^{n} \frac{I}{(1+r)^t} + \frac{P}{(1+r)^n}$$

式中，V 代表长期固定利率债券的估计值，I 代表每期支付的固定利息，R 代表固定利率，P 代表债券的面值，n 代表投资的年限。该公式的直观意思是：长期固定利率债券的价值应该等于 n 年内每年利息的折现值之和再加上第 n 年所返回本金的折现值。

与此类似，普通股的估值公式也包含着"现值"的概念：

$$P_0 = \sum_{t=1}^{n} \frac{D_t}{(1+r)^t}$$

式中，P_0 为股票当前的价格，D_t 为第 t 期派发的股利，r 指市场上对这项投资所要求的必要报酬率。这个公式的意思是股票的价格等于公司派发的各期股利的折现值之和。使用该公式的难点有三：一是各期股利难以预测；二是 n 可以看作是公司持续经营的年限，这个一般也说不好；三是像我国许许多多的上市公司一样不派发股利，这个公式就歇菜了。

收益法在应用中有两个不足：一是决定收益现值的预期现金流和资产收益率预测起来因难；二是用预期现金流作为被评估资产价值的基础，似乎与资产实体本身无关，所以用起来难度大。尽管如此，收益现值仍有其逻辑清晰的无法替代的优越性。收益法在企业持续经营的前提下，评估对象是整体资产或具有单独获利能力的资产，并且在预期收益较为稳定的条件下应用才较为科学。

6.3　财务估值技术在企业价值评估中的应用

与单项资产价值评估相比较，企业价值评估是一项综合性的资产评估，是对企业整体价值进行评估判断的过程。在经济全球化和以信息数据为核心的高新技术迅速发展的形势下，企业价值评估的应用空间得到了极大扩展。企业价值评估的方法有三种：市场法、成本法和收益法。由于本章重点介绍以"现值"为核心的财务估值技术，所以重点介绍其中的收益法。

在运用收益法对企业价值进行评估时，一个必要前提是判断企业是否具有持续的盈利能力，因此只有当企业具有持续的盈利能力时，运用收益法对企业进行价值评估才有意义。选择收益法进行企业价值评估，则应具备以下

三个前提条件：一是投资主体愿意支付的价格不应超过目标企业按未来预期收益折算所得的现值；二是目标企业的未来收益和风险能合理地予以量化；三是被评估企业应具持续的盈利能力。

1934 年本杰明·格雷厄姆（Benjamin Graham）的划时代著作《证券分析》（*Security Analysis*）问世，首开价值投资的先河。《证券分析》问世 4 年后的 1938 年，美国著名数学家、投资理论家约翰·威廉姆斯（John B. Williams）在其所著的《投资估值理论》（*The Theory of Investment Value*）一书中，最早提出了现金流贴现估值模型（Discounted Cash Flow，DCF）。该模型在后来的几十年里一直被人们奉为股票估值的经典模型。约翰·威廉姆斯认为，投资者投资股票的目的是获得对未来股利的索取权，对于投资者来说未来现金流就是自己未来获得的股利，企业的内在价值应该是投资者所能获得的所有股利的现值。由此，约翰·威廉姆斯推出了以股利贴现来确认股票内在价值的最一般的表达式，从理论上解决了内在价值的估值问题。

巴菲特非常认同威廉姆斯的现金流贴现估值模型（DCF）。在 1992 年致股东信中，巴菲特指出：威廉姆斯在 50 年前所写的投资估值理论当中，便已提出计算价值的公式。笔者把它浓缩列示如下：今天任何股票、债券或是企业的价值，都将取决于其未来年度剩余年限的现金流入与流出，以一个适当的利率加以折现后所得的期望值。特别注意这个公式对于股票与债券一样适用，不过这里有一点很重要但很难克服的差异，那就是债券有到期日，可以清楚地定义未来的现金流入，但是就股票而言，投资者必须自己去分析未来可能得到的股息。在 1996 年发表的《伯克希尔哈撒韦公司所有者手册》（*Berkshire Hathaway Owner's Manual*）中，巴菲特再次强调：内在价值是一个非常重要的概念。它提供了唯一的逻辑途径来评估投资以及业务的相关吸引点。内在价值可以被简单地定义：它是一个业务在存续期内能获得的现金的贴现值。可见，巴菲特的估值逻辑与威廉姆斯一脉相承。

DCF 的一般表达式为

$$V = \sum_{t=1}^{n} \frac{CF_t}{(1+r)^t}$$

式中，V 代表对企业价值的估值，n 为企业持续经营的年限，CF_t 为 t 年的现金流量，r 为包含了预计现金流量风险的折现率。该公式的含义是：资产或公司的价值表现为未来年份流入现金的折现值之和，所谓折现，就是将来的价值折合成现在的价值值多少钱，计算方法是用当期的现金流除以一个固定基期的物价指数。

巴菲特认为，用经营现金流量来评估公司的价值并不科学，因为经营现金流并不能全部为公司所自由支配。所以他主张使用自由现金流口径的财务指标来估算企业未来的现金流，也就是在经营现金流中扣除必须向国家缴纳的所得税、资本性支出和营运资本的净增加额，自有现金流是企业完全可以自主支配的部分，可以用于向股东发放股利，并可以标示企业的财务风险大小和资金实力。

公司自由现金流量（Free Cash Flow For the Firm，FCFF）等于企业的息税前利润（Earnings Before Interest and Tax，EBIT），即公司经营净收入扣除所得税，加上折旧再减除营运资本的追加和物业厂房设备及其他资产方面的投资净增加额后的余额，其经济意义是可供股东与债权人分配的最大现金额。具体公式为

$$FCFF = (1 - t) \times EBIT + D - CAPX - NWC$$

式中，$FCFF$——公司自由现金流量；t——所得税税率；$EBIT$——息税前利润（扣除利息、税金前的利润）；D——折旧；$CAPX$——资本性支出净增加额；NWC——营运资金净增加额。

计算 FCFF 时为什么要加上折旧呢？因为固定资产在未实现更新前，是企业随时可以动用的一笔资金。为什么要扣除净资本性支出和净营运资金增加额呢？巴菲特认为这部分支出是刚性的，企业不可以随时动用，因为他认为企业的实力应该表现为可以自由支配的自由现金流量的大小。FCFF 模型认为公司价值等于公司预期自由现金流量按公司资本成本的折现值。

用自由现金流量折现模型进行公司估价时，需要确定的输入参数主要有自由现金流量的预测值、折现率（资本成本）估算和自由现金流量的增长率。

（1）预测自由现金流量（FCFF）

公司的价值取决于未来的自由现金流量，而不是历史的现金流量，因此需要从本年度开始预测公司未来足够长时间范围内（一般为 5～10 年）的各项财务指标。这是影响到自由现金流量折现法估价准确度的最为关键的一步，需要预测者对公司所处的宏观经济、行业结构与竞争、公司的产品与客户、公司的管理水平等基本面情况和公司历史财务数据有比较深入的认识和了解，熟悉和把握公司的经营环境、经营业务、产品与顾客、商业模式、公司战略和竞争优势、经营状况和业绩等方面的现状和未来的发展远景。

在分析公司和行业的历史数据的基础上，对行业和产品及公司经营的未来发展进行预测，要对公司未来在行业中的竞争优势和定位进行预测和评价，对公司销售、经营成本、折旧、税收等项目进行预测，而且要求预

测者采用系统的方法保证预测中的一致性，在预测中经验和判断也是十分重要的。

（2）估计折现率（r）

在预测未来现金流的时候往往根据企业预算的财务报表进行计算，而预算报表是以销售预算为起点的，根据前几年的销售情况来确定未来的销售增长率。考虑到加权资本成本，一般可考虑从股权成本、债务成本、资本结构三个方面来估算折现率。

A. 股权成本。股权成本是投资者向一个公司投资所要求的回报率，股利增长模型、风险和回报模型是估计股权成本的两种方法，如资本资产定价模型（Capital Asset Pricing Model，CAPM）：

$$K_s = R_m + \beta(R_m - R_f)$$

式中，K_s 代表股权融资成本（也即投资者所要求的投资回报率）；R_f 为无风险报酬率，一般选择国库券或国内一年期央票利率；R_m 为股票市场平均报酬率；β 为股票的 beta 值（表示该股票相对于市场风险溢价的倍数）。

该模型的关键是 β 的确定。估计 β 的过程是根据历史资料将股票回报对市场回报（R_m）做回归，求出 β。以历史数据来估计投资者对该股票风险的厌恶程度即 β 值时，需要假设投资者长期以来以系统风险的方式保持风险的厌恶程度没有变，股票指数（风险组合）的风险性在测算期或将来没有改变。

β 的估值结果不同意义不同：β 值小于1，说明该只股票的风险低于市场平均风险；β 值等于1，说明该只股票的风险与市场平均风险持平；β 值大于1，则说明该只股票的风险高于市场平均风险，β 值越大说明该只股票的风险也越高。从经营风险上看，一个公司的成本结构中固定成本的比率越高，其经营风险越高，该公司的 β 就越高；从财务风险看，公司采用的负债越多，公司的财务风险也就越大，公司的 β 值也越高。根据估算所得的 β 值，预测未来的每期或长期的无风险报酬率和市场报酬率，代入资本资产定价模型，即可求出每期或长期的股权成本。

B. 债务成本。企业负债的方式主要有两种：发行债券和银行借款。

银行借款成本比较简单，如有多起贷款，可对利率加权平均求得。

对于上市公司的长期债券，可以采用到期收益率法测算。根据债券估价的公式，到期收益率是使下式成立的 K_d：

$$P_0 = \sum_{t=1}^{n} \frac{I}{(1 + K_d)^t} + \frac{P}{(1 + K_d)^n}$$

式中，P_0代表债券的市价；K_d代表到期收益率即税前债务成本；n是债务的期限，通常以年表示。

债务成本可用银行贷款成本与债券成本加权平均求得。

C. 加权平均资本成本（Weighted Average Cost of Capital，WACC）。WACC是股权成本和债务成本的加权平均数。

加权平均资本成本 = 负债额占总资本的比重 × 税前债务资本成本
　　　　　　　　　　× （1 所得税税率） + 股票额占总资本比重 × 股权成本

$$WACC = K = K_s(S/V) + K_d(1 - T)(B/V)$$

其中，$WACC$ 代表加权平均资本成本，S 为企业自有资金数额，B 为企业向外举债数额，V 代表企业的市场总价值，K_s 为股权融资成本，K_d 为税前债务资本成本，T 代表企业所得税税率。

税前债务资本成本取决于未来债务的利率、税率、发行溢价，如果没有进一步的数据，债务成本经常以目前的负债情况来进行计算。

从投资者角度看，资本成本是投资者投资特定项目所要求的收益率，或称机会成本；从公司的角度来看，资本成本是公司吸引资本市场资金必须满足的投资收益率。资本成本是由资本市场决定的，是建立在资本市场价值的基础上的，而不是由公司自己设定或是基于账面价值的账面值。因此，须注意资本成本的动态变化趋势，如果资本成本是上升趋势，使用历史成本时可能高估未来现金流量。

由于自由现金流贴现估值模型比较复杂，本节采用一家上市银行（P 银行）经过调整的财务数据，简明、扼要地介绍建模的方法。

例 6 - 11①　表 6 - 3 是 P 银行 2008 ~ 2013 年的主要财务数据，在此基础上使用自由现金流贴现估值模型估计 P 银行的内在价值。

第一步：预测自由现金流。

表 6 - 3　　　　　　**2008 ~ 2013 年 P 银行主要财务数据**　　　　单位：十万元

会计科目	2013 年	2012 年	2011 年	2010 年	2009 年	2008 年
营业收入	10 001	8 295	6 791	4 985	3 682	3 456
环比递增（%）	20. 57	22. 15	36. 23	35. 39	6. 54	—
折旧	110	100	88	83	73	62
息税前利润	5 384	4 475	3 583	2 528	1 729	1 530

---

① 本案例在作者的另一部著作《做巴菲特的研究生》（中国金融出版社，2014 年 12 月版）中使用过。

续表

会计科目	2013 年	2012 年	2011 年	2010 年	2009 年	2008 年
所得税	1 264	1 044	848	610	408	278
流动资产	7 907	71 90	55 45	46 34	24 35	21 86
流动负债	4336	3 040	2 480	2 339	1 933	1 232
净营运资本*	3 571	4 150	3 065	2 295	502	954
NWC 变动	−579	1 085	770	1 793	−452	—
固定资产净值	887	878	813	743	707	625
股东权益	20 722	17 965	14 954	12 327	6 808	4 170
环比递增（%）	15. 40	20. 07	21. 31	81. 12	63. 26	—

注：*净营运资本（Net Working Capital, NWC）流动资产与流动负债之差。

资料来源：网易财经，http：//quotes. money. 163. com/f10/lrb_ 600000. html? type = year.

根据表 6 - 3 资料和以下公式，估算 P 银行 2014 ~ 2033 年的公司自由现金流：

$$经营现金流量 = 息税前盈余 + 折旧 - 所得税$$
$$资本性支出 = 期末固定资产净值 - 期初固定资本净值 + 折旧$$
$$净营运资本变动 = 期末 NWC - 期初 NWC$$

公司自由现金流（FCFF）= 经营现金流量 - 资本性支出 - 净营运资本变动

估算结果如表 6 - 4 所示：

表 6 - 4   **2009 ~ 2013 年 P 银行 FCFF 测算表**   单位：十万元

年份	营业收入	经营现金流量	资本性支出	净营运资本变动	自由现金流
2009	3 682	1 394	155	−452	1 691
2010	4 985	2 001	119	1 793	89
2011	6 791	2 823	158	770	1 895
2012	8 295	3 531	165	1 085	2 281
2013	10 001	4 230	119	−579	4 690
2009 ~ 2013 合计	33 754	—	—	—	10 646

P 银行 2008 ~ 2013 年度营业收入的平均增长率为 23. 67%，考虑到银行

业增长率长期呈递减趋势，故将 2014～2024 年 P 银行营业收入增长率确定为 18%，[①] 用 2009～2013 年 P 银行自由现金流占营业收入平均比重 31.54% （10 646/33 754）推算 2014～2024 年 P 银行各年的自由现金流量如表 6－5 所示。

表 6－5　　　　　2014～2024 年 P 银行 FCFF 估算表　　　单位：十万元

年份	营业收入	公司自由现金流（FCFF）
2013	10 001	—
2014	11 801	3 722
2015	13 925	4 392
2016	16 432	5 182
2017	19 390	6 115
2018	22 880	7 216
2019	26 998	8 515
2020	31 858	10 048
2021	37 592	11 857
2022	44 359	13 991
2023	52 344	16 509
2014	61 765	19 478

第二步：确定折现率。

简便起见，我们假设 P 银行只采用普通股和银行贷款两种融资方式，其中普通股融资比重为 60%，融资成本为 20%；银行贷款占 40%，融资成本为 10%，所得税率为 25%，则 P 银行的加权平均资产成本（WACC）为

$$WACC(r) = K_s(S/V) + K_d(1 - T)(B/V)$$
$$= 20\% \times 60\% + 10\% \times (1 - 25\%) \times 40\%$$
$$= 12\% + 3\% = 15\%$$

上式计算结果 15% 即为我们所求折现率，将其代入自由现金流估值模型即可估测 P 银行 2024 年的现值。

---

① 佚名：《2015 年内银行收入增长率将低于 20%》，中国行业研究网，http://www. chinairn. com/news/20121228/384029. html，2012－12－28。

第三步：估算 P 银行内在价值。

$$V = \sum_{t=1}^{n} \frac{CF_t}{(1+r)^t}$$

$$= 3\ 722/(1+15\%) + 4\ 392/(1+15\%)^2 + 5\ 182/(1+15\%)^3$$
$$\quad + 6\ 115/(1+15\%)^4 + 7\ 216/(1+15\%)^5 + 8\ 515/(1+15\%)^6$$
$$\quad + 10\ 048/(1+15\%)^7 + 11\ 857/(1+15\%)^8 + 13\ 991/(1+15\%)^9$$
$$\quad + 16\ 509/(1+15\%)^{10} + 19\ 478/(1+15\%)^{11}$$
$$\approx 3\ 236 + 3\ 322 + 3\ 407 + 3\ 496 + 3\ 587 + 3\ 681 + 3\ 777$$
$$\quad + 3\ 876 + 3\ 977 + 4\ 080 + 4\ 186$$
$$= 40\ 629（十万元）$$

计算结果表明，P 银行 10 年后的现值大约为 40 亿元，此估值可用于判断该银行现在的股价偏高还是偏低，并据此计算投资的安全边际。

前面我们使用了一个虚拟的案例，介绍了现金流贴现模型的估值方法。但也有很多人对该模型嗤之以鼻，认为 DCF 或 FCFF 不过是数学游戏，谁信这个模型谁的智商为零。为什么这么说呢？因为 DCF 或 FCFF 模型至少有三个问题几乎无法解决，所以使用到现实存在的公司时结果往往是荒谬的。

其一，自由现金流的预测问题。在用 FCFF 模型对股票估值时，第一件事也是最重要的事情就是估计未来的自由现金流量，然而 FCFF 模型对公司业绩和自由现金流的估计是其与生俱来的问题或难点。最通常遇到的问题就是，公司每年现金流的增长具有不确定性，它不仅受公司内部生产与销售组织的影响，还受经济周期和外部环境变化等外部因素的影响，所以事实上不可能用永续增长率等常量描述其增长的过程。由于自由现金流是 FCFF 估值的基础，如果自由现金流估值的本身就是不准确的，那么 FCFF 就像在做一个游戏一样失去了意义。

其二，折现率的选取问题。FCFF 中第二个重要的变量是折现率（r）选取的问题，r 的微小变化都将对估值结果产生重要影响，所谓"失之毫厘，谬以千里"。我们既可以把折现率理解成企业使用外部资金所需支付的成本率，也可以把它理解成投资者对本企业投资所要求的收益率，这只不过是从不同的角度看问题，没有本质的差异。问题在于折现率的选取。

在 FCFF 估值理论探讨和实践中，有人主张使用资本资产定价模型（CAPM）作为贴现率使用，有人主张使用加权平均资本成本（WACC）作为贴现率使用，巴菲特主张使用长期国债收益率作为贴现率使用。然而这些主张或者是相当理论化，或者是脱离实际，根本没有办法在实践中应用。实际上每个企业的融资成本不同，同一个企业在各个不同的时期融资成本也不同，既不会是一个恒久不变的固定值，而且也几乎是无法准确预测的。在 FCFF 中，将 r 设定为一个不变的常量，这本身就是不符合客观实际的。

其三，持续经营的时限问题。所谓"持续经营的时限问题"，其实就是公式中另一个变量 n 的确定的问题。在 FCFF 中对内在价值的估测通常长达 5 年甚至 10 年以上，但此种假定并没有多少根据，显而易见的是，n 的取值不同，计算结果会有重大差异。

正是由于上述 3 个问题无法解决，实践中没有人傻到相信 FCFF 估值就是内在价值的逻辑推论。马克思的价值决定理论天衣无缝，却在实践中无法应用，但无人能掩盖马克思价值决定理论的光芒。现金流贴现估值模型与其相似，其给人的启迪超过了其实际应用价值。

估值方法没有哪一种是完美无缺的。收益法以预期的收益和折现率为基础，对于目标企业来说，若目前的收益为正值，具有持续性，同时在收益期内折现率能够可靠地估计，则更适宜用收益法进行价值评估（可做诸种评估方法评估结果的参照——聊胜于无）。但有下述特点的企业不适合用收益法进行评估：处于困境中的企业、收益具有周期性特点的企业、经营状况不稳定以及风险问题难以合理衡量的私营企业等。

6.4　公司内在价值的相对评估方法[①]

DCF 或 FCFF 模型在实践中几乎无法使用，是否意味着公司的内在价值就无法估测了呢？事实并非如此。在股票市场投资实践中，价值投资的信徒们创造了许多近似或替代的方法，用于评估公司的内在价值。

内在价值的估值方法一般区分为两种类型：一种称为绝对估值法，一种称作相对估值法。

绝对估值法也称贴现法，包括股利贴现模型（Dividend Discount Model，DDM）[②]、现金流贴现模型（DCF）、自由现金流贴现模型（FCFF），还有人主张将 B – S（Black – Scholes）期权定价模型（主要用于对期权、认股权证类资产的估值）包括在绝对估值法中。绝对估值法的估值依据是被估值企业自

[①]　郭恩才：《做巴菲特的研究生》第四章"公司内在价值评估"，中国金融出版社，2014。

[②]　股利贴现模型（DDM）的构造思路与现金流贴现模型（DCF）基本相同，不同点在于前者用股利替代现金流用于估算企业价值。由于我国许多上市和非上市公司很少派发现金股利，即使发放股利数额也相当不稳定，故使用 DDM 模型估算企业价值的人不多。

身的财务数据，估值方法均比较复杂，估值的结果一般为一个确定的量。它的优点和缺点上面已有概括，不再赘述。

相对估值法也称乘数法，其实就是用一些比较简单的财务指标来估测企业的内在价值，如 P/E 估值法、P/B 估值法、PEG 估值法、P/S 估值法、EV/EBITDA 估值法等。也有人把相对估值法称作可比公司法，意思是对公司估值时可将目标公司与可比公司比较，用可比公司的价值衡量目标公司的价值。

现介绍几种常用的相对估值方法：[1]

（1）P/E 估值法

P/E 即 Price/Earning Per Share，即我们常说的市盈率，也称股票的本益比，是某种股票普通股每股市价与每股盈利的比率，也有人称其为"利润收益率"。市盈率是一个衡量股票价格高低的指标，市盈率高，表示股票价格比较高；市盈率低，表示股票的价格比较低。从这个意义上讲，市盈率的高低可以用于衡量其价格偏离价值的程度。

P/E 可以分为静态 P/E 和动态 P/E。静态 P/E 为股价除以每股收益（年），动态 P/E 的计算公式是以静态市盈率为基数，乘以动态系数，该系数为 $1/(1+i)^n$，i 为企业每股收益的增长性比率，n 为企业的可持续发展的存续期。因为市盈率经常变动，所以从理论上来说动态市盈率更加科学一点，但动态系数也需要预测，预测的复杂性又把它的优点掩盖了。

市盈率把股价和利润联系起来，反映了企业的近期表现。如果股价上升，但利润没有变化，甚至下降，则市盈率将会上升。一般来说，市盈率水平为：0~13 即价值被低估；14~20 即正常水平；21~28 即价值被高估；28 以上即表示股市出现投机性泡沫。

一般的理解是，P/E 值越低，公司越有投资价值。因此在 P/E 值较低时介入、较高时抛出是比较符合投资逻辑的。但事实上，P/E 法并不适用于具有强烈行业周期性的上市公司。另一方面，大多数投资者只是关心 P/E 值本身变化以及与历史值的比较，P/E 估值法的逻辑被严重简化。逻辑上，P/E 估值法下，绝对合理股价 P = 每股收益 × P/E；股价决定于每股收益与合理 P/E 值的积。在其他条件不变的情况下，每股收益预估成长率越高，合理 P/E 值就会越高，绝对合理股价就会出现上涨；高每股收益成长股享有高的合理 P/E，低成长股享有低的合理 P/E。因此，当每股收益实际成长率低于预期时（被乘数变小），合理 P/E 值下降（乘数变小），乘数效应下的双重打击小，

---

[1] 参见碧海天星：《相对估值法》，新浪博客，http://blog.sina.com.cn/s/blog_5e41e9500100sjc9.html，2011-06-03。

股价出现重挫，反之同理。其实这并不奇怪，是 P/E 估值法的乘数效应在起作用。

投资者需要注意的是，P/E 估值法有一定的适用范围，并不适合所有公司。它适用于盈利相对稳定、周期性较弱的企业，如公共服务业。不适用于周期性较强的企业，如一般制造业、服务业，每股收益为负的企业，房地产等项目性较强的企业，银行、保险和其他流动资产比例高的企业，难以寻找可比性很强的企业，多元化经营比较普遍、产业转型频繁的企业。

（2）P/B 估值法

P/B 即 Price/Book，就是我们常说的市净率。它的计算公式为：市净率 = 股价 ÷ 每股净资产。公司净资产就是总资产减去负债后剩余给全体股东的资产，市净率就是衡量投资者愿意以净资产多少倍的价格来购买净资产。市净率越高，通常表明公司净资产的潜在价值越大，也就是说投资者愿意出更高的溢价来购买这笔净资产，而市净率倍数越低，通常说明公司净资产吸引力较差。所以，市净率估值法成败的关键是对净资产真实价值的把握。

与其他相对估值法一样，市净率的合理倍数也可以参考历史平均水平和行业平均水平得到。在确定一个合理的市净率倍数后，再将其乘以每股净资产，就可以得出市净率估值法下的公司股票的合理价格。如果高于市价，说明公司股票可能被低估，可以买入；低于市价，则为高估。市净率并不像市盈率那样被普遍用于给股票定价，只有那些资产规模庞大的公司，如钢铁、化工、银行、航空、航运等行业的公司，用市净率来估值才有意义。当公司业绩出现大幅增长以及公司因发行新股股本规模扩大，都会降低市净率，这使估值看上去非常诱人。

P/B 估值法适用于那些周期性较强行业（拥有大量固定资产并且账面价值相对较为稳定）；银行、保险和其他流动资产比例高的公司；ST、PT 绩差及重组型公司。不适用于那些账面价值的重置成本变动较快的公司，固定资产较少的公司，商誉或智慧财产权较多的服务行业。

同时我们必须注意到公司净资产是采用历史成本法计算的，还是用公允价值法调整过的，因为用历史成本法计算的账面价值往往与真实的资产价值有较大差异。

（3）PEG 估值法

PEG 即 Price to Earnings/to Growth，它的中文意思是"市盈率相对利润增长的比率"，它的计算公式如下：PEG = 每股收益/净利润增长率 ÷ 100。

如果 PEG > 1，股价则被高估；如果 PEG < 1（越小越好），说明此股票股

价被低估，可以买入。PEG 估值的重点在于计算股票现价的安全性和预测公司未来盈利的准确性。

买股票的时候，我们对价格的唯一要求就是便宜。要判断股价是否足够便宜，需要考察公司近几年的净利润增减情况。保守一点的话，可以考察每股收益的增长率，因为总是扩充股本的股票会稀释每股收益。得到每股收益近 5 年的平均增长率后，就可以计算 PEG 了。假设一只股票现在的 P/E 是 50 倍，上一年年报净利润增长率是 40%（保守的话可以用刚才算出的每股收益年平均增长率的数据），此时的 PEG 就是 50/40% ÷ 100 = 1.25 > 1，此时的股价就有高估的嫌疑，不值得买入。也就是说，如果静态 P/E（50 倍）和 PEG（大于 1）都显示高估的话，就不要买入，此时投资的风险会比较大。

PEG 法适用于成长性较高的企业（如 IT 等），不适用于成熟行业、亏损行业、盈余正在衰退的行业以及被市场过度投机的行业。

PEG 估值法是投资大师彼得·林奇倡导的估值方法。林奇指出，市盈率实际上是公司的预期增长率，如果市盈率低于预期业绩成长速度，那么该公司的股价就有可能被低估了。当股票定价合理时，PEG 等于 1；当 PEG 小于 1 时，就提供了购买该股的机会；当 PEG 等于 0.5 时，就提供了买入该股非常不错的机会。反过来，当 PEG 等于 2 时，投资者就应对这家公司谨慎了。关于公司的年增长率，彼得·林奇提出了一个长期增长率概念，意思是不能看公司一年甚至半年的数据，而要联系几年的数据一起观察。

（4）P/S 估值法

P/S，Price – to – sales ratio 或 P/S ratio，简称 P/S 或 PSR，即市销率，也译作股价营收比，市值营收比，是股票的一个估值指标。市销率是以公司市值除以上一财年（或季度）的营业收入，或等价地以公司股价除以每股营业收入。公式：PS = 总市值/营业收入 = 股价/每股营业收入。这一指标可以用于确定股票相对于过去业绩的价值。市销率也用于确定一个市场板块或整个股票市场中的相对估值。市销率越小（比如小于 1），通常被认为投资价值越高，这是因为投资者可以付出比单位营利收入更少的钱购买股票。

P/S 估值法的优点是，销售收入最稳定，波动性小；并且营业收入不受公司折旧、存货、非经常性收支的影响，不像利润那样易操控；收入不会出现负值，不会出现没有意义的情况，即使净利润为负也可用。所以，市销率估值法可以和市盈率估值法形成良好的补充。

市销率估值法的缺点是，它无法反映公司的成本控制能力，即使成本上升、利润下降，不影响销售收入，市销率依然不变。另外，市销率会随着公司销售收入规模扩大而下降；营业收入规模较大的公司，P/S 较低。用 P/S 看企业潜在的价值，看它未来的盈利能不能大幅增长。市销率越低，说明该公司股票目前的投资价值越大。低市销率带来高安全边际，这点是在熊市中买入股票并持仓的一个重要基础。

（5）EV/EBITDA 估值法

EV/EBITDA 又称企业价值倍数，是一种被广泛使用的公司估值指标。EV 即 Enterprise Value，表示企业价值；EBITDA 即 Earnings before Interest、Tax、Depreciation and Amortization，表示未扣除利息、所得税、折旧与摊销前的盈余。

$$EV = 市值 + （总负债 - 总现金） = 市值 + 净负债$$

$$EBITDA = 营业利益 + 折旧费用 + 摊销费用$$

EV/EBITDA 估值法能有效地弥补 P/E 的一些不足，它在国外的运用比 P/E 更为普遍。EV/EBITDA 倍数和 P/E 同属于可比法，使用的方法和原则大同小异，只是选取的指标口径有所不同。

从指标的计算上来看，EV/EBITDA 倍数使用企业价值（EV），即投入企业的所有资本的市场价值代替 P/E 中的股价，使用息税折旧前盈利（EBITDA）代替 P/E 中的每股净利润。企业所有投资人的资本投入既包括股东权益也包括债权人的投入，而 EBITDA 则反映了上述所有投资人所获得的税前收益水平。相对于 P/E 是股票市值和预测净利润的比值，EV/EBITDA 则反映了投资资本的市场价值和未来一年企业收益间的比例关系。因此，总体来讲，P/E 和 EV/EBITDA 反映的都是市场价值和收益指标间的比例关系，与 P/E 从股东的角度出发不同，EV/EBITDA 是从全体投资人的角度出发的。在 EV/EBITDA 的方法下，要最终得到对股票市值的估计，还必须减去债权的价值。在缺乏债权市场的情况下，可以使用债务的账面价值来进行近似估计。

在具体运用中，EV/EBITDA 倍数法要求企业预测的未来收益水平必须能够体现企业未来的收益流量和风险状况的主要特征。这体现于可比公司选择的各项假设和具体要求上，缺失了这些前提，该方法也就失去了合理估值的功能。相比而言，由于指标选取角度不同，EV/EBITDA 倍数弥补了 P/E 倍数的一些不足，使用的范围也更为广泛。EV/EBITDA 估值法有以下几个方面的优势：

首先，以收益为基础的可比法的使用前提是收益必须为正。如果一个企业的预测净利润为负值，则 P/E 法就失效了。相比而言，由于 EBITDA 指标中扣除的费用项目较少，因此其相对于净利润而言成为负数的可能性也更小，因而具有比 P/E 法更广泛的使用范围。

其次，由于 EBITDA 指标中不包含财务费用，因此它不受企业融资政策的影响，不同资本结构的企业在这一指标下更具有可比性。同样，由于 EBIT-DA 为扣除折旧摊销费用之前的收益指标，企业间不同的折旧政策也不会对上述指标产生影响，这也避免了折旧政策差异以及折旧反常等现象对估值合理性的影响。

最后，EBITDA 指标中不包括投资收益、营业外收支等其他收益项目，仅代表了企业主营业务的运营绩效，这也使企业间的比较更加纯粹，真正体现了企业主业运营的经营效果以及应该具有的价值。当然，这也要求单独评估长期投资的价值，并在最终的计算结果中将其加回到股东价值之中。

总体而言，相比于将所有因素都综合在一起的净利润指标，EBITDA 剔除了诸如财务杠杆使用状况、折旧政策变化、长期投资水平等非营运因素的影响，更为纯粹，因而也更为清晰地展现了企业真正的运营绩效。这有利于投资者排除各种干扰，更为准确地把握企业核心业务的经营状况。同时，从指标对企业价值的反映程度上来说，由于剔除了上述因素的影响，企业单一年度的 EBITDA 指标与企业未来收益和风险的相关性更高了。换句话说，影响企业单一年度 EBITDA 水平的因素和影响企业未来所有年度 EBITDA 水平的因素更为一致，而影响企业单一年度净利润的因素则相对复杂和多变。也正因为如此，作为一种以可比为基础的估值方法，EV/EBITDA 倍数法的合理性相对于 P/E 法也就更强。

当然，和其他任何方法一样，EV/EBITDA 法也有一些固有的缺陷。首先，和 P/E 法比较起来，EV/EBITDA 法要稍微复杂一些，至少还要对债权的价值以及长期投资的价值进行单独估计。其次，EBITDA 中没有考虑到税收因素，因此，如果两个公司之间的税收政策差异很大，这个指标的估值结果就会失真。最后，EBITDA 也是一个单一的年度指标，并没有考虑到企业未来增长率这个对于企业价值判断至关重要的因素，因而也只有在两个企业具有近似发展前景的条件下才适用。

概括来说，EV/EBITDA 法适用于充分竞争行业的公司；没有巨额商誉的公司；净利润亏损，但毛利、营业利益并不亏损的公司。不适用于固定资产更新变化较快的公司；净利润亏损，毛利、营业利益均亏损的公司；资本密集、准垄断或者具有巨额商誉的收购型公司（大量折旧摊销压低了账面利润）；有高负债或大量现金的公司。

比较绝对估值法和相对估值法，后者原理简单，计算简便，往往比较片面——仅从单一角度出发去衡量公司价值，但公司的价值决定往往是多因素的。此外，每一种相对估值方法后面其实都有假设条件，使用时必须对其内在隐含的假设和逻辑非常清晰。想当然去找到的"可比公司"，哪怕是一个子行业内的企业，都可能有非常不同的 ROE、风险、增长率，这时进行的简单粗暴的直接比较是没有任何意义的；这时就需要投资者对企业之间的特点非常清晰，并了解决定相对估值系数的各种因素之间的关系，才能作出更理性的判断。

相对估值法与绝对估值法的另一个重要的区别是：相对估值法得到的结果往往不是一个确定的数值，而是一个模糊的区间，这常常使投资者举棋不定。在有条件的情况下，综合使用多种方法（包括相对估值法与绝对估值法）评估一个投资目标而后相互对照，可能不失为一个稳妥的方法。

在投资实践中，其实还有数不清的估值方法，可见估值也是一个很"个性"的事情。

1998 年 2 月 16 日，台湾《工商时报》发表了一篇题为《选择低于实值个股进行长期投资——投资大师巴菲特成功将财富增加一千倍！》的报道。[①]文中详细介绍了巴菲特 1973 年评估《华盛顿邮报》（WPC）内在价值的方法和结论。

当巴菲特于 1973 年进场时，WPC 的上市股票市场价值为 8 000 万美元，但巴菲特估计 WPC 当时的内在价值应该在 4 亿~5 亿美元。巴菲特是如何得出这一结论的呢？

巴菲特由当年的股东盈余开始计算：净利（1 330 万美元）加上折旧与摊销费用（370 万美元），减去资本支出（660 万美元），得到 1973 年股东盈余为 1 040 万美元，将此盈余除以无风险的美国 30 年期国债收益率（当时为 6.81%），WPC 的内在价值应为 1.5 亿美元，但这个数字仍然低于巴菲特的估值。巴菲特指出，在长期之下，一家报社的资本支出将等于折旧与摊销费用，因此净利应接近股东盈余。而将净利除以无风险利率之后，可以得到 1.96 亿美元的估计价位。

如果就此打住，等于是假定股东盈余增加率等于通胀率的增长。但由于美国报业有超乎寻常的调价空间，因为大多数报纸在社区内属于独占性企业，其价格上涨速度可以高过通胀率，因此最后假设 WPC 有提高 3% 实际价格的能力，WPC 的价值就达到 3.5 亿美元。巴菲特也知道 WPC 10% 的税前毛利率低于历年来的 15% 平均税前毛利，格雷厄姆女士（《华盛顿邮报》的老板，

---

① 转引自 1998 年 3 月 6 日《参考消息》。

巴菲特的"闺蜜"，与本杰明·格雷厄姆无关，详细可参见《滚雪球》一书相关章节）也决定将 WPC 税前毛利率再度达到此一数字。如果税前毛利增至15%，WPC 价值将再增加 1.35 亿美元，达到总值 4.85 亿美元。

当巴菲特购进 WPC 股票时，其股东权益收益率为 15.7%，与其他报纸水准相当，但在此后的 5 年，此一数字上升一倍，并持续领先其他报纸。至1988 年，其股东权益收益率更上升至 36.3%。

在毛利率方面，WPC1973 年税前毛利率为 10.8%，低于历年的 15%，但至 1978 年，毛利率上升至 19.3%，至 1988 年上升至 31.8%，远高于报业平均的 16.9% 与标准普尔 500 家企业平均的 8.6%。

在保留盈余方面，自 1973 年至 1992 年，WPC 为其股东赚了 17.55 亿美元，其中拨给股东 2.9 亿美元，保留盈余 14.56 亿美元，转投资于公司本身。而 WPC 市场总值自 1973 年的 8 000 万元一路上涨至 1992 年的 27.1 亿美元，共计增加 26.3 亿美元，因此在 20 年间，WPC 为其股东每保留 1 美元盈余，便创造了 1.8 美元的市场价值。

巴菲特所使用的这套方法，可以称其为"综合财务指标估值法"。这种估算方法可能名不见经传，可是谁又能说巴菲特的方法"不靠谱"呢？

专栏 5：

做投资必须要懂的 12 道数学题

王蕾　2014 年 4 月 8 日　东阳日报

1. 关于收益率

假如你有 100 万元，收益 100% 后资产达到 200 万元，如果接下来亏损50%，则资产回到 100 万元，显然亏损 50% 比赚取 100% 要容易得多。

2. 关于涨跌停板

假如你有 100 万元，第一天涨停板后资产达到 110 万元，然后第二天跌停，则资产剩余 99 万元；反之第一天跌停，第二天涨停，资产还是 99 万元。

3. 关于波动性

假如你有 100 万元，第一年赚 40%，第二年亏 20%，第三年赚 40%，第四年亏 20%，第五年赚 40%，第六年亏 20%，资产剩余 140.5 万元，六年年化收益率仅为 5.83%，甚至低于五年期凭证式国债票面利率。

4. 关于每天 1%

假如你有 100 万元，每天不需要涨停板，只需要挣 1% 就离场，那么以每年 250 个交易日计算，一年下来你的资产可以达到 1 203.2 万元，两年后你就可以坐拥 1.45 亿元。

5. 关于每年 200%

假如你有 100 万元，连续 5 年每年 200% 收益率，那么 5 年后你也可以拥有 2.43 亿元个人资产，显然这样高额收益是很难持续的。

6. 关于 10 年 10 倍

假如你有 100 万元，希望 10 年后达到 1 000 万元，20 年后达到 1 亿元，30 年后达到 10 亿元，那么你需要做到年化收益率 25.89%。

7. 关于补仓

如果你在某只股票 10 元的时候买入 1 万元，如今跌到 5 元再买 1 万元，持有成本可以降到 6.67 元，而不是你想象中的 7.50 元。

8. 关于持有成本

如果你有 100 万元，投资某股票盈利 10%，当你做卖出决定的时候可以试着留下 10 万元市值的股票，那么你的持有成本将降为零，接下来你就可以毫无压力地长期持有了。如果你极度看好公司的发展，也可以留下 20 万元市值的股票，你会发现你的盈利从 10% 提升到了 100%，不要得意，因为此时股票如果下跌超过了 50%，你还是有可能亏损。

9. 关于资产组合

有无风险资产 A（每年 5%）和风险资产 B（每年 −20% ~ 40%），如果你有 100 万元，你可以投资 80 万元无风险资产 A 和 20 万元风险资产 B，那么你全年最差的收益可能就是零，而最佳收益可能是 12%，这就是应用于保本基金 CPPI（即固定比例组合保险——本书作者注）技术的雏形。

10. 关于做空

如果你有 100 万元，融券做空某股票，那么你可能发生的最大收益率就是 100%，前提是你做空的股票跌没了，而做多的收益率是没有上限的，因此不要永久地做空——如果你相信人类社会会向前进步的话。

11. 关于赌场盈利

分析了澳门赌客 1 000 个数据，发现胜负的概率为 53% 与 47%，其中盈钱离场的人平均盈利 34%，而输钱离场的人平均亏损 72%，赌场并不需要做局盈利，保证公平依靠人性的弱点就可以持续盈利——股市亦如此。

12. 关于货币的未来

如果你给子孙存入银行 1 万元，年息 5%，那么 200 年后将滚为 131.5 万元，如果国家的货币发行增速保持在10%以上（现在中国广义货币 M_2 余额107万亿元，年增速14%），100年后中国货币总量将突破 1 474 525 万亿元，以20亿人口计算，人均存款将突破7.37亿元（不含房地产、证券、收藏品及各类资产）。如果按此发行速度，货币体系的崩盘只是时间问题，不只是中国乃至全世界都面临货币体系的重建。货币发行增速将逐步下移直至低于2%，到那时候中国人才会意识到每年20%的收益率真不容易。

综上所述，在生命过程中成功的投资要具备三个条件：一是防范风险，保住本金；二是降低波动率，稳健收益；三是长期投资，复利增长。

关于成功投资的四个建议：一是适度资产组合，二是不要轻易尝试做空，三是努力克服人性的恐惧和贪婪，四是危机更值得把握。

07 投资大师青睐的财务分析指标

导读：利用财务指标分析企业财务状况，进而作出明智的投资决策，是投资大师们不约而同的抉择。从格雷厄姆到彼得·林奇和巴菲特，都自觉不自觉地依据自己所钟爱的财务指标作出投资决策。他们的成功，说明这种模式是有生命力的，放之四海而皆准。所以你不要抱怨，把街谈巷议、小道消息、股市黑嘴当依据，必然会落得最悲惨的结局。

中国企业界有一个大名鼎鼎的传奇人物，他就是巨人集团的创始人史玉柱。大家对他跌倒爬起、"无脑营销"津津乐道，殊不知他还是一位投资高手，有人甚至还送他一个"中国巴菲特"的头衔。2003年，史玉柱第一次成为民生银行的股东。经过数轮增持，到2013年年底，史玉柱所持民生银行的股票市值一度接近110亿元。扣除50多亿元的增持成本后，民生银行带给史玉柱的投资浮盈高达55亿元。

史玉柱从未标榜过自己是巴菲特的信徒，但他的投资风格却酷似巴菲特。比如巴菲特倡导价值投资（价值投资的核心是"估值"——找到内在价值低于其市场价格的股票果断出击）[1]，史玉柱投资股票的标准之一是"不买市盈率15倍以上的股票"；[2] 巴菲特强调投资自己所熟悉的行业，史玉柱的投资准则是："除了保健品、银行和互联网这三个盈利模式非常清晰的行业外，其他行业我不碰"；巴菲特坚持买好股票后"长期持有"，史玉柱则说，看好就投，投完后"该干嘛干嘛去"。史玉柱没有说自己是价值投资的信徒，也没有说财务指标如何有用，但他是一个"如假包换"的价值投资派，一直自觉地践行根据财务指标选股的原则。[3]

其实不仅是史玉柱，世界上所有的成功投资家几乎都是价值投资派。价值投资的共性是权衡投资对象的内在价值，当内在价值低于其市场价格时买

---

① 郭恩才著：《做巴菲特的研究生》，中国金融出版社，2014。

② 史玉柱在微博中传授过他的炒股"秘诀"——"其实买股票没那么复杂，认真研究公司未来盈利能力能否持续成长，眼前的股价是否被低估"。史玉柱说，他不会买"看不懂的行业和市盈率15倍以上的"。

③ 尹聪：《跟着史玉柱炒股：投资19家公司 市盈率超15倍不买》，载《新京报》，2013-11-11。

进，当内在价值高于其市场价格时卖出，这是价值投资的终极法则。那么怎样才能获取公司内在价值的信息呢？除了前一章介绍的财务估值法外，一个普遍采用的方法就是财务指标分析法。但如前所述，财务指标众多，每个投资者所钟情的财务指标也不同。本章着重介绍格雷厄姆、巴菲特和林奇三位超级投资大师青睐的财务指标。

7.1　格雷厄姆青睐的财务分析指标

本杰明·格雷厄姆（Benjamin Graham，1894～1976），美籍英国人，作为一代宗师，他的金融分析学说和思想在投资领域产生了极为巨大的震动，影响了几乎三代重要的投资者，如今活跃在华尔街的数十位上亿美元的投资管理人都自称为格雷厄姆的信徒，他享有"华尔街教父"的美誉。

格雷厄姆之所以能扬名立万，有三个最基本的因素：一是因为"股神"巴菲特尊崇他为自己的老师，巴菲特在全世界的名声如雷贯耳，所谓"名师出高徒"嘛，既然是巴菲特的老师必须"了得"；二是格雷厄姆有两本"传世之作"，一本是1934年出版的《证券分析》［格雷厄姆与戴维·多德（David Dodd）合著），另一部是1949年出版的《聪明的投资者》（*The Intelligent Investor*）。

2008年，巴菲特在专门给《证券分析》第6版写的推荐序中说："1950～1951年，我在哥伦比亚大学研读过《证券分析》一书，当时我恰好有幸师从本杰明·格雷厄姆和戴维·多德两位师长。两位师长的为人以及他们的著作改变了我的生活。"

"从实际与功利的方面讲，那时所获得的经验教训，成为我日后所有的投资和商业决策所依赖的基础。在遇到格雷厄姆和多德两位老师之前，我就迷上了股市。我在11岁时购买第一只股票之前，花了很长的时间才攒够了买股票所需的115美元。那之前我阅读了奥马哈公共图书馆里每一本有关股票市场的书。那些书都很有趣，其中一些还特别引人入胜，但却没有一本真正有用。然而，当我遇见了格雷厄姆和多德两位老师后，我的'智力取经'之路就算到达了目的地。而带给我指导的，首先是他们的著作，其次是他们的为人。他们制定的投资路线图我已经遵循了57年，我没有理由去寻找另外的路线了。"巴菲特说："这本书我至少读了4遍。"①巴菲特对《证券分析》的看

①　［美］本杰明·格雷厄姆（Benjamin Graham）、戴维·多德（David Dodd）著，巴曙松、陈剑等译：《证券分析》（*Security Analysis*，Sixth Edition），第六版，中国人民大学出版社，2013。

法总结成一句话，真正的信徒必读《圣经》，真正的投资者必读《证券分析》，因为这是投资圣经。

但两部书相比较，巴菲特可能更钟情于《聪明的投资者》。巴菲特形容自己读到格雷厄姆的著作《聪明的投资者》时的感觉，就像圣徒保罗在前往大马色的路上忽然被一道光击中听到主的声音一样。巴菲特后来解释道："我并不想让别人听起来我像是一个狂热的宗教教徒一样，但这本书真的是让我突然顿悟。"1973 年巴菲特给《聪明的投资者》第 4 版写了序言。巴菲特在"序言"中说："1950 年年初，我阅读了本书的第 1 版，那年我才 19 岁。当时，我就认为这本书是有史以来最好的投资书籍。时至今日，我仍然认为如此。"可见这本书在巴菲特心目中的地位之高。①

为什么会出现这种情况呢？除了《证券分析》晦涩难懂、不适合作为入门书籍以外，这本书的重点是在阐述投资理念和投资哲学，书的大部分内容在讲债券、优先股，一小部分在讲普通股，且其中不会给出明确的投资秘籍，而《聪明的投资者》确实是一本更适合普通股投资者阅读的书籍，其集中于普通股投资，且给出了更为系统的分析和投资方法和理念。难怪连给《证券分析》第 6 版作导读的人 10 个人中有好几个都号称自己没有读过、读过一部分或刚刚读过这本书。

使格雷厄姆名闻遐迩的第三个原因也许是，格雷厄姆不是一个空头理论家，还是一个投资业绩卓著的投资家。美国 20 世纪 30 年代的大萧条过后，从 1936 年起直至 1956 年退休为止，格雷厄姆旗下的格雷厄姆—纽曼公司的年收益率不低于 14.7%，远高于同期股票市场的整体收益率。

格雷厄姆的选股标准②：该公司获利与股价之比是一般 AAA 公司债券收益率的 2 倍；这家公司目前的市盈率应该是过去 5 年中最高市盈率的 2/5；这家公司的股息收益率应该是 AAA 级公司债券收益率的 2/3；这家公司的股价应该低于每股有形资产账面价值的 2/3；这家公司的股价应该低于净流动资产或是净速动资产清算价值的 2/3；这家公司的总负债应该低于有形资产价值；这家公司的流动比率应该在 2 以上；这家公司的总负债不超过净速动清算价值；这家公司的获利在过去 10 年来增加了 1 倍；这家公司的获利在过去 10 年中的 2 年减少不超过 5%。

从这 10 条选股标准中，我们可以看出格雷厄姆青睐的一些财务指标，比如说市盈率、市净率、流动比率、股息收益率等。

① 刘建位：《一本书让巴菲特顿悟投资真谛》，载《上海证券报》，2010 - 10 - 11。
② 林赛：《"现代证券之父"——本杰明·格雷厄姆》，载《南方人物周刊》，2009（33）。

(1) 市盈率（P/E）和市净率（P/B）

市盈率（Price to Earnings ratio，P/E ratio or P/E）即股票的市价与每股盈利的比值，该指标可以反映股票被高估或者被低估的情况。格雷厄姆指出，对于防御型的投资者而言，股票的价格应该被限制在一定的市盈率范围内，并且其参照的每股利润，应取过去 7 年的平均数。他认为，针对这一平均数，其市盈率应控制在 25 倍以内；如果是过去 12 个月的利润，则应控制在 20 倍以内。

在一开始进行股票选择的时候，我们应该选择那些市盈率不太大并且经营稳固、效益良好的大公司。市盈率不高说明公司的股票并没有被高估，同时如果公司经营良好的话，未来几年内公司的价值就会逐渐凸显出来并且被大众所熟知，这个时候公众就会对该只股票持乐观情绪，股价就会上涨。

我们应当注意一旦股价上涨到比较离谱程度的时候，相应地其市盈率也会较之前成倍增长。这就给投资者了一个警示的信号——该公司股票被严重高估。聪明的投资者就应该意识到此时如此令人兴奋的高股价背后潜在的风险。此时的股价是由狂热的股民们疯狂的交易所推高的，已经不能反映公司本身的真实价值了。这个股价只能作为一个数字，并不能说明任何的真实情况。如果股民这时候大量买进该只股票，那他其实犯了一个严重的错误，他也不幸成为了"羊群"[①] 中的一只羊。股价的持续高涨是需要公司持续高涨的利润来维持的，此时股民们往往认为公司会经营得越来越好（但现实情况往往是公司的经营会走下坡路甚至出现大幅度的下降），股价会只涨不跌，它们好像有一种天生的自动屏蔽功能，把一些不利的信息完全过滤掉。一旦公司的经营无法支撑高股价，那么股价就会崩溃，下降的势头犹如瀑布一泻千里，心灰意冷的股民会大量抛售该股票。这种追涨杀跌的情况在股票市场中极为普遍，一方面是因为人内心的从众心理在作祟（即使是聪明的投资者，也需要很强的意志力来克制自己）；另一方面，是人们根本没有认清股票的价格代表什么。说得通俗一点，股票的价格其实什么也不是，仅仅是一个数字而已，是"市场先生"同你做的一个游戏。

格雷厄姆将股市拟人化，趣称之为"市场先生"。在《聪明的投资者》一书中格雷厄姆描绘道：你的一位合伙人（市场先生）是一位非常热心的人。每天他都根据自己的判断告诉你，你的股票价值多少，而且他还让你以这个价值为基础，把股份全部出售给他，或者从他那里购买更多的股份。有时，

---

① 羊群效应是指投资者缺乏自己的个性和投资主见，在市场中盲目追随大众的想法和行为。

他的股价似乎与你了解到的情况吻合，但大多数情况下，市场先生的说法极为不准确，并不能作为参考依据①。也就是说股市经常会出现严重的错误，并且大多数企业的特点和经营质量都会随着时间的变化而变化，投资者没必要一直紧盯着公司的业绩或者是股票的价格，需要不时地关注公司的经营业绩。如果投资者是经过深思熟虑与仔细研究过公司的经营状况后才作出的购买决策，即使股价有下跌，他也不必要被迫接受当期的报价而作出卖出的选择，因为市场早晚有一天会识别公司真正的价值的，无论它是被高估还是低估。

市净率（Price－to－Book Ratio，P/B or PBR）指的是每股股价与每股净资产的比率，又名市账率，指每股市价除以每股净资产，通常作为股票孰贱孰贵的指标之一。一般来说，市净率较低的股票，投资价值较高，相反，则投资价值较低。格雷厄姆指出，市净率对于分析股票价格与公司内在价值是极为重要的，但是它并没有得到应有的关注。公司过去的记录和未来前景越好，其股价与账面值之间的联系越小。然而，超出账面值的溢价越大，决定公司内在价值的基础就越不稳定。在支付这些溢价的同时，投资者要承担很大的风险，因为他必须依靠股市本身来证明自己投资的合理性，但这本身就是不合理的——因为股市根本就靠不住。格雷厄姆建议投资者最好购买售价能较好地接近于公司有形资产价值的股票。

（2）流动比率

流动比率（Current Ratio）为流动资产与流动负债的比值，能比较准确地反映公司的短期偿债能力。格雷厄姆指出，就工业企业而言，流动资产应该至少是流动负债的两倍。现代企业越来越讲求现金的重要性即所谓的"现金为王"。一旦企业陷入资金不足，周转失灵，其必将面临比较严重的经营危机。但是我们也应该辩证地看待流动资产规模的问题，保有一定量的流动资产的确对企业有利，但是如果规模过大，则可能表明该企业的流动资产没有得到充分的利用，存在闲置的情况，这样反而会造成资源的浪费。

2014年6月5日，中国长江航运集团南京油运股份有限公司被上海证券交易所退市，成为第一家退市的中央企业。长航油运的退市引发了人们激烈的讨论与对我国金融市场的反思，所以本节中采用长航油运作为案例具体分析流动比率的应用。

从图7－1中可以看出长航油运的流动比率从2006年开始上升，随后有小幅波动，并且在2010年达到顶点，之后一路下滑至今。截至2014年3月

---

① ［美］本杰明·格雷厄姆著、王中华、黄一义译：《聪明的投资者》，人民邮电出版社，2011。

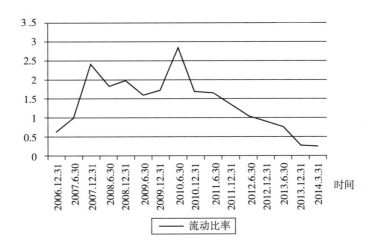

图7-1 长航油运流动比率走势图

底，其流动比率已经跌为0.25。在过去的7年中，长航油运的流动比率只有两个节点达到了格雷厄姆所要求的标准，其余时间均在2以下徘徊，尤其2012年以来，其颓势更加明显。而长航油运的实际经营情况也正是从2010年开始走下坡路，并且从2012年开始陷入资不抵债的境地。这说明了流动比率对反映一个公司经营状况具有极为重要的作用。

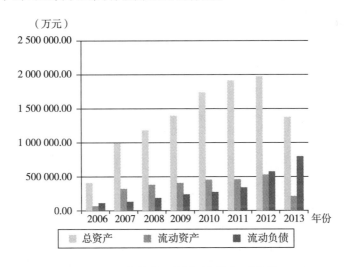

图7-2 长航油运主要财务指标对比图

从图7-2中可以看出长航油运的流动资产占总资产的比率一直不高，而且流动负债在2013年出现了激增。这能说明两方面的问题：一方面，长航油运的固定资产占比相当大，在经营环境良好的年份这无疑是有益处的，但是，众所周知从 2008 年开始航运一直处于低迷期，保持这么高比例的固定资产，只会给企业经营带来负担；另一方面，企业从 2012 年开始资不抵债，为了支撑企业，必须大幅度地举债，这也是 2013 年流动负债激增的原因之一。

作为理性的投资者，应该分析公司的偿债能力。如果该家公司连债权人的利益都无法保障的话，那么股权所有者的利益更无从谈起。

（3）每股利润（EPS）

每股利润（Earnings Per Share，EPS）又叫作每股盈余，是税后利润与股本总数的比率，可以反映公司的盈利能力，可以用来测定股票的投资价值，它一般与市盈率组合在一起使用。

每股利润对于投资者作出决策相当重要，不能仅关注其表面数字，应该深挖该指标的内在含义。格雷厄姆在《聪明的投资者》中针对每股利润给出两条建议。第一条，不要过于看重某一年的利润；第二条，如果你确实关注短期利润，请当心每股利润数据中存在的陷阱。也就是说，投资者应该注意每股利润中包含的一些"特殊费用"问题，他用美国铝业公司的数据进行了说明。在 1970 年美国铝业公司的每股年利润为 6.32 美元，市盈率不到 10 倍，是一个相当不错的成绩。然而如果扣除特殊费用，每股利润就变为 2.80 美元，市盈率翻了一倍。这个例子提醒投资者应该充分关注各种会计要素对实际每股利润的损害。针对这个问题，格雷厄姆提出投资者应该关注以往相当长时间内的平均利润，该指标可以缓和商业周期变化带来的利润波动。

7.2　巴菲特倚重的财务分析指标[①]

巴菲特认为，寻找超级明星企业给我们提供了走向成功的唯一机会。那么，巴菲特寻找超级明星企业的寻宝图是什么呢？答案为：公司财务报表。而分析公司财报的核心便是从财务指标判断企业竞争优势的强大程度和可持续性。

巴菲特曾这样概括自己的日常工作："我的工作就是阅读。"的确，巴菲特从来都是踏踏实实地去大量翻阅资料，去了解有关上市公司的财务与业务。

---

① 本节未注明出处的引文较多地引用了刘建位先生 2011 年发表在《中国证券报》上的系列讲座"巴菲特财报分析密码"及其著作《巴菲特股票投资策略》（机械工业出版社，2005 年 6 月版）。

他说："我阅读我所关注的这些公司的年报，还阅读其竞争对手的年报，这是非常重要的信息来源。"巴菲特的办公室里最多的就是上市公司的年报，他保存了美国几乎所有上市公司的年报。① 然而，多年来，巴菲特倚重的财务指标有哪些呢？

（1）存货周转率

存货周转率（Inventory Turnover Ratio）是指公司一定时期内的销售成本与存货之间的比率，存货周转速度的快慢，不仅反映公司的采购、储存、生产、销售各环节管理工作状况的好坏，而且对公司的偿债能力及获利能力产生决定影响。一般来说，存货周转率越高，周转期越短，存货周转速度就越快，利用效率也就越好。但存货周转率过高有可能是存货太少或库存经常不足所致，这样会导致经常缺货，延误生产，或者是产品脱节，丧失销售机会，或者是采购次数频繁，增加营业成本。

多年来，从巴菲特致股东的信中可以看出，巴菲特在考虑存货周转率时，特别看重的有三点：存货计价方式是否合理，计提的存货跌价损失是否足够；企业的存货水平是否合理。

企业在确定发出存货的成本时，可以采用先进先出法、移动加权平均法、月末一次加权平均法和个别计价法四种方法。对于企业来说，选择哪种存货计价方法最好，主要看企业所在的角度、考虑的主要因素，另外还要看企业所经营存货的特点和财产物资的盘存制度以及物价变动情况等。企业必须全面考虑，扬长避短，选择最适合企业的存货计价方法。

先进先出法是以先购入的存货先发出这样一种存货实物流转假设为前提，对先发出存货按先入库的存货单位成本进行计价的一种方法。采用这种方法，先购入的存货成本在后购入的存货成本之前转出，据此确定发出存货和期末存货的成本。如果物价上涨，先进的存货价格低，采用先进先出法，当期计算出来的用来生产的存货成本也就低，这样当期的盈利也就会更多。

对于性质和用途相似的存货，应当采用相同的成本计算方法确定发出存货的实际成本。《企业会计准则第 1 号——存货》第十四条规定：存货的计价方法一经选定，不得随意变更。如果企业变更存货成本计算方法，投资者一定要弄清楚变更是否合理。

以伯克希尔公司为例，由于石油禁运，化纤原材料价格暴涨，该公司把存货计价方法从先进先出法变更为后进先出法。巴菲特在 1973 年致股东的信

---

① 刘建位：《巴菲特财报分析密码 02：不懂财报别投资》，载《中国证券报》，2011 - 01 - 13。

中对此做了解释：由于在1973年出现了原材料价格超乎寻常的上涨，而且出现了1974年会继续上涨的信号，我们选择采用后进先出法进行存货计价。这种存货计价方法会使现在的成本和现在的收入更加匹配，使包括在报告利润中的存货"利润"减少到最低限度。

企业需要计提足够的存货跌价损失，如果存货价值很大，那么存货市场价格的下跌可能会给企业带来很大损失。伯克希尔的下属航空服务公司NetJets有很多架飞机存货，2003年出现了巨大的跌价损失："NetJets，我们下属经营部分产权分时航空业务的企业，2003年税前亏损4 100万美元，这家公司在美国地区获得了一定的营业利润，但是这些利润远远无法抵消3 200万美元的飞机存货跌价损失以及欧洲地区的持续亏损。……我们在2003年计提3 200万美元存货跌价损失，原因是这一年二手飞机价格下跌。具体而言，我们以市场上的普遍价格从一些退出的客户手中回购了分时航空飞机部分产权，而我们能够将这些产权再次出售的时候，其价值出现下跌。"

存货水平是否合理对企业来说是至关重要的，如果存货水平太低，不利于扩大销售。存货水平太高，就会占用大量资本，增加投资。而且，如果市场价格下跌还会出现跌价损失。因此，企业必须根据市场销售情况，不断调整，保持合理的存货水平。

存货水平一般用存货周转率来衡量。企业销售旺盛，货物周转得越快，只用较少的存货就可以实现很大的销售，存货周转率也就会很高；相反，企业销售低迷，货物周转缓慢，就会积压大量的存货，存货周转率就会很低。巴菲特经营投资合伙公司时，在1961年收购了登普斯特公司。他在1962年致合伙人的信中如此描述这家公司："这家公司过去10年的经营情况可以这样概括：营业收入停滞不前，存货周转率低，相对于投入资本而言几乎没有产生任何回报。"

对于投资而言，在对存货周转率进行分析时，应结合行业性质及公司实际情况作出正确评价。

（2）应收账款周转率

应收账款周转率（Receivables Turnover Ratio）是销售收入与应收账款的比率，应收账款周转率是考核应收账款变现能力的重要指标。一般来说，应收账款周转率越高，收账速度越快，发生坏账的可能性就越小。从巴菲特致股东的信中可以看出，巴菲特特别注重应收账款水平是否合理。

应收账款水平高低和公司销售方式直接相关，现金销售越多应收账款越少，赊销越多应收账款越多。在不影响销售增长的前提下，应收账款当然越低越好。伯克希尔下属的喜诗糖果主要是现金销售，因此应收账款很少。巴菲特在 2007 年致股东的信中说："喜诗公司销售产品采用现金结算，因此根本没有什么应收账款。"①

应收账款高低非常重要，它对企业的生存发展产生重要影响。企业最终想获得的是利润，是实实在在的现金，而不是应收账款这个数字的大幅增长。一家公司能将账面上的盈利转化为现金是至关重要的。巴菲特在 1979 年致股东的信中说："在一个销售量几乎没有任何增长而且人口也没有任何增长的市场上，联合零售商店的 Ben Rosner 却能创造出相对于所运用资本规模而言非常大的盈利，而且这些盈利都是现金，而不是像其他零售企业那样只是应收账款或存货的增加而已。"

想要提高应收账款周转率，最理想的情况就是企业销售收入增长、盈利增长而应收账款下降。而这样的情况是存在的：芒格直接找到已经 68 岁高龄的哈里先生，让他担任 CEO，然后回去静待必然出现的结果。事实上哈里先生根本没有让他等待很久。仅仅过了一年，1987 年 K&W 公司的盈利就创下历史新高，比 1986 年增长了 3 倍，而且在盈利提高的同时，公司运用的资本却减少了：K&W 公司在应收账款及存货上的投资金额减少了 20%。②

（3）总资产周转率

总资产周转率（Total Assets Turnover）是用来分析公司全部资产的使用效率，是销售收入与总资产的比率。从理论上说，总资产周转速度越快，资产管理效率越高。实际上，这一指标的大小与行业性质密切相关，通常资本密集型行业周转率较低，劳动密集型行业周转率高。因此，应将公司的总资产周转率与行业平均的周转率进行比较，以判断公司资产的使用效率。

巴菲特就是通过总资产周转率分析总资产管理的效率，进而判断企业的营运能力。

在 1978 年致股东的信中，巴菲特分析了伯克希尔纺织厂存在的这种现象：1978 年的盈利达到 130 万美元，较 1977 年有相当大的改善。但按照 1 700 万美元投入资本进行计算，投资收益率还是很低。当时纺织厂房及设备的账面价值，只是其重置所需成本中的很小一部分。而且，虽然这些设备已经使用多年，但大部分老设备与目前行业内的全新设备在功能上差别不大。

---

① 巴菲特致股东信，网址：a 腾讯财经网 http://finance.qq.com/zt2010/bftgddh/；b 新浪博客（风中散发）http://blog.sina.com.cn/s/articlelist_ 1147298365_ 9_ 1.html；c 巴菲特思想网 http://www.buffettism.com/。以下所引用巴菲特致股东的信均可在上述网址中找到。

② 巴菲特致股东的信（1987）。

尽管固定资产投入成本非常"低廉"，但是总资产周转率仍然相对较低，这反映出为实现销售收入要求，必须在应收账款和存货上保持较高的投资水平。纺织行业的低资本周转率与低销售利润率并存，不可避免会造成投入资本收益率无法达到必要水平。从这段话中，可以看出，巴菲特认为越是糟糕的企业，越需要在存货、固定资产等方面投入更多的资产。总资产周转率越低，净资产收益率也越低。相反，越是优秀的企业，存货周转率越高，为扩大生产销售的需要，在存货上追加的投资越少，净资产收益率越高。

需要注意的是，若要更加系统深入地分析总资产周转率，就需要将总资产进行分解，一般应先按流动性分解为流动资产周转率和非流动资产周转率，再将流动资产周转率分解为应收账款周转率、存货周转率、净营运资本周转率等。进而去分析各项主要资产的周转情况，并识别主要的影响因素。此时应统一使用销售收入计算周转率。

我们知道，巴菲特在选股的时候非常看重净资产收益率，他认为衡量一家公司经营业绩的最佳指标就是净资产收益率。巴菲特认为，提高总资产周转率是提高净资产收益率的重要途径之一。利用总资产周转率判断企业实力不失为一个好的手段。

(4) 毛利率

毛利（Gross Margin）等于营业收入减去营业成本，毛利率（Gross Profit Rate）等于毛利占销售收入的百分比。打个比方，商家卖一件衣服的的营业收入为 100 元，制作这件衣服的成本是 50 元，那么，一件衣服的毛利就是 50 元。而毛利率就是 50 元的毛利与 100 元的销售收入之比，即毛利率为 50%。

巴菲特青睐那些产品具有持续竞争优势、能够高定价的公司，体现在财报上则表现为长期保持较高毛利率。毛利率越高，代表企业产品的盈利能力越强。毛利率高的根本原因，在于消费者愿意付出比同类产品更高的价格，来购买这家企业的产品。通常来说，毛利率越高，代表这家企业的产品越好。

巴菲特非常欣赏的上市公司产品或服务由于拥有经济特权，能够主动提高定价，而成本和行业平均水平差不多，所以能够保持远远高于行业平均水平的毛利率。这类企业常常表现为名牌企业，比如在他长期持有的公司中，可口可乐一直保持 60% 或更高的毛利率，箭牌公司的毛利率为 51%。

以好时巧克力（Hersheys）为例，它是北美地区最大的巧克力及巧克力类糖果制造商。巴菲特经常以好时巧克力作为拥有经济特权，能主动提价的范例：假如你去给女朋友买巧克力，营业员说好时巧克力卖光了，她推荐你买一种没有什么名气的普通品牌的巧克力。她解释说，这种巧克力尽管牌子不响亮，但味道真不错，价格也便宜多了。可你宁愿再步行几条街，到另外一家商店，也要去买好时牌的巧克力。换言之，你宁愿为购买一块好时巧克力而多跑一段路，多花一些钱，也不愿意去买普通品牌的巧克力。这就说明制造已经让好时品牌的巧克力深入人心，消费者不在意多花几元钱去买这个品牌的巧克力，好时巧克力可以主动提高定价，那么，毫无疑问，好时巧克力将获得更高的毛利率。

相比之下，那些没有强大竞争优势的企业，毛利率就低得多了。例如，濒临破产的美国航空公司（United Airlines）毛利率仅为14%，陷入困境的汽车制造商通用汽车公司（General Motors）毛利率只有21%，曾经陷入困境但现在已经扭亏为盈的美国钢铁公司（U.S Steel）的毛利率为17%，一年四季都在激烈竞争的固特异轮胎公司毛利率只有20%。[①]

巴菲特用毛利率选股，不仅要求毛利率高，而且毛利率还要稳定持久。毛利率稳定是说毛利率不能上下波动幅度太大；而毛利率持久是说又高又稳的毛利率可以持续较长时间，这样才能说明该企业的产品具有持续的竞争力。毛利是企业一切盈利的基础，有高的毛利率才能为股价上升提供更大的推动力。

（5）销售利润率

巴菲特非常关注企业的销售利润率。销售利润率（Profit Ratio of Sales）即利润除以销售收入。巴菲特有时会分别用税前利润和税后净利润计算销售利润率，但多数情况下是用税后利润。因此，所谓的销售利润率，一般是指销售净利率。

巴菲特衡量企业销售净利率好坏的标准，主要是和行业水平相比，并适当考虑所在地区环境因素。提高销售利润率，按照其驱动因素，有以下四种方法：提高销量、提高价格、降低营业成本、降低营业费用。

巴菲特认为，主要营业成本项目大幅变化对销售利润率影响非常大："1983 年《布法罗新闻日报》盈利略微超过原来设定的10%目标销售净利率。这主要受益于两个因素：因前期巨额亏损冲抵使得州所得税费用低于正常水平；每吨新闻印刷成本大幅降低。"相反，巴菲特 1987 年预测："1988 年《布法罗新闻日报》不管是销售利润率还是利润都会下滑。新闻纸成本飞涨将是主要原因。"[②]

---

①　刘建位：《巴菲特财报分析密码09：巴菲特青睐高毛利率公司》，载《中国证券报》，2011 - 03 - 17。

②　刘建位：《重视销售净利率》，载《中国证券报》，2012 - 10 - 27。

在 1996 年，巴菲特指出，当销售收入增长不佳时，提高销售利润率的关键是控制费用。同时，提高销售净利率的措施能否成功，与管理层有很大关系。巴菲特曾说："公司经营管理业绩的最佳衡量标准，是净资产收益率的高低，而不是每股收益的高低。"

（6）净资产收益率（ROE）

净资产收益率（Rate of Return on Common Stockholder's Equity，ROE）就是净利润与净资产之比，也叫股东权益净利率。它代表了公司股东投资这家公司的投资回报率。净资产收益率越高，代表投资回报率越高，盈利能力越强。

巴菲特是通过多年的统计数据总结得出，净资产收益率是衡量公司业绩的最佳指标这个结论的。美国最有名的《财富》杂志做了一个统计表明，1978～1987 年这 9 年间，美国共有 1 000 家上市公司，但其中只有 25 家公司的净资产收益率连续 10 年平均高于 20%，而且没有一年低于 15%。这 25 家净资产收益率平均高过 20% 的公司，不但在业绩上是超级明星，在股价上表现上同样也是超级明星，它们的股价表现都远远超过了大盘指数。

巴菲特用净资产收益率指导选股与用毛利率指标选股有着异曲同工之处，即要求该项指标的比率要高，还要稳。

首先，净资产收益率要高，巴菲特选择公司的标准和他对自己公司的考查标准完全相同：每年不低于 15%。巴菲特对公司规模的大小不看重，却非常看重盈利能力高低："我宁愿要一家收益率为 15%、资本规模 1 000 万美元的中小企业，也不愿要一家收益率为 5%、资本规模 1 亿美元的大企业。"

其次，净资产收益率要稳，巴菲特认为，投资者不必过于重视企业某一年度的经营业绩，由于企业有自身的经营发展轨迹，如果以一年的业绩来衡量企业的经营状况，对企业来说显失公平。而比较合理的方法是以 5 年的平均盈利水平来考察企业的经营状况。

正如巴菲特在 1983 年致股东的信中说："1983 年，伯克希尔公司的账面净资产从去年的每股 737 美元增加到每股 975 美元，增长幅度为 32%。我们从来不会过于看重单一年度的数据。毕竟，为什么企业经营活动获得收益的时间长度，非得要与地球围绕太阳公转一周需要的时间精确地保持一致呢？相反，我们建议将最低不少于 5 年的业绩表现，作为衡量企业业绩水平的大致指标。如果企业过去 5 年平均业绩水平明显低于美国企业平均水平，就将亮出红灯。"

正是基于这样的选股标准,在 1988 年,巴菲特选择了可口可乐。巴菲特看中的是可口可乐在过去的 20 年里,始终保持 20% 的高净资产收益率。事实证明,这只股票确实给巴菲特带来了丰厚的收益。

20 世纪 70 年代,可口可乐的净资产收益率一直保持在 20%,与同期其他美国公司相比处于相当高的水平。但郭士达上任后并不满足于现状,在 20 世纪 80 年代,对可口可乐进行了改造,使其更加专注主业。不断提高管理和经营效率,还大规模回购股票,使净资产收益率从 1979 年的 21.7% 提高到 27.1%。巴菲特研究表明,高水平的净资产收益率必然会促进公司净资产的高速度增长,从而使公司的股价稳定增长。

巴菲特在 1977 年 5 月《财富》杂志发表的文章《通货膨胀如何欺诈股票投资者》中指出,为了提高股东权益收益率即净资产收益率,企业至少需要做到以下五种事项之一:①提高总资产周转率,总资产周转率是销售收入与经营使用总资产的比率。②更低成本的财务杠杆。③更高的财务杠杆。④更低的所得税税率。⑤更高的销售收入经营利润率(经营利润除以销售收入)。这也是所有可以提高净资产收益率的方式。集中投资于具有高水平净资产收益率的优秀公司,正是巴菲特获得巨大投资成功的重要秘诀之一。

(7)市盈率(P/E)

市盈率(Price Earnings Ratio,P/E or PE)是指股票每股市场价格与每股收益的比率。股票市盈率低于平均水平,代表相对低估。很多实证研究表明,低市盈率股票能够产生超额收益。证券分析人员利用市盈率进行国家之间、行业之间、公司之间以及公司不同时期之间的比较,寻找相对低估的公司股票。

巴菲特认为,内在价值为评估投资和企业的相对吸引力提供了唯一的逻辑手段,他并不认为市盈率是正确的估值标准,但他经常用市盈率来说明股票的估值水平过高还是过低。

巴菲特也用市盈率来比较同类或同质股票的估值水平差异,以寻找那些与具有相同综合品质的证券相比,价格相对便宜的股票:"我们要求其与现在的行业平均估值水平相比具有显著的差异,但是(通常是由于巨大的市值规模)对于私人企业主来说并不具有收购的可能性。当然在这类投资中,最重要的是一定要苹果和苹果来对比,而不能苹果和橙子对比。在绝大多数情况下我们不能足够了解行业或者公司,无法得出一个明智的判断,对于这种情况，我们就放弃。"①

表 7 - 1 是巴菲特旗下伯克希尔公司所持有股票的相关数据：

表 7 - 1　　　　　　**伯克希尔公司所持有股票相关数据**

（截至 2010 年 4 月 1 日）　　　　　　　　单位：美元

序	公司名称	购买时每股价格	购买时每股收益	市盈率（倍）
1	百时美施贵宝	13	1.1	11.8
2	国际公众企业集团	3	0.81	3.7
3	奥美集团	4	0.76	5.2
4	ABC 电视网络公司	24	4.89	4.9
5	奈特里德报社	8.25	0.94	8.8
6	华盛顿邮报	5.69	0.76	7.5
7	洛杉矶时报	14	2.04	6.9
8	国际家具品牌有限公司	14	1.92	7.29
9	米勒工业公司	21	2.16	9.7

资料来源：http：//blog. sina. com. cn/s/blog_ 73eeed280100sdrk. html②.

由表 7 - 1 我们可以看出巴菲特对价格的要求，他购买的公司都是具有持续竞争优势的公司，可对价格要求不放松。上述 9 个公司中，只有一个公司在购买时市盈率超过了 10 倍，大部分购买时市盈率低得惊人。观察今天我们在市场上购买股份，有时 10 倍市盈率就觉得挺便宜，对比巴菲特我们要求的安全边际是太低了，这也是投资失误的主要原因。

（8）利润增长率

投资者应该知道，企业收入增长只是手段，利润增长才是最终目的。那么，收入增长一定会带来利润增长吗？答案是否定的，收入增长并不一定会带来利润增长，有时甚至收入增长会带来利润下降，比如清仓赔本大甩卖。

巴菲特不会只看收入增长率数据的高低，还会与税前利润增长率比较，分析收入增长率的质量。巴菲特关注收入，但更关注其含金量。

巴菲特曾嘲讽那些只重视收入规模增长的大企业，他说："大部分机构，包括商业机构及其他机构，衡量自己或者被别人衡量，以及激励下属管理人

---

① 刘建位：巴菲特财报分析密码 53：如何合理运用市盈率指标，2012 年 6 月 8 日《中国证券报》。

② 江湖一飘：巴菲特购买的企业和它的市盈率——读《新巴菲特法则》感想之四，2010 年 4 月 1 日，新浪博客，http：//blog. sina. com. cn/s/blog_ 73eeed280100sdrk. html.

员，所使用的标准绝大部分是销售收入规模大小。问问那些名列财富 500 强的大公司的经理人他们的公司排名第几位，他们回答的排名数字肯定是销售收入排名。他们可能根本都不知道，如果销售收入财富 500 强企业根据盈利能力进行排名，自己的公司会排在第几位。"[1]

收入增长固然重要，但如果收入增长很快，而利润增长并不快，这可能就有问题了。巴菲特对此深有体会，他 1965 年收购了伯克希尔纺织厂，结果运营了 21 年后，不得不在 1985 年关闭。此前 9 年，公司纺织业务收入累计高达 5 亿多美元，但却累计亏损 0.1 亿美元。虽然有时也盈利，但总是进一步退两步。因此，在对企业财务状况进行分析时，一定要注重利润增长率指标，切不可认为收入增长了，利润一定上升。

(9) 利息保障倍数 (TIE)

利息保障倍数 (Times Interest Earned，TIE) 是公司一定期间税前利润与利息支出之比，它反映的是公司偿付负债利息的能力。利息保障倍数越大，说明公司支付利息的能力越强，风险越小；反之，公司偿债能力越差。为了正确评价公司能力的稳定性，一般需要计算连续数年的利息保障倍数，通常应计算 5 年或 5 年以上的利息保障倍数。为保守起见，应选择过去 5 年中最低的利息保障倍数值作为基本的利息偿付能力指标。

巴菲特非常青睐那些利息保障倍数很高的企业，因为巴菲特非常喜欢低负债甚至零负债的公司，非常讨厌高负债公司。从 1982 年起，巴菲特就在致股东的信中多次公开声明他想要收购企业的基本标准，其中就有"公司在仅仅使用少量负债或零负债情况下良好的权益收益率水平。"正如巴菲特经常说的："好公司是不需要借钱的。"

波仙珠宝公司就是巴菲特理想的没有负债的好公司。1870 年，刘易斯·波仙创办了波仙珠宝公司。1947 年，刘易斯·福莱德曼和他的妻子买下了该公司。他妻子的名字大家可能不一定能记得，但提到内布拉斯加家具中心的那位 B 太太——罗丝·布拉姆金夫人，大家就非常熟悉了——她正是罗丝·布拉姆金夫人的妹妹。在经营管理上，刘易斯·福莱德曼夫妇注重节约成本，提升销售量。结果，商店营业收入每周日平均达到了 2 500 美元，销售旺季可以达到 3 000 美元。同时，该公司建立了完善的邮寄购物系统，大大节约了销售成本。基于此，在其他珠宝公司销售成本占 40% 的情况下，波仙珠宝公司的销售成本仅占 18%。这使得公司的盈利空间非常大，自然不必借债经营了。

---

① 巴菲特致股东的信（1981）。

1988 年圣诞节期间，波仙珠宝公司管理层的唐纳德·耶鲁看到巴菲特在那里仔细观察一枚戒指，于是一边开玩笑一边大声地说："不要把这枚戒指卖给他，就把整个商店卖给他吧！"几个月后，巴菲特问他们是否真的有意卖这家公司，经过两次非常简短的会晤，双方以 6 000 多万美元的价格达成交易。① 后来，巴菲特谈到波仙珠宝公司提出的最能吸引他的条件就是该公司没有负债。巴菲特选股的标准之一就是：非金融企业的利息保障倍数一般要高于 7 倍。②

表 7 - 2　　　　　　　　巴菲特 10 大重仓股公司利息保障倍数

（2010 年）　　　　　　　　单位：倍

巴菲特持股公司	利息保障倍数
可口可乐	16
富国银行*	5
美国运通*	4
宝洁	17
卡夫	2.7
强生	38
沃尔玛	12
WESCO 金融*	182
康菲石油	18
美国银行*	4

说明：带 * 者为金融机构。

资料来源：http://blog.sina.com.cn/s/blog_ a49abe8e01014xhq.html.

表 7 - 2 数据表明，金融机构以外，只有全美第一大食品制造企业卡夫不满足巴菲特"非金融企业的利息保障倍数高于 7 倍"的要求，此种"安全边际"之大，保证了巴菲特股票投资的安全系数之高。不同行业利息保障倍数的平均水平相差很大，金融企业要比非金融企业高很多。因此，个股应该与行业平均水平相比。巴菲特选择利息保障倍数很高的公司，其原因在于：在任何行业，只有那些具有持续竞争优势的优秀公司，才能长期保持超额盈利能力，资产负债率很低，财务状况非常稳健。

---

① 乐敏：《巴菲特的投资智慧》，电子工业出版社，2013。
② 刘建位：《巴菲特财报分析密码14：利息保障倍数越高越好》，载《中国证券报》，2011 - 04 - 28。

7.3　彼得·林奇关注的财务分析指标

彼得·林奇（Peter Lynch）是美国乃至全球首屈一指的投资专家，他对共同基金的贡献就像乔丹对篮球的贡献，其独到之处在于把投资变成了一种艺术，把投资提升到一个新的境界。

彼得·林奇出生于 1944 年，1968 年毕业于宾夕法尼亚大学沃顿商学院，取得 MBA 学位；1969 年进入富达管理研究公司成为研究员，1977 年成为麦哲伦基金的基金经理人。他曾经是富达公司的副主席，还是富达基金托管人董事会成员之一，现居住在波士顿。

在 1977~1990 年彼得·林奇担任麦哲伦基金经理人职务的 13 年间，该基金的管理资产由 2 000 万美元成长至 140 亿美元，基金投资人超过 100 万人，成为富达的旗舰基金，并且是当时全球资产管理金额最大的基金，其投资绩效也名列第一——13 年间的年平均复利报酬率达 29%。1990 年，彼得·林奇退休，开始总结自己的投资经验，陆续写《彼得·林奇的成功投资》《战胜华尔街》《学以致富》，轰动华尔街。

彼得·林奇对理论家和预言家历来异常反感。彼得·林奇认为股市中总存在着各种各样意想不到的风险，常常令人捉摸不定，如果一味听信股市理论家和预言家的意见，而缺乏自己的分析判断，多数情况下会投资失误。不相信理论、不靠市场预测、不靠技术分析，靠的是信息灵通和调查研究，这就是声播全球的林奇投资风格。

他从朋友罗斯那里听到某玩具公司值得投资时，便决定亲自到这家玩具商店去看看。他询问顾客是否喜欢该玩具商店，几乎被访者都说他们是回头客。这使林奇确信这家公司的生意做得不错，于是才果敢地买了该公司的股票。而在他买进拉昆塔公司的股票之前，他在这家公司办的汽车旅馆里住了 3 夜。与常人不同，奔波于证券市场中的林奇养成了处世冷静、善于观察身边事物的特有习惯。他尤其留意妻子卡罗琳和 3 个女儿的购物习惯，每当她们买东西回来，他总要聊上几句。一次，妻子卡罗琳买回了"莱格斯"牌紧身衣，他发现这将会是一个走俏的商品。在他的主导下，麦哲伦当即买下了生产这种紧身衣的汉斯公司的股票，没过多久，股票价格竟达到原来价格的 6 倍。

彼得·林奇平均每月走访 40~50 家公司，1 年走访 500~600 家（即使少的时候，1 年也至少走 200 家），阅读约 700 份年报。他是最早调查海外公司的基金经理，比如他发现沃尔沃的时候，连瑞典自己的分析师都没去过它的工厂。当时沃尔沃的股价是每股 4 美元，每股现金也有 4 美元了，林奇认为沃尔沃的股价被严重低估，于是果断出手，这笔交易后来为彼得·林奇赚了7 900万美元。

林奇的勤奋在共同基金界是出了名的。他每天6:15乘车去办公室，晚上7:15回家，1年行程10万英里，相当于一个工作日400英里。每天午餐都会见一家公司高管，每天听200个经纪人的意见。他和他的助手每月要将2 000家公司检查一遍。在他退休之前，他只度过两个长假，其中的一个是去东亚，在日本用5天时间考察当地公司，在香港找到老婆，在中国玩了3天，然后去曼谷考察及观光；第二次是去英国，用3天时间调查当地的企业。

彼得·林奇非常重视对被投资企业财务状况的调研，他认为公司财报是判断一家公司有无投资价值的第一手资料，彼得·林奇关注的财务分析指标包括：①

（1）市盈率（P/E）

彼得·林奇把市盈率看作是一家上市公司获得的收益可以使投资者收回最初投资成本所需的年数，前提当然是要假定公司每年的收益保持不变。假如投资者用5 000美元购买了某公司100股的股票，目前该股票的每股收益是5美元，因此投资者购买的100股股票1年后应该获得的收益为500美元，而投资者最初投资的5 000美元则需要10年的收益才能完全收回。

林奇认为，市盈率是衡量股价高低和企业盈利能力的一个重要指标。由于市盈率把股价和企业盈利能力结合起来，其水平高低更真实地反映了股票价格的高低。例如，股价同为50元的两只股票，其每股收益分别为5元和1元，则其市盈率分别是10倍和50倍，也就是说其当前的实际价格水平相差5倍。若企业盈利能力不变，这说明投资者以同样50元价格购买的两种股票，要分别在10年和50年以后才能从企业盈利中收回投资。但是，由于企业的盈利能力是会不断改变的，投资者购买股票更看重企业的未来。因此，一些发展前景很好的公司即使当前的市盈率较高，投资者也愿意去购买。

预期的利润增长率高的公司，其股票的市盈率也会比较高。例如，对两家上年每股盈利同为1元的公司来讲，如果A公司今后每年保持20%的利润增长率，B公司每年只能保持10%的增长率，那么到第十年时A公司的每股盈利将达到62元，B公司只有26元，因此A公司当前的市盈率必然应当高于B公司。投资者若以同样价格购买这两家公司的股票，对A公司的投资能更早地收回。

---

① 赵文明：《彼得·林奇投资选股智慧全集》，地震出版社，2007。

彼得·林奇主要采用市盈率进行股票估值，但是他比较灵活。他认为，在根据市盈率判断股票高估还是低估时，一定要进行充分、全面地比较：一是将目标公司的市盈率与行业平均市盈率比较；二是将行业市盈率与市场整体市盈率进行比较；三是将目标公司不同年份的历史市盈率进行比较。

彼得·林奇还非常重视股票市场的整体市盈率。他认为一家公司股票的市盈率并非独立存在，而是相互依存的。所有上市公司的股票共同组成了一个整体，作为这个整体的股票市场本身也有一个自己的市盈率。股票市场整体的市盈率水平对于判断市场整体上是被高估或是低估是一个很好的风向标。整体市盈率的具体计算方法是用全部上市公司的市价总值除以全部上市公司的税后利润总额，即可得出这些上市公司的平均市盈率。

彼得·林奇认为，利率水平对市盈率水平有着非常大的影响，这是由于在利率较低时，债券的投资吸引力降低，投资者愿意在购买股票时支付更高的价格。但是除了利率之外，在牛市中形成的令人难以置信的乐观情绪能够把市盈率哄抬到一个令人匪夷所思的水平，比如 EDS 公司股票市盈率一度达到了 500 倍，雅芳公司股票市盈率达到了 64 倍，宝丽来公司股票市盈率达到了 50 倍。那时，快速增长型公司的市盈率上涨到了一个高入云霄虚无缥缈的高度，而缓慢增长型公司的市盈率也涨到了在正常情况下快速增长型公司才具有的市盈率水平，在 1971 年整个市场的平均市盈率上涨到了 20 倍的最高点。这种市盈率的快速上涨，往往会带来巨大的风险，1973～1974 年的股市大跌就是证明。

（2）市盈率增长比率（PEG）

市盈率增长比率（Price/Earnings to Growth Ratio，PEG Ratio）是市盈率和收益增长率的比值，它是彼得·林奇发明的一个股票估值指标，是在市盈率估值的基础上发展起来的，它弥补了 PE 对企业动态成长性估计的不足。林奇认为，投资者应该关注公司市盈率和增长率的比值，因为这是一种迅速考察市价合理性的方法。鉴于每年的收益增长率可能有波动，林奇主张，最好使用公司未来 3 年或 5 年的每股收益复合增长率。

比如一只股票当前的市盈率为 20 倍，其未来 5 年的预期每股收益复合增长率为 20%，那么这只股票的 PEG 就是 1。当 PEG 等于 1 时，表明市场赋予这只股票的估值可以充分反映其未来业绩的成长性；如果 PEG 大于 1，则这只股票的价值就可能被高估，或市场认为这家公司的业绩成长性会高于市场的预期。通常，那些成长型股票的 PEG 都会高于 1，甚至在 2 以上，投资者愿意给予其高估值，表明这家公司未来很有可能会保持业绩的快速增长，这样的股票就容易有超出想象的市盈率估值；当 PEG 小于 1 时，要么是市场低估了这只股票的价值，要么是市场认为其业绩成长性可能比预期的要差。

由于 PEG 估值法需要对未来至少 3 年的业绩增长情况作出判断，而不能只用未来 12 个月的盈利预测，因此大大提高了准确判断的难度。事实上，只有当投资者有把握对未来 3 年以上的业绩表现作出比较准确的预测时，PEG 的使用效果才会体现出来，否则反而会起误导作用。此外，投资者不能仅看公司自身的 PEG 来确认它是高估还是低估，如果某公司股票的 PEG 为 12，而其他成长性类似的同行业公司股票的 PEG 都在 15 以上，则该公司的 PEG 虽然已经高于 1，但价值仍可能被低估。所以 PEG 本质上还是一个相对估值方法，必须要对比才有意义。

用 PEG 可以解释许多市场现象，比如一家基本面很好的公司估值水平却很低，而另一家当前业绩表现平平的公司股票却享有很高的估值，而且其估值还在继续上涨，其中的缘由就是这两家公司的成长性不同。前者虽然属于绩优公司，但可能已经失去了成长性，用 PEG 来衡量可能已经并不便宜，投资者不再愿意给予它更高的市盈率。后者虽然当前盈利水平不高，但高成长性可以预期，当前价格不见得很贵，只要公司能不断实现预期的业绩增长，其高估值水平就能保持，甚至还能提升。这就是股市的重要特征，股价的表现最终都要靠公司的成长性预期来决定。对高成长的公司就可以出更高的价钱，低成长性的公司就只能匹配低价，PEG 很好地反映了这一投资理念。

（3）产权比率

产权比率是指负债总额除以股东权益总额的比值（本书第 3 章中作者将其定义为财务杠杆倍数，此处仍使用习惯称呼）。产权比率指标反映由债权人提供的资本与股东提供的资本的相对关系，反映企业基本财务结构是否稳定。一般说来，股东资本大于借入资本较好，但也不能一概而论。从股东来看，在通货膨胀加剧时期，企业多借债可以把损失和风险转嫁给债权人；在经济繁荣时期，多借债可以获得额外的利润；在经济萎缩时期，少借债可以减少利息负担和财务风险。产权比率高，是高风险、高报酬的财务结构；产权比率低，是低风险、低报酬的财务结构。

产权比率也表明债权人投入的资本受到股东权益保障的程度，或者说是企业清算时对债权人利益的保障程度。

彼得·林奇喜欢低债务或者没有债务的公司，这种公司是很少见的（美国的微软公司、我国贵州的"老干妈"都是典型的例子）。某些种类的公司，例如金融机构和能源公司，因为它们所从事业务的性质，一般都有大量的负债。彼得·林奇有其他的标准来应付这种企业，这也是他不平常的地方。如果一家公司的债务少于其权益的80%，就通过了彼得·林奇的选股标准。如果超过了，除非是金融机构和能源企业，就不能通过。

在一份正常的公司资产负债表中，股东权益应占到75%以上，而负债要少于25%。以前面彼得·林奇阅读财务报表时所列举的福特汽车公司为例，福特汽车公司的股东权益与负债的比率是180亿美元比17亿美元，也就是说，股东权益占91%而负债仅占9%。由此可见，福特汽车公司的财务实力非常强大。

（4）每股收益增长率

每股收益（EPS）又称每股税后利润、每股盈余，指税后利润与股本总数的比率。它是测定股票投资价值的重要指标之一，是分析每股价值的一个基础性指标，是综合反映公司获利能力的重要指标，它是公司某一时期净收益与股份数的比率。该比率反映了每股创造的税后利润，比率越高，表明所创造的利润越多。若公司只有普通股，净收益是税后净利，股份数是指流通在外的普通股股数。如果公司还有优先股，应从税后净利中扣除分派给优先股股东的利息。

每股收益增长率，可以反映股东权益的增长情况，它的计算方法是当年每股收益减去上年每股收益，然后除以上年每股收益。每股收益增长率指标反映了每一份公司股权可以分得的利润的增长程度。该指标通常越高越好，但也要有一定的限度。林奇认为快速增长型公司应在过去2～5年内年均增长20%～50%，这能为公司成功地扩张计划赢得时间；但当每股收益年增长率超过50%时需要警惕，这是因为如此高的增长率在长期内很难维持，而且增长率一旦下降则公司容易垮掉。

此外，像巴菲特一样，彼得·林奇也很看重自由现金流这个指标。按彼得·林奇的解释，现金流是一家公司在从事业务过程中所获取的货币量。每个企业都收入现金，这不是大事件。但一个显著不同的因素是，某些公司要花费比别人更多的钱来获得它们的现金流。这就是彼得·林奇强调自由现金流的原因，他将自由现金流定义为：在正常的资本性支出后的剩余。这些现金是你取得后不必再花出去的。林奇经常会找到一些收益适中却非常值得投资的公司，这主要是因为它的自由现金流。通常这种公司都拥有一大笔旧设备的折旧，而这些旧设备短期内不会被淘汰。这种公司在改革的过程中还可以继续享受税收减免待遇（设备的折旧费用是免税的）。这些折旧使公司的自由现金流远远大于报表上的现金流，容易使一般投资者低估其股价。一家公司拥有越多的自由现金流，也就越是一件好事。

08 财务造假伎俩看通透

> 导读：理想很丰满，现实很骨感。真实的世界远不如人们想象的那么美好。在投资之前，我们想对所投资的公司进行"基本面"分析，我们依据公司所发布的财务数据作出了投资决策，然后我们发现自己错了，因为公司的财务数据是注过水的——这是每天都在发生的悲剧。歌手那英满世界呼唤——"借我一双慧眼吧"，结果不得而知，笔者却可以向你提供望远镜、显微镜和光谱分析仪，参透了本章的玄机，一切假的东西都无法在你面前遁形。

2003年12月17日，央视《对话》栏目现场，时任招商局集团董事长的秦晓在和国资委副主任李毅中及现场嘉宾对话中，不经意间透露："我这两天在北京开会，公司的那些领导给我打电话，问我今年利润是做成17亿元还是18亿元，还是20亿元。我说等我回去看看国资委的考核条例再定。"[1] 有人觉得是秦晓说"走嘴"了，其实不是。在中国，财务造假是个公开的秘密，既然都是"内部人"，就实话实说呗！就是由于财务造假的普遍化、常态化、半公开化，人人心知肚明，才有了大国总理朱镕基2001年为北京、上海、厦门3个会计学院题词"不做假账"这段佳话。[2]

10多年的时间过去了，中国企业财务造假的陋习是否改观了？答案悲观。2011年中国在美国上市的240家企业中，就有132家被美国有关监督机构列入"黑名单"，"中概股"集体遭遇"滑铁卢"，而其中的绝大多数企业被疑"财务造假"。据媒体披露，2011年3月至6月的两个多月时间里，就有18家中国公司被纳斯达克或纽约证券交易所停牌，4家企业被勒令退市。2011年上半年，在美国上市的13家中国概念股中有11家破发，占比84.62%；而2010年上市的企业，更是大面积处于破发状态。汤森路透的有关数据表明，2011年5～6月美国股市上的中国概念股，股价平均下跌了19.97%。[3] 在本书前面的章节中，笔者一直在与读者探讨财务分析方法在投资决策中的重要

---

①　吴建友：《年终突击决算为哪般》，载《每日经济新闻》，2005-01-25。

②　项怀诚：《著诚去伪 礼之经也——朱镕基同志3次题词"不做假账"》，载《中国财经报》，2008-07-18。

③　刘晓翠：《中国概念股海外遭遇"滑铁卢"》，载《上海国资》，2011（8）。

功能与应用，但所有的这一切建立在"财务数据真实可信"这一前提基础之上，如果财务数据不可靠，上述分析就会一文不值。

但现实是残酷的，做个成功的投资者不易。善良的投资者们，在你们掌握了基本的财务分析方法之后，你们还必须能够辨别财务数据的真伪，否则轻者伤筋动骨，严重时将面临灭顶之灾。本章，笔者将深入剖析不良企业做假账的手法，与读者分享虚假财务数据识别技术，提高读者抵御财务诈骗风险的能力。

8.1　公司财务造假的动机分析

公司财务为什么要造假？先来分析一下这个问题很有必要。从逻辑的角度看，分析公司财务造假的动机，有利于识别财务造假的手段，这是因为动机决定行为方式，造假者总是为满足最终目的而采取有利于己的造假方法。

公司财务造假的动机可以归纳为如下五种：

（1）以融资为目的的财务造假

企业融资方式多种多样，但概括起来无非是股权融资和债务融资两种。无论是哪一种融资，投资者都要考察融资方的资本实力、财务实力、盈利能力或偿还能力，以保证自己的资金安全。比如，银行放贷要评定借款企业的信用等级；投资银行代理发行企业债券要聘请评级公司对发债公司进行信用评级；证券监管部门和证券交易所要对 IPO（首次公开发行）、增资扩股的企业进行财务审计；企业购并方要对目标企业的财务状况进行分析研究；投资者要对拟投资企业的财务状况进行分析，等等。要让别人掏钱给你，首先必须人家信得过你。有的企业达不到投资者或监管部门预先设定的标准，就可能铤而走险，通过财务造假达到上市、发债、贷款的融资目的。

欺诈上市，就是指企业通过财务造假欺骗监管当局、投资者和证券交易所而达到上市的目的。上市是某些人一夜暴富的不二法门，所以，证券市场是财务造假的重灾区。

根据《公司法》等法律规定，企业 IPO 的前提条件是必须连续 3 年盈利，而且要经营业绩比较突出，这样才有可能通过证监会发审委的审批。除此以外，股票发行的价格高低也与盈利能力有关。如果企业未能达到 IPO 或增发的条件，又急于从资本市场上"圈钱"，它们就会铤而走险，通过虚增销售额、虚增利润、少计成本和费用等方式伪造报表，以求蒙混过关。A 股历史上东方锅炉、红光实业、麦科特、郑百文、大东海都是通过"包装"上市，虚构前 3 年利润,达到 IPO 目的的。

中国股市有一朵"欺诈上市"的"奇葩"——云南绿大地生物科技股份有限公司(现更名为云南云投生态环境科技股份有限公司,股票代码002200.SZ,股票简称"云投生态",为还原历史本文仍简称"绿大地"),该公司于 2007 年 12 月 21 日在深圳证券交易所中小板首次发行股票并上市,募集资金达 3.46 亿元。

公诉机关指控称,2004~2009 年,绿大地在不具备首次公开发行股票并上市的情况下,为达到在深圳证券交易所发行股票并上市的目的,经过被告人何学葵、蒋凯西、庞明星的共谋、策划,由被告人赵海丽、赵海艳登记注册了一批由绿大地实际控制或者掌握银行账户的关联公司,并利用相关银行账户操控资金流转,采用伪造合同、发票、工商登记资料等手段,少付多列,将款项支付给其控制的公司组成人员,虚构交易业务、虚增资产、虚增收入。其中,在上市前的 2004~2007 年 6 月间,绿大地使用虚假的合同、财务资料,虚增马龙县旧县村委会 960 亩荒山使用权、马龙县马鸣乡 3 500 亩荒山使用权以及马鸣基地围墙、灌溉系统、土壤改良工程等项目的资产共计 7 011.4 万元。绿大地还采用虚假苗木交易销售,编造虚假会计资料,或通过绿大地控制的公司将销售款转回等手段,虚增营业收入总计 2.96 亿元。绿大地的招股说明书包含了上述虚假内容。

通过虚增业绩上市的绿大地并没有停下脚步,上市后还通过伪造合同等方式来虚增业绩。据公诉机关指控,2007~2009 年,绿大地通过伪造合同和会计资料,虚增马龙县月望乡猫猫洞 9 000 亩荒山土地使用权、月望基地土壤改良及灌溉系统工程、文山州广南县 12 380 亩林业用地土地使用权的资产共计 2.88 亿元。此外,绿大地还采用虚假苗木交易销售,编造虚假会计资料或通过受其控制的公司将销售款转回等手段,虚增收入共计 2.5 亿元。绿大地披露的年度报告中包含了上述虚假内容。

绿大地不是欺诈上市的首例,也绝不是最后一例。其看点在于,2011 年年底绿大地东窗事发,2011 年 12 月 2 日,昆明市官渡区法院作出一审判决,判处被告单位绿大地(当时股票代码为 * ST 大地)犯欺诈发行股票罪,判处罚金 400 万元,判处董事长何学葵有期徒刑 3 年,缓期 4 年执行。有文章分析称,绿大地董事长当时持有公司股份 4 325.80 万股,按照 2011 年 12 月 2 日收盘价 14.41 元计算,价值 62 334.78 万元,而绿大地当初欺诈上市募集到了34 629 万元资金。用接近 10 亿元的获得换来了 4 年缓刑,无异于罚酒 3 杯,何学葵太值了，这哪是对证券犯罪的惩罚，简直就是在鼓励犯罪。①

2011年12月7日新华网发表署名文章（记者赵晓辉、陶俊洁）《五道关挡不住绿大地欺诈上市，造假成本过于低廉》称：在以审核严格而著称的A股市场上，一家企业若想上市须经过地方政府、中介机构、地方证监局、证监会发行部、发审委五道关口。然而，这众多的关口还是放跑了一个造假严重到令调查人员都瞠目结舌的绿大地，让这家连续3年亏损的企业堂而皇之地登陆A股，并且安然无恙地交易多年。② 更令人匪夷所思的是，该公司没有退市，而是摇身一变变成"云投生态"，至今还活跃在中国股市上。

有的上市公司为获得配股资格或增发而造假，上市公司向社会公开募集资金的主要方法是配股和增发，而国家对配股的控制很严格——上市公司向股东配股必须符合"公司在近3年内净资产税后利润每年都在10%以上，属于能源、原材料基础设施类的公司可以略低，但不低于9%"的条件。净资产收益率是否能达到上述要求，制约着企业是否可以通过配股来筹集资金。当企业自身的经营状况难如人愿时，上市公司为了维持或增强企业融资能力，就会采取从其关联公司转移利润的办法，使上市公司利润虚增，人为提高该企业的获利水平和信用等级，从而使投资人高估其获利能力和经营状况，增加了金融市场风险。特别是在有些企业里，3年时间中只有一两年达到要求，"功亏一篑"，它们迫切需要伪造报表，以求顺利过关。

（2）以操纵股价为目的的财务造假

股市是国民经济的晴雨表，股价是企业经营的晴雨表，而股价的波动主要源于公司公布的财务数据是否具有足够的吸引力。根据这一原理，一些上市公司控股股东会利用财务数据操纵股价。比如在企业增发新股、发债、管理层原锁定股份解禁、股票期权兑现、认股权证到期等时间节点，企业会利用靓丽的财报数据拉高股价；股票价格预期的波动也可能是利用财报数据蓄意地使股价作暂时性的下跌，以便操纵者得以廉价购进股票，以取得更大的控制权或待价而沽。如琼民源与银广夏造假案主要目的就是配合庄家二级市场操纵价格。

2005年前后，有一个新概念在我国资本市场广泛流行，即所谓的"市值管理"。2014年5月9日，国务院颁布《关于进一步促进资本市场健康发展的若干意见》（业内称新"国九条"），明确提出"鼓励上市公司建立市值管理制度"。但从近10年的实践来看，"市值管理"没有达到理论提出者预先的设

---

① 李允峰：《绿大地欺诈上市 罚酒三杯?》，载《每日经济新闻》，2011 - 12 - 06。

② http：//finance. sina. com. cn/stock/s/20111207/164310951704. shtml.

想，反倒成了一些上市公司实施操纵股价的理论依据。笔者认为，鉴于我国资本市场的发展程度，目前倡导市值管理弊大于利，因为在人们的观念里，市值管理就是管理市值，管理市值的手段就是管理股价，而管理股价不过是操纵股价的另一种说法。不管管理层如何强调这种认识是不对的，但人们在实践中就是这样干的，因此其对完善我国上市公司法人治理结构的负面作用不容小觑。

（3）上市公司为避免戴帽（ST、PT）以及退市实施财务造假

我国上市公司粉饰报表另外一个目的是为避免戴帽（ST、PT）[①] 以及退市进行财务造假。业绩不好的上市公司不想戴帽；已经戴帽的 ST 不想沦为 PT；PT 不想最后退市，这些公司一般都表现出强烈扭亏为盈的欲望。

（4）以粉饰经营业绩为目的的财务造假

我国的许多上市公司，许多都是由原国有企业改制而成，并非真正地进行股份制改造，类似于行政机构而非企业，管理层的任命是组织部而非董事会，所以管理层主要是对政府负责而非对股东和投资负责。政府部门为提高这些国有控股企业的经济效益，往往制定有大量的、对企业管理层的考核指标，一旦指标数据难看，往往决定管理者的去留或能否升迁。公司管理阶层为了达成考核目标，借以表现其为成功的经理人，就可能虚报财务数据，有人戏称此类舞弊为"绩效舞弊"。

考核企业的经营业绩，一般总是要求以财务指标为基础，例如利润（或扭亏）计划的完成情况、投资回报率、产值、销售收入、国有资产保值增值

[①]　1998 年 4 月 22 日，沪深证券交易所宣布将对财务状况和其他财务状况异常的上市公司的股票交易进行特别处理（英文为 Special Treatment，缩写为"ST"）。其中异常主要指两种情况：一是上市公司经审计两个会计年度的净利润均为负值，二是上市公司最近一个会计年度经审计的每股净资产低于股票面值。在上市公司的股票交易被实行特别处理期间，其股票交易应遵循下列规则：（1）股票报价日涨跌幅限制为5%；（2）股票名称改为原股票名前加"ST"，例如"ST 钢管"；（3）上市公司的中期报告必须经过审计。PT 股是基于为暂停上市流通的股票提供流通渠道的特别转让服务所产生的股票品种（PT 是英文 Particular Transfer（特别转让）的缩写），这是根据《公司法》及《证券法》的有关规定，上市公司出现连续 3 年亏损等情况，其股票将暂停上市。沪深证券交易所以 1999 年 7 月 9 日起，对这类暂停上市的股票实施"特别转让服务"。PT 股的交易价格及竞价方式与正常交易股票有所不同：（1）交易时间不同。PT 股只在每周五的开市时间内进行，一周只有一个交易日可以进行买卖；（2）涨跌幅限制不同。据规定，PT 股只有 5% 的涨幅限制，没有跌幅限制，风险相应增大；（3）撮合方式不同。正常股票交易是在每交易日 9:15～9:25 进行集合竞价，集合竞价未成交的申报则进入9:30以后连续竞价排队成交。而 PT 股是交易所在周五 15:00 收市后一次性对当天所有有效申报委托以集合竞价方式进行撮合，产生唯一的成交价格，所有符合条件的委托申报均按此价格成交；（4）PT 股作为一种特别转让服务，其所交易的股票并不是真正意义上的上市交易股票，因此股票不计入指数计算，转让信息只能在当天收盘行情中看到。

率、资产周转率、销售利润率等，这些都是经营业绩的重要考核指标。而这些财务指标的计算，都要涉及会计数据。除了内部考核以外，外部考核，例如行业排行榜，主要也是根据销售收入、资产总额、利润总额来加以确定的。为了在经营业绩上多得分，企业就有可能对其会计报表进行包装、粉饰。可能，基于业绩考核而进行的会计报表造假，是最常见的动机。

此外，企业在调动高级管理人员的时候，一般要进行离任审计。离任审计的时候，会计报表会根据"需要"进行调节，暴露或者不暴露业已存在的许多问题。等到新任领导上台以后，为了明确责任或者推卸责任，往往要大刀阔斧地对陈年老账进行清理，这时候同样也会在会计报表上造假。

（5）为了偷逃税款而实施财务造假

所得税的上交，是在会计利润的基础上，通过纳税调整来进行计划的。具体方法是，将会计利润调整为应纳税所得额，再乘以企业所适用的所得税税率。企业为了达到偷税、漏税、减少或者推迟纳税的目的，就往往会对会计报表进行造假。当然，也有的企业愿意虚增利润"多交税"。这些企业是不是"学雷锋"呢？当然不是。这样做的目的，是为了造成一种假象，表明自己的"盈利能力"不错，同时也为了操纵股价。

揣摩造假者的心理，分析其造假的目的，财务造假一般有如下四个基本特征：多计资产或所有者权益，少计或隐瞒负债；多计收入、收益，少计费用、成本和损失；巧妙利用会计政策，在收益好的年度多提减值准备，在收益差的年度释放"准备"，达到收益稳定的效果；不按规定提前或延迟披露财务信息，达到利己的目的。

8.2 财务造假的"重灾"科目

财务造假说复杂就复杂，说简单还真挺简单。这是因为企业经济活动无非是投入和产出两个方面，经营的目的是创造剩余价值——利润。资产表明企业的实力，利润代表企业的盈利能力，造假者无非是在这两个方面做文章，不是夸大就是缩小，怎样对自己有利就怎样干，掌握了这个规律，发现造假并不难。

（1）营业收入科目造假

利润是营业收入与成本、费用之差，在成本、费用不变的情形下，营业收入越高利润越大，财务报表越好看，所以造假者往往通过夸大营业收入的方式造假。

　　虚构营业收入是最严重的财务造假行为，有几种做法：一是白条出库，作销售入账；二是对开发票，确认收入；三是虚开发票，确认收入。这些手法非常明显是违法的，但有些手法从形式上看是合法，但实质是非法的，这种情况非常普遍，如上市公司利用子公司按市场价销售给第三方，确认该子公司销售收入，再由另一公司从第三方手中购回，这种做法避免了集团内部交易必须抵消的约束，确保了在合并报表中确认收入和利润，达到了操纵收入的目的。此外，还有一些公司利用阴阳合同虚构收入，如公开合同上注明货款是 1 亿元，但秘密合同上约定实际货款为 5 000 万元，另外 5 000 万元虚挂，这样虚增了 5 000 万元的收入，这在关联交易中非常普遍。这是上市公司财务造假手法中最常采用的方法。如红光实业、黎明股份、银广夏、达尔曼等上市公司，都是这样干的。银广夏当时 75% 以上的利润都是靠天津广夏贡献的，销售高度集中在天津广夏向一家德国公司的出口上。2001 年达尔曼对前 5 家客户的销售占了公司全部收入的 91.66%，仅前两家就占了 67%。《证券市场周刊》获得的司法机关资料显示，何学葵控制绿大地时，在绿大地上市前和上市后都曾有过多次虚增资产的造假，先后通过注册和购买方式形成共计 35 家关联公司，进行虚增资产和收入。①

　　虚构营业收入的一个手段是虚增应收账款。由于会计处理上只要有单据证明销货，便可记载营业收入及应收账款，因此，某些公司为了增加营收，会刻意放宽销货政策，例如，延长客户付款期限、给予较多的折让或利用有关出口货物优惠政策，使营业收入在短期内不正常地增加，这对公司的利润表有美化作用。例如，黎明股份财务舞弊案中，为了达到虚增收入、利润的目的，虚拟销货业务和销货对象，不惜虚开销货发票，虚增收入。该公司所属的营销不能作进项抵扣的普通增值税发票，虚增主营业务收入 1.5 亿元。②

　　此外，为达到某种特殊目的，上市公司还可能违反财务制度提前或推迟确认营业收入。提前确认收入的情形：一是在存有重大不确定性时确定收入；二是完工百分比法的不适当运用；三是在仍需提供未来服务时确认收入；四是提前开具销售发票，以美化业绩。在房地产和高新技术行业，提前确认收

　　① 赵静：《绿大地造假案始末》，载《证券市场周刊》，2013 – 02 – 26。
　　② 黎明股份 1999 年为了粉饰其经营业绩，虚增资产 8 996 万元，虚增负债 1 956 万元，虚增所有者权益 7 413 万元，虚增主营业务收入 1.5 亿元，虚增利润总额 8 679 万元，其中虚增主营业务收入和利润总额两项分别占该公司对外披露数字的 37% 和 166%。经过检查组审定后，该公司利润总额由检查前对外披露的 5 231 万元，变为 – 3 448 万元。更为严重的是该企业出现的上述问题，除常规性的少提少转成本、费用挂账、缩小合并范围等违规行为外，有 90% 以上的数额是人为编造假账、虚假核算虚增出来的。

入的现象非常普遍，如房地产企业，往往将预收账款作销售收入，滥用完工百分比法等。以工程收入为例，按规定工程收入应按进度确认收入，多确认工程进度将导致多确认利润。延后确认收入，也称递延收入，是将应由本期确认的收入递延到未来期间确认。与提前确认收入一样，延后确认收入也是企业盈利管理的一种手法。这种手法一般在企业当前收益较为充裕，而未来收益预计可能减少的情况下时有发生。

（2）费用科目造假

上市公司为了虚增利润，有些费用根本就不入账，或由母公司承担。一些企业往往通过计提折旧、存货计价、待处理挂账等跨期摊配项目来调节利润。少提或不提固定资产折旧、将应列入成本或费用的项目挂列递延资产或待摊费用。应该反映在当期报表上的费用挂在"待摊费用"和"递延资产"或"预提费用"借方这几个跨期摊销账户中，以调节利润。目前通常的做法是，当上市公司经营不理想时，或者调低上市公司应交纳的费用标准，或者承担上市公司的相关费用，甚至将以前年度已交纳的费用退回，从而达到转移费用、增加利润的目的。

费用转移也是一些上市公司费用造假的手法之一。所谓费用转移，是指延迟费用与外界第三者（可能是供货商、客户，也可能是关系人）交易的入账时间，以增加本期损益。另外，折旧费用的任意调整，资产减损或报废时机的选择，也可用来操纵损益。在郑百文财务舞弊案中，公司上市后3年运用年度截止日前后之收入、费用的操纵方法，以任意冲减成本及费用、费用跨期入账等手段，累计虚增利润约14 390万元。①

一些企业还利用费用资本化、递延费用来推迟确认费用。费用资本化主要是借款费用及研发费用，而递延费用则非常之多，如广告费、职工买断身份款等等。例如将研究发展支出列为递延资产；或将一般性广告费、修缮维护费用或试车失败损失等递延。在新建工厂实际已投入运营时仍按未完工投入使用状态进行会计核算，根据现行会计政策，在完工投入使用前的新建工厂工人工资等各项费用、贷款利息均计入固定资产价值而非当期损益。通过此方法可调增利润。还有如费用不及时报账列支而虚挂往来，按正常程序，发生的加工费、差旅费等费用应由职工先借出，在支付并取得发票后再报账冲往来计费用。在年末若职工借款较大应关注是否存在该等情况。还有的企业通过多提或少提资产减值准备以调控利润。

---

① 飞草：《上市公司十大财务造假案》，载《证券日报》，2001 – 10 – 19。

（3）资产科目造假

因为资产是企业实力的象征，因此资产科目也是财务造假的重灾区。据笔者掌握的情况，上市公司虚增资产的情况带有普遍性。操作手法有：多计存货价值，即对存货成本高估以增加存货价值，从而增加净资产价值；虚列存货，即隐瞒存货减值或减少的事实，高估资产的价值；虚拟资产挂账，是指一些公司对于不再对企业有利用价值的项目不予注销（例如已经没有生产能力的固定资产、3 年以上的应收账款，已经超过受益期限的待摊费用、递延资产、待处理财产损失等项目，常年累月挂账以达到虚增资产）；或应收账款少提备抵坏账，导致应收账款净变现价值虚增；多计固定资产，例如少提折旧、收益性支出列为资本性支出、利息资本化不当、固定资产虚增等。被称为中国证券诈骗第一案的红光实业，在上市申报材料中隐瞒固定资产不能维持正常生产的严重事实。其关键生产设备彩玻池炉实际上已经提完折旧，自1996 年下半年就出现废品率上升的现象，但是红光实业隐瞒不报。

上市公司账面资产有许多不良资产，为了挤出水分，《企业会计制度》要求上市公司计提 8 项减值准备，但很多上市公司为了维持资产规模，减值准备根本未提足。这里面原因很复杂，当初改组上市时，基于包装的需要，虚增了一块资产，可能挂在应收款项上，也可能虚增存货、固定资产、无形资产等，一些投资项目根本就是虚的或为不良资产，但也挂在账上。上市以后，因原主业不行，固定资产和无形资产就急剧减值，但上市公司也不计提减值准备，另外，上市后继续包装，造成多项资产尤其是应收款项虚增。

在资本市场上，有人说财务造假是"撑死胆大的，饿死胆小的"，"没有做不到，只有想不到"。2003 年，意大利有着 40 多年历史的跨国企业帕玛拉特公司（Parmalat Finanziaria Spa）在短短两个月的时间内破产崩盘，其管理当局的财务欺诈正是这次破产危机的元凶。其欺诈手法除了一般财务作假之外，最令人"佩服"的一招是：该公司管理层居然凭空捏造了在美国银行（Bank of America）高达 49 亿美元的现金及有价证券存款的财务数据，甚至在会计师致函该公司要求银行出具确认文件时，该公司竟自用扫描仪、复印机和传真机硬生生"做"了一份银行的确认传真出来。让人不得不慨叹真实世界远比虚构的小说还要精彩。

无疑，收入、费用和资产科目是财务造假的集中爆发地，但也不意味着其他财务科目就"出污泥而不染"，实际上任何一个财务科目，只要和企业评价有关，只要和大股东利益攸关，都可能存在猫腻。比如，"非经常性损益"事项。

非经常性损益是指公司正常经营损益之外的、一次性或偶发性损益，例如资产处置损益、临时性获得的补贴收入、新股申购冻结资金利息、合并价差摊入等。非经常性损益虽然也是公司利润总额的一个组成部分，但由于它不具备长期性和稳定性，因而对利润的影响是暂时的。非经常性损益项目的特殊性质，为公司管理盈利提供了机会，特别应关注的是，有些非经常性损益本身就是虚列的。

8.3 财务造假手段大揭秘

影响公司利润形成的主要有投入和产出两大要素，财务造假也就相应地瞄准了这两大要素，上一节我们对营业收入、费用、资产科目进行了分析，但对造假手段的揭露并不系统和充分，本节我们将集中分析财务造假的手段。

财务造假的手法究竟有多少？只能用"望洋兴叹"来形容。作者初步归纳了一下，至少有10种之多，它们是：（1）"无中生有"法；（2）关联交易法；（3）"空壳公司"法；（4）阴阳发票法；（5）确认错时法；（6）差错调整法；（7）"移花接木"法；（8）故意遗漏法；（9）估值误导法；（10）虚假合并法。

（1）"无中生有"法。这是造假者中"胆量"和"气魄"最大的，可以凭空捏造现金、资产、库存、应收账款、在建工程、应付账款、销售收入等，并且不脸红、不害臊还振振有词。如2005年9月18日A股上市公司金花股份被查出虚构现金，当年10月14日该公司发布公告承认虚构2.85亿元存款，隐瞒借款3.17亿元，后被证监会立案调查。

"无中生有"法的最大麻烦是所有的凭证、单据、账簿、报表都要自己编造。有财务专家表示，其实"无中生有"并非像外界想象的那么容易，比如你要编造销售业绩，除了销售额之外，相关的物流、存货、银行周转都会出现相应的变化，就要编造所有的相关数据，使编造的销售额看起来合理是很难的。因此，此类公司聘请的财务人员都是业内高手，并且职业道德上一定要有瑕疵，否则是干不来的。

据《人民日报》2001年9月24日报道，中国证监会于2000年11月开始对A股上市公司麦科特光电股份有限公司进行立案调查，已查明该公司通过伪造进口设备融资租赁合同，虚构固定资产9 074万港元；采用伪造材料和产品的购销合同，虚开进出口发票，伪造海关印章等手段，虚构收入3.0118亿港元，虚构成本2.0798亿港元，虚构利润9 320万港元；为达到上市规模，将虚构利润9 000多万港元转为实收资本以及倒制会计凭证、会计报表、隐匿或故意销毁依法应当保存的会计凭证。

A 股上市公司的另一朵"奇葩"达尔曼公司从上市到退市共有 8 年时间,在长达 8 年之久的时间里一直是靠造假过日子的。注资、采购、加工、库存、销售、工程项目、对外投资统统是假的,该公司的财务造假工程已经达到炉火纯青的程度。

就在本书即将搁笔之际,2014 年底媒体又曝光了珠海博元投资股份有限公司财务造假的丑闻。博元投资涉嫌连续 3 年财务欺诈,数额巨大,造假过程令人触目惊心。据《21 世纪经济报道》2014 年 12 月 10 日报道,2014 年12 月 8 日,中国证监会广东监管局公布了《关于对珠海市博元投资股份有限公司采取责令公开说明措施的决定》。

上述决定显示,广东证监局发现在 2011 ~ 2013 年,博元投资全资子公司珠海裕荣华投资有限公司财务资料记载了以下交易:"2011 年 4 月 29 日收回东莞市景瑞实业投资有限公司借款 38 400 万元;2011 年 5 月 25 日从中信银行东莞星河支行账户转账 38 400 万元至裕荣华建行深圳中心区支行账户;2011年 8 月 1 日从深圳宝生村镇银行账户转账 39 000 万元至裕荣华建行深圳中心支行账户;2011 年 9 月 26 日向深圳市利明泰股权投资基金有限公司付款1 000 万元;2011 年 10 月 31 日向工商银行上海分行付款 3 215.83 万元;2011年 12 月 13 日向控股股东珠海华信泰投资有限公司付款 1 302.17 万元;2011年 12 月 13 日向华信泰付款 33 482 万元。"但经广东证监局向相关银行查询,裕荣华上述银行收付交易均未真实发生。

博元投资 2011 年年报披露,截至 2011 年 12 月 31 日公司应收票据余额34 705 万元;2012 年半年报披露,截至 2012 年 6 月 30 日公司应收票据余额35 500 万元;2012 年年报披露,截至 2012 年 12 月 31 日公司应收票据余额36 455.83 万元。经广东证监局向相关银行查询发现,除 2011 年 12 月珠海信实收到的 1 张银行承兑汇票(票面金额 1 000 万元)查无此票外,其他与上述珠海信实的财务资料记载所收付银行承兑汇票票据号码相一致的票据背书中,均没有记载;珠海信实的财务资料记载向天津同杰银行转账支付 6 200.03 万元的交易未真实发生。

该决定还显示,博元投资 2013 年一季报披露,截至 2013 年 3 月 31 日公司应收票据余额为 37 000 万元;2013 年半年报披露,截至 2013 年 6 月 30 日公司应收票据余额为 37 800 万元;2013 年年报披露,截至 2013 年 12 月 31 日公司预付账款余额 26 262.51 万元。博元投资财务资料记载了以下交易:"2013年 2 月,将 44 张银行承兑汇票背书给天津同杰,票面金额合计为 36 455.83 万元,收到天津同杰背书的银行承兑汇票 37 张,票面金额合计 37 000 万元;

2013 年 6 月，将 37 张银行承兑汇票背书给天津同杰，票面金额合计为 37 000 万元，收到天津同杰背书的银行承兑汇票 40 张，票面金额合计 37 800 万元；2013 年 11 月、12 月期间将 28 张银行承兑汇票背书给 4 家公司，票面金额合计为 25 800 万元，形成预付账款；2013 年 12 月将 12 张银行承兑汇票背书给 2 家公司，票面金额合计为 12 000 万元。"经广东证监局向相关银行查询发现，与博元投资的账面记载收到天津同杰背书的银行承兑汇票票据号码相一致的票据背书页中，均没有记载天津同杰、博元投资的背书信息；与博元投资的账面记载背书给天津同杰及其他 6 家公司的银行承兑汇票票据号码相一致的票据背书页中，均没有记载博元投资、天津同杰和其他 6 家公司的背书信息。此外，博元投资和相关银行分别提供的票据复印件还存在部分票据票面信息或样式不一致等情况。①

调查结果显示，博元投资连续 3 年记载的巨额收入均为"无中生有"式的财务欺诈。

（2）关联交易法。根据财政部 2006 年颁布的《企业会计准则第 36 号——关联方披露（2006）》的规定，在企业财务和经营决策中，如果一方控制、共同控制另一方或对另一方施加重大影响，以及两方或两方以上同受一方控制、共同控制或重大影响的，构成关联方。比如母子公司、同一控制人设立的不同公司、业务上有密切往来关系的上下游企业等，都可以成为关联企业。关联交易（Connected Transaction）就是企业关联方之间的交易，关联交易是公司运作中经常出现的而又易于发生不公平结果的交易。

"无中生有"法在财务舞弊时操心费力，所以许多公司采用关联交易法进行财务造假。凡是交易都要有交易对方，涉嫌利益输送的交易双方一定存在着某种利益关系，所以关联交易一般都是不平等的虚假交易。比如，某上市公司与主要股东某药厂签有为期 1 年的短期投资协议书，实际的投资款为 2 000 万元，协议书规定投资产生盈亏按投资比例分成和承担，公司最高收益率不超过 65%。根据该协议书，公司在下一年度收到此项投资收益 1 159 万元，业已计入当年利润，占当年合并利润总额的 47.27%（公司当年的净利润为 2 110 万元）。值得注意的是，公司下一年度的净资产收益率为 10.28%，并且 2 000 万元的投资款带来 1 159 万元的投资收益，年回报率高达 57.95%，比正常的投资回报率高出许多，这显然是一笔带有利益输送性质的关联交易。但特殊情况下，也可能是交易双方的"共谋"行为，例如，2000 年被曝光的

① 安城：《博元投资涉嫌连续三年巨额财务欺诈　面临退市》，载《21 世纪经济报道》，2014 - 12 - 10。

ST 黎明，通过与 11 户企业对开增值税发票，虚增主营业务收入 1.07 亿元，虚转成本 7 812 万元，虚增利润 2 902 万元，虚增存货 2 961 万元，巧妙地利用增值税抵扣制度，对开增值税发票，既达到了虚增收入利润的目的，又不增加税负，交易双方臭味相投。

（3）"空壳公司"法。关联交易需要有关联方，如果对方不愿意向你输送利益，关联交易就不会成立。此外，关联交易也比较容易被投资者或监管部门察觉。于是有的企业就另辟蹊径，干脆注册若干子虚乌有的"空壳公司"，自己和自己"交易"，自己向自己"输送"利益。这样做的好处是不容易被别人察觉，也省去了谈判的时间和成本。

绿大地出纳主管赵海丽就曾受到公司领导的指令，共计注册过 35 家关联公司。这些关联公司有的是绿大地收购过来的公司，如鑫景园艺；有的是在绿大地公司员工不知情的情况下，使用公司员工的身份证去注册的公司（据赵海艳的保姆周梅供述称，赵海艳曾背着自己使用她的身份证，注册了昆明金叶园艺有限公司等），绿大地通过资金循环的方式，编造自己所需要的财务数据。一般的操作方法是：以土地款、灌溉系统工程款等各种名义转出资金，利用控制的账户流转资金，最终回到绿大地。绿大地原董事长何学葵称，起初注册这些公司是为了规避与花农的现金及白条子交易，但后来为了虚增绿大地收入，就用这些公司供绿大地公司走账、虚增收入使用。①

据检方透露，2002～2003 年，达尔曼公司开始利用自行设立的大批"空壳公司"进行"自我交易"，达到虚增业绩的目的。年报显示，这两年公司前 5 名销售商大多是来自深圳的新增交易客户，而且基本都采用赊销挂账的方式，使得达尔曼的赊销比例由 2000 年的 24% 上升到 2003 年的 55%。经检方查明，这些公司均是达尔曼董事长许宗林设立的"壳公司"，总数达 30 多个，通过这种手法两年共虚构销售收入 4.06 亿元，占这两年全部收入的 70% 以上，虚增利润 1.52 亿元。这些公司的法人表面上看起来与达尔曼没有任何关系，但仔细一查都是许宗林身边的人，可能是某个司机或资料室的工作人员，许宗林只需揣着这些公司印鉴，在需要的时候就可以轻松完成他的"数字游戏"了。通过精心策划，达尔曼的资金往往在不同公司多个账户进行倒账，以掩盖真相，加上相关的协议、单据和银行记录等都完整齐备，因此，从形式上很难发现其造假行为。②

（4）阴阳发票法。所谓阴阳发票，是指同一笔业务购销双方所持发票的

---

① 赵静：《绿大地造假案始末》，载《证券市场周刊》，2013-02-26。
② 马军生、高垚、董君：《达尔曼财务舞弊案例剖析与启示》，载《财务与会计》，2006（3）。

金额不一致，即在发票上造假。这种造假手法是有真实业务发生的，但通过造假夸大或缩小了交易的规模。听说过"大头小尾"这个词吗？所谓大头小尾，是指出具发票方，在开具手写发票时，所开具的发票的正式发票联数额大，而存根联数额小的一种现象。这是一种隐瞒或人为缩小交易规模，以达到逃税目的的作弊手法。根据《税收征管法》的规定，纳税人开具大头小尾发票，隐匿经营收入，造成不缴或少缴税款的，属于偷税行为。

但某些上市公司开具阴阳发票、订立阴阳合同的目的却是夸大销售收入（可以称"小头大尾"），从而操纵利润数据，以避免公司被戴帽或退市。关于造假的方式，绿大地原董事长郑亚光曾给记者举了个例子：比如说公司买一块地，实际成本可能就 1 000 万元，但账面上花了 1 亿元。用套出来的 9 000 万元注册一个关联公司，关联公司用 9 000 万元购买绿大地公司的苗木，这 9 000 万元就又流进来了，资金循环一圈，最后又回到公司，公司的资产、收入和利润就虚增了。[①]

（5）确认错时法。会计核算中，收入、库存、费用、成本、损失的发生和确认都有确定的规则（还记得前面章节介绍过的权责发生制和收付实现制吗？），但造假企业却故意提前或错后确认上述业务数据，以满足报表调整的需要。比如，笔者所了解的一家上市公司是一家白酒生产企业，为了销售和利润数据，鼓励业务员大量向渠道"铺货"，因为这样就可以确认收入了，而不管有无回款的可能，该企业应收账款管理的混乱状况可想而知。

1995~1996 年，张家界公司先后与张家界电业局、深圳金达贸易有限公司、深圳达佳贸易有限公司签订 364 亩土地转让合同，金额计 7 965.9 万元，并约定土地使用证在买方付款后移交。公司在未开具发票和收到款项，亦未转让土地使用权的情况下，将约定的以上转让金确认为 1996 年收入，使收入虚增 7 965.9 万元，税前利润虚增 2 165 万元。1997 年，公司与张家界土地房产开发公司、深圳凯莱德实业公司、湖南兆华投资公司签订了 150 亩土地转让协议，金额合计 4 295 万元。协议约定，受让方需在半年内付清全部价款，才能得到土地使用权证。公司在未开具发票和收到款项，土地使用权亦未转移的情况下，将以上转让金确定为当年收入，使收入虚增 4 295 万元。[②]

（6）差错调整法。利用前期会计差错追溯调整的规定，将亏损往前移，因为会计估计变更导致的损益要直接进入当期损益。听说过"洗大澡"这个词吗？（别往桑那浴那想，和桑那浴没关系。）"洗大澡"其实是一个会计术

① 赵静：《绿大地造假案始末》，载《证券市场周刊》，2013 – 02 – 26。

② 飞草：《上市公司十大财务造假案》，载《证券日报》，2001 – 10 – 19。

语，是英文"Take a big bath"的直译（可见西方国家上市公司也这么干）。它的意思是，上市公司有意压低坏年景的业绩，将利润推迟到下一年度集中体现，以达到下一年度业绩大增，是一种会计操纵的手段。

按照我国股市管制规章，连续三年亏损的上市公司就应当退市。如果实事求是地编制财务报表，有相当一部分上公司由于经营业绩不佳应当退市。但它们显然不情愿，不情愿怎么办？只能在财务报表上做文章。不是"连续三年亏损"退市吗？既然允许调整会计差错，我何不"差错"一把然后再调整呢？这样你就看到：有些上市公司如连续两年亏损第三年必定盈利，或者连续两年盈利然后是一个大大的亏空，干吗呢？"洗大澡"呢！（让所有的暴风雨一起来吧！）也就是人为地把重大损失、费用、减值集中在亏损的那一年，让你一次亏个够。常见的手法包括大规模计提坏账准备等资产减值准备，导致当年业绩大减甚至亏损，在下一年度转回以前提取的减值准备，形成业绩大幅增长的假象，而公司实际经营状况却未发生根本改观。"洗大澡"的结果是保住了上市公司的资格，又没有违反会计制度，不这样做才是"傻瓜"呢！

现在新的会计准则已经不允许让减值准备转回，所以这个空间就缩小了，但是并不意味着以后就不存在这方面的问题了。根据我国《企业会计准则——会计政策、会计估计变更和会计差错更正》的规定，如果发现前期财务报表存在重大会计差错更正，会计处理应采用追溯调整法，即调整会计报表期初留存收益和有关项目，并相应调整比较会计报表的有关项目和金额，而非直接计入当期损益及相关项目。避免将前期财务报表存在的重大会计差错直接计入发现当期的损益，这种方法有助于本年度收益的如实反映。但是应当引起注意，追溯调整法不影响当期损益而又能够改变资产负债表结构的特点同样被一些上市公司操纵。在我国目前会计差错更正屡见于上市公司财务报告的现实情况下，关注会计差错更正问题无疑具有重要意义。

从上市公司的角度，操纵会计差错更正的主要目的是避免被特别处理或退市，上市公司通常表现为亏损年度的巨亏和扭亏年度的微利。利用会计差错更正的追溯调整，使亏损年度亏上加亏，扭亏年度轻装上阵，从而起到减少费用成本支出、增加利润的作用。

（7）"移花接木"法。这是一种利用会计科目的灵活性人为操纵会计数据的技术性作弊方法，外行人很难发现。由于会计应计制和收付制的差别，会计准则和会计制度具有一定的灵活性，在同一交易和事项的会计处理上可能给出多种可供选择的会计处理方法。因此，对于急于粉饰报表的上市公司来说，会计政策的选择无疑是一条良策。

　　按照会计制度的规定，根据不同情况，长期借款利息可以计入开办费、在建工程、财务费用等。某些上市公司就利用借款费用的会计处理方法调节利润。例如，金路公司在 1997 年年报中，以多计资本化信息、少转财务费用等手段虚增利润 3 415.17 万元，同时，原四川德阳会计师事务所未勤勉尽责，为金路公司 1997 年年报出具了无保留意见的审计报告。2001 年，中国证监会根据有关证券法规，对金路公司处以警告并罚款 100 万元，对相关责任人处以警告并分别罚款；对原四川德阳会计师事务所作出了没收 20 万元，并罚款 20 万元的处罚，对签字注册会计师分别作出罚款并暂停证券从业资格 1 年的行政处罚。

　　会计上将支出按受益期的不同，分为收益性支出和资本性支出。收益性支出直接进入当期损益，资本性支出形成长期资产，也就是俗称的"资本化"开支。尽管从理论上从受益期限长短可以划分清楚，但实务中，仅从受益期限来划分资本性支出和收益性支出是不现实的，因为它还得服从"重要性""稳健性"和"配比"原则。拥有自有品牌的上市公司，既可将广告费用视为收益性支出计入当期销售费用，也可将广告费用支出视为资本性支出分期摊销。对于使用控股股东品牌的上市公司而言，一种情况是控股股东支付当期广告费用，而上市公司按该品牌产品的销售额提取一定比率支付给控股股东作为商标使用费；另一种情况是上市公司除支付商标使用费外，还支付当期广告费用。前一种高估了当期利润，后一种低估了当期利润。

　　（8）故意遗漏法。会计核算中，有一些可由核算主体自主决定的计提准备项目，比如坏账准备、资产减值准备、重大损失准备等。这些支出是"或有"性质的支出（就是可能发生也可能不发生的意思），如果计提就会减少当期利润，所以，有些企业为利润指标好看，就打起了"擦边球"。比如，一些企业的资产投资回报率不高，又面临巨大的计提折旧、利息和减值准备的压力，就可能会采取不计提或少计提利息、折旧、减值准备的方法。2000 年，会计师事务所对深中浩的财务报告提出了 5 点保留意见，其中涉及公司对 8 065 万元的呆账未及时处理和 4 824 万元的待处理流动资产损失未予处理，等等。又如 2001 年被财政部通报批评的福建福联，长期股权投资账表不符 2 886 万元，少提法定盈余公积 192 万元，少提公益金 96 万元，少提坏账准备 107 万元。

　　（9）估值误导法。2003 年 7 月 26 日，《证券市场周刊》发表了《会计魔方》封面文章，文章称，在关联交易、债务重组等方式受限以后，一种更新的操纵利润手法——会计估值，正在被越来越多的上市公司合法地滥用。

　　我国《企业会计准则——基本准则》规定，会计计量属性包括：①历史成本；②重置成本；③可变现金净值；④现值；⑤公允价值。它的意思是说，在企业会计核算中，针对不同的资产与负债，理论上可以对其价值进行重估，对于按历史成本计量的资产与负债，可以使用重置成本法、出售价格法、净现值法和公允价值法对其进行重估，以反映其真实的价值状态。这种想法的出发点没有错，但在实践中却被某些居心不良的上市公司用作操纵企业资产价值的工具。有人说，由艺术到魔术仅一步之遥，当上市公司运用会计估值越来越炉火纯青的时候，是非判断已经不那么简单了。

国内媒体对这种"会计妖魔化"指控的焦点是"八项减值准备"①。我国上市公司在实施资产减值会计时，既有减值计提不足的问题，也有减值计提过度的问题。减值计提不足导致未来年份集中补提，减值计提过度导致未来年份的回冲，这两种情况都会导致会计利润无法真实公允反映企业当期的经营成果。

由于估值的方法较多，企业的自由度较大，不同估值方法估值结果的差距又较大，这就给企业财务造假预留了巨大的空间，企业可以堂而皇之利用估值技术虚增资产价值，误导投资者，而投资者又"哑巴吃黄连——有苦说不出"。

（10）虚假合并法。企业合并，从概念上讲，是指将两个或者两个以上单独的企业合并形成一个报告主体的交易或事项。在现实经济生活中，企业的分分合合是每天都在发生的事情，不值得大惊小怪。但这里所说的企业合并，完全是为改善上市公司财务报表而进行的合并。例如上市公司财报的利润指标太难看，它就兼并一家利润额充裕的公司，合并报表后，亏损不见了，上市公司资格保住了，合并的目的达到了。这可以戏称为"报表重组"，说不定这是两家公司做的一个"局"，合并是假，过关是真（结婚和离婚都是常态）。此种手法不仅国内上市公司在用，西方也不例外，从美国在线和时代华纳财务舞弊手法来看，也大多与滥用并购会计有关。

企业为了优化资本结构，调整产业结构，完成战略转移等目的而实施的资产置换和股权置换便是资产重组。然而，近年来的资产重组总是使人联想到做假账。许多上市公司扭亏为盈的秘诀便在于资产重组。通过不等价的资产置换，为上市公司输送利润，目前仍然是利润操纵的主要手法之一，虽然因"非公允的关联交易差价不能计入利润"新规定而受限制，但上市公司仍可以通过非关联交易的资产重组方式为上市公司输送利润。

---

① 八项减值准备包括：1. 坏账准备；2. 存货跌价准备；3. 短期投资跌价准备；4. 长期投资减值准备；5. 委托贷款减值准备；6. 固定资产减值准备；7. 在建工程减值准备；8. 无形资产减值准备。

专栏6:

达尔曼财务舞弊案例剖析与启示

马军生 高垚 董君 《财务与会计》2006年第3期

2005年3月25日，ST达尔曼成为中国第一个因无法披露定期报告而遭退市的上市公司。从上市到退市，在长达八年的时间里，达尔曼极尽造假之能事，通过一系列精心策划的系统性舞弊手段，制造出具有欺骗性的发展轨迹，从股市和银行骗取资金高达30多亿元，给投资者和债权人造成严重损失。

一、案例简介

西安达尔曼实业股份有限公司于1993年以定向募集方式设立，主要从事珠宝、玉器的加工和销售。1996年12月，公司在上交所挂牌上市，并于1998年、2001年两次配股，在股市募集资金共计7.17亿元。西安翠宝首饰集团公司一直是达尔曼第一大股东，翠宝集团名为集体企业，实际上完全由许宗林一手控制。

从公司报表数据看：1997~2003年，达尔曼销售收入合计18亿元，净利润合计4.12亿元，资产总额比上市时增长5倍，达到22亿元，净资产增长4倍，达到12亿元。在2003年之前，公司各项财务数据呈现均衡增长。然而，2003年公司首次出现净利润亏损，主营业务收入由2002年的3.16亿元下降到2.14亿元，亏损达1.4亿元，每股收益为-0.49元；同时，公司的重大违规担保事项浮出水面，涉及人民币3.45亿元、美元133.5万元；还有重大质押事项，涉及人民币5.18亿元。

2004年5月10日，达尔曼被上交所实行特别处理，变更为"ST达尔曼"，同时证监会对公司涉嫌虚假陈述行为立案调查。2004年9月，公司公告显示，截至2004年6月30日，公司总资产锐减为13亿元，净资产-3.46亿元，仅半年时间亏损高达14亿元，不仅抵消了上市以来大部分业绩，而且濒临退市破产。此后，达尔曼股价一路狂跌，2004年12月30日跌破1元面值。2005年3月25日，达尔曼被终止上市。

2005年5月17日，证监会公布了对达尔曼及相关人员的行政处罚决定书（证监罚字〔2005〕10号），指控达尔曼虚构销售收入、虚增利润，通过虚签建设施工合同和设备采购合同、虚假付款、虚增工程设备价款等方式虚增在建工程，重大信息（主要涉及公司对外担保、重大资产的抵押和质押、重大诉讼等事项）未披露或未及时披露。同时，证监会还处罚了担任达尔曼审计工作的三名注册会计师，理由是注册会计师在对货币资金、存货项目的审计过程中，未能充分勤勉尽责，未能揭示4.27亿元大额定期存单质押情况和未能识别1.06亿元虚假钻石毛坯。

调查表明，达尔曼从上市到退市，在长达八年之久的时间里都是靠造假过日子的。这场造假圈钱骗局的"导演"就是公司原董事长许宗林。经查明，1996～2004年，许宗林等人以支付货款、虚构工程项目和对外投资等多种手段，将十几亿元的上市公司资金腾挪转移，其中有将近6亿元的资金被转移至国外隐匿。监守自盗了大量公司资产后，许宗林携妻儿等移民加拿大。到2004年初公司显现败落时，许以出国探亲和治病的借口出国到加拿大，从此一去不回。2004年12月1日，西安市人民检察院认定，许宗林涉嫌职务侵占罪和挪用资金罪，应依法逮捕。2005年2月，证监会对许宗林开出"罚单"：给予警告和罚款30万元，并对其实施永久性市场禁入的处罚。但直到今天，达尔曼退市了，许宗林依然在国外逍遥。

二、达尔曼造假的主要手法

达尔曼虚假陈述、欺诈发行、银行骗贷、转移资金等行为是一系列有计划、有组织的系统性财务舞弊和证券违法行为。在上市的八年时间里，达尔曼不断变换造假手法，持续地编造公司经营业绩和生产记录。

1. 虚增销售收入，虚构公司经营业绩和生产记录

达尔曼所有的采购、生产、销售基本上都是在一种虚拟的状态下进行的，是不折不扣的"皇帝的新装"。每年，公司都会制订一些所谓的经营计划，然后组织有关部门和一些核心人员根据"指标"，按照生产、销售的各个环节，制作虚假的原料入库单、生产进度报表和销售合同等，为了做得天衣无缝，对相关销售发票、增值税发票的税款也照章缴纳，还因此被评为当地的先进纳税户。

公司在不同年度虚构销售和业绩的具体手法也不断变化：1997～2000年度主要通过与大股东翠宝集团及下属子公司之间的关联交易虚构业绩，2000年仅向翠宝集团的关联销售就占到了当年销售总额的42.4%。2001年，由于关联交易受阻，公司开始向其他公司借用账户，通过自有资金的转入转出，假作租金或其他收入及相关费用，虚构经营业绩。2002～2003年，公司开始利用自行设立的大批"壳公司"进行"自我交易"，达到虚增业绩的目的。年报显示，这两年公司前五名销售商大多是来自深圳的新增交易客户，而且基本都采用赊销挂账的方式，使得达尔曼的赊销比例由2000年的24%上升到

2003年的55%。经查明，这些公司均是许宗林设立的"壳公司"，通过这种手法两年共虚构销售收入4.06亿元，占这两年全部收入的70%以上，虚增利润1.52亿元。

2. 虚假采购、虚增存货

虚假采购，一方面是为了配合公司虚构业绩需要，另一方面是为达到转移资金的目的。达尔曼虚假采购主要是通过关联公司和形式上无关联的"壳公司"来实现的。从年报可以看出，公司对大股东翠宝集团的原材料采购在1997~2001年呈现递增趋势，至2001年占到了全年购货额的26%。2002年年报显示，公司当年期末存货增加了8 641万元，增幅达86.15%，是年末从西安达福工贸有限公司购进估价1.06亿元的钻石毛坯所致，该笔采购数额巨大且未取得购货发票。后经查明，该批存货实际上是从"壳公司"购入的价格非常低廉的锆石。注册会计师也因未能识别该批虚假存货而受到处罚。从2001年公司开始披露的应付账款前五名的供货商名单可以看出，公司的采购过于集中，而且呈加剧状态。到2003年，前五位供货商的应付账款占到全部应付账款的91%。

3. 虚构往来，虚增在建工程、固定资产和对外投资

为了伪造公司盈利假象，公司销售收入大大高于销售成本与费用，对这部分差额，除了虚构往来外，公司大量采用虚增在建工程和固定资产、伪造对外投资等手法来转出资金，使公司造假现金得以循环使用。此外，其还通过这种手段掩盖公司资金真实流向，将上市公司资金转匿到个人账户，占为己有。据统计，从上市以来达尔曼共有大约15个主要投资项目，支出总金额约10.6亿元。然而无论是1997年的"扩建珠宝首饰加工生产线"项目，还是2003年的"珠宝一条街"项目，大多都被许宗林用来作为转移资金的手段。2002年年报中的"在建工程附表"显示，公司有很多已开工两年以上的项目以进口设备未到或未安装为借口挂账；而2003年年报的审计意见中更是点明"珠宝一条街""都江堰钻石加工中心""蓝田林木种苗"等许多项目在投入巨额资金后未见到实物形态，而公司也无法给出合理的解释。证监会的处罚决定指控达尔曼2003年年报虚增在建工程约2.16亿元。

4. 伪造与公司业绩相关的资金流，并大量融资

为了使公司虚构业绩看起来更真实，达尔曼配合虚构业务，伪造相应的资金流，从形式上看，公司的购销业务都有资金流转轨迹和银行单据。为此，达尔曼设立大量"壳公司"，并通过大量融资来支持造假所需资金。在虚假业绩支撑下，达尔曼得以在1998年、2001年两次配股融资。同时达尔曼利用上市公司信用，为"壳公司"贷款提供担保，通过"壳公司"从银行大量融资

作为收入注入上市公司，再通过支出成本的方式将部分转出，伪造与业绩相关的资金收付款痕迹。

三、达尔曼造假特点分析

1. 造假过程和手法系统严密，属"一条龙"造假工程，具有较强隐蔽性

达尔曼高薪聘请专家，对造假行为进行全程精心策划和严密伪装，形成造假工程"一条龙"。比起银广夏和东方电子，达尔曼的造假更具系统性和欺骗性，公司的虚假业绩规划有明确的流程，并有配套的货币资金流转规划，编制了充分的原始资料和单据，并且按照账面收入真实缴纳税款。为了融资、资金周转和购销交易，许宗林等人设立了大量关联公司或"壳公司"。据透露，与达尔曼发生业务往来的关联方，基本都是由许宗林控制的账户公司、"影子"公司，这类公司大致分为以托普森、海尔森为代表的"森"字系和以达福工贸等为代表的"达"字系，总数达30多个。这些公司的法人表面上看起来与达尔曼没有任何关系，但仔细一查都是许宗林身边的人，可能是某个司机或资料室的工作人员，许宗林只需揣着这些公司印鉴，在需要的时候就可以轻松完成他的"数字游戏"了。通过精心策划，达尔曼的资金往往在不同公司多个账户进行倒账，以掩盖真相，加上相关的协议、单据和银行记录等都完整齐备，因此从形式上很难发现其造假行为。

此外，为了掩盖造假行为，达尔曼还将造假过程分解到不同部门和多家"壳公司"，每个部门只负责造假流程的一部分。这样，除个别关键人员外，其他人不能掌握全部情况，无法了解资金真实去向。在后期，许宗林逐步变更关键岗位负责人，将参与公司造假及资金转移的关键人员送往国外，进一步转移造假证据。在上市期间，达尔曼还频繁更换负责外部审计的会计师事务所，八年期间更换了三次，每家事务所的审计都不超过两年。

2. 以"圈钱"为目的，并通过复杂的"洗钱"交易谋取私利

达尔曼上市具有明显的"圈钱"目的。公司从证券市场和银行融入大量资金，并未用于投资项目、扩大生产，而是为了个人控制、使用。陕西某证券分析师在接受记者采访时说："许宗林从一开始，就是要造一个泡沫。他从来没有任何扎实的实业。"许宗林以采购各种设备和投资为名，将总数高达四五亿元的巨额资金，通过设立的"影子"公司完成"洗钱"，并转往国外。

3. 银行介入造假过程，起到一定程度的"配合"作用

分析近几年一些重大财务舞弊案，如欧洲帕玛拉特、台湾博达、烟台东方电子等财务造假案，都有银行等金融机构的影子，银行协助企业安排复杂的融资交易、转移资金，甚至虚构存款等。在达尔曼案例中，虽然没有证据表明银行直接参与造假，但在长达八年时间里，对于达尔曼大量贷款、违规担保、未及时披露担保信息、转移资金等情况，如果银行能够更尽职、谨慎一些，达尔曼很难持续、大规模地这样造假。一个明显的例子是，作为上市公司的达尔曼，在年度报告里每年要详细披露银行贷款、存单质押、对外担保状况，对于达尔曼大量未披露的质押和担保，作为银行应该是很容易发现的。

4. 造假成本巨大，社会后果严重

为了使造假活动达到"以假乱真"的效果，达尔曼不但对虚假收入全额纳税，而且还多次对虚假收益实施分配，同时支付巨额利息维持资金运转，使造假过程形成了一个巨大的资金黑洞。据粗略测算，达尔曼几年来用于作假的成本，包括利息、税款等达数亿元。正是由于造假资金成本过大，导致资金在循环过程中不断消耗，最后难以为继。为此，除股市融资外，达尔曼还通过不断增加银行借款维持公司繁荣假象，造成贷款规模剧增，债务危机日趋严重。在被立案稽查前，达尔曼直接间接银行债务已高达 23 亿元，大量贷款逾期，资金链断裂，银行争相讨债，最终财务风险爆发，给投资者和债权人造成了巨大损失。

四、财务舞弊的识别

达尔曼的系统性财务舞弊，具有很强的隐蔽性和欺骗性，例如达尔曼大量采用提供担保、由"壳公司"进行融资的做法，负债没有反映在表内，衡量偿债能力的流动比率和资产负债率指标并未见明显异常。但这种系统性造假是否真的就天衣无缝呢？

1. 从盈利能力指标看。进行财务舞弊的公司出于虚构利润需要，财务报表上通常会显示不寻常的高盈利能力，如蓝田股份、银广夏的毛利率大大高于同行业的公司。达尔曼 1996~2002 年的平均主营业务毛利率高达 45%，平均主营业务净利率达 38%，对于这种持续的畸高利润率，报表使用者应当予以高度警惕。

2. 从现金指标看。现金为王，现金流量信息一直被认为比利润更可靠、更真实，投资者比较关注的是经营活动净现金流量，但对现金流也造假的公司，这一招就失灵了，达尔曼伪造了与经营业务相对应的现金流，并通过"壳公司"大量融资，使得达尔曼的现金流量看起来非常充足，对报表使用者造成误导。对造假公司来说，为了维持造假资金循环，其会采用各种办法将资金转出去或虚列账面现金，因此，投资者除关注经营活动现金流量外，还应当关注其他现金指标的合理性。

首先，要警惕经营活动净现金流量大额为正，同时伴随大额为负的投资活动净现金流量的情况。例如蓝田股份 2000 年经营活动净现金流量为 8 亿元，同期的投资活动净现金流量为 -7 亿元，达尔曼的经营活动净现金流量绝大多数年度都是正数，但其投资活动净现金流量持续为负。

其次，要分析公司货币资金余额的合理性。例如帕玛拉特、台湾博达在舞弊案爆发前账面虚列大量现金，事后查明这些现金都是虚构的或被限制用途。从达尔曼的合并报表看，公司 2001 年以前的货币资金余额一直在 2 亿元左右，2001 年及以后的货币资金余额都超过 6.5 亿元，而公司的平均年主营业务收入约为 2.5 亿元，现金存量规模明显超过业务所需周转资金。另一方面公司账面有大量现金，却又向银行高额举债，银行借款规模逐年增长，2002 年和 2003 年的期末银行借款分别达到 5.7 亿元和 6.7 亿元，银行短期贷款利率远高于定期存款利率，逻辑上不合理。公司后来的自查表明，2003 年末达尔曼银行存款有 6.3 亿元是被质押的存单，仅西安达福工贸有限公司就有 3.2 亿元借款是用达尔曼存单进行质押的，而从公司历年年报看，达尔曼与达福工贸除了购销关系外，形式上没有其他任何关联。从 2002 年会计报表附注来看，注册会计师当时亦发现了银行存款中有 4.9 亿元定期存单的事实，却没有怀疑其合理性并实施进一步审计程序，这也是证监会处罚注册会计师的主要理由之一。

3. 从营业周转指标来看。虚构业绩的公司，往往存在虚构往来和存货的现象，在连续造假时，公司应收款项相应地持续膨胀，导致周转速度显著降低。达尔曼的应收账款周转率和存货周转率从 1999 年开始大幅下降，二者年周转率都已低于 2，意味着公司从货物购进到货款回笼需要一年以上时间，营运效率极低，这样的公司却能持续创造经营佳绩实在令人怀疑。

4. 从销售客户情况、销售集中度和关联交易来看。虚构业绩往往是通过与（实质上的）关联公司进行交易实现，这样公司的销售集中度会异常地高，例如银广夏当时 75% 以上的利润都是靠天津广夏贡献的，销售高度集中在天津广夏向一家德国公司的出口上。2001 年达尔曼对前五家客户的销售占了公司全部收入的 91.66%，仅前两家就占了 67%。此外，达尔曼的客户群在不同年度频繁变动，一般来说公司正常的经营需要保持稳定的客户群，这种无合理解释的客户群频繁变动则是一种危险信号。

5. 关注公司其他非财务性的警讯。投资者往往可以从以下一些方面发现公司舞弊的迹象和警讯：公司治理结构完善程度，董事和高管的背景、任职情况、更换情况，遭受监管机构谴责和处罚情况，诉讼和担保情况，财务主管和外部审计师是否频繁变更等。达尔曼的公司治理结构形同虚设，存在严重的内部人控制，许宗林在达尔曼唯我独尊，人员任免、项目决策、资金调动、对外担保等重要事项全由其一人控制、暗箱操作。2003 年年报显示，董事会对审计意见涉及的违规信息披露、大量担保、虚假投资等重大事项到2003年才第一次获知，并深感震惊。此外，公司财务主管和外部审计师频繁更换，证监会在2001年、2002年对达尔曼的毛利率畸高、关联交易、信息披露等问题多次提出质疑并要求整改，这些都是公司可能存在重大舞弊的警讯。

五、结论和启示

达尔曼退市了，如果证券市场没有完善的舞弊防范和处罚机制，下一个达尔曼骗局可能还会上演。达尔曼有目的的圈钱、洗钱和系统性财务舞弊给我们留下许多值得深思的启示：

1. 完善公司治理。公司治理结构是防范财务舞弊最基础的一道防线，尤其对一些民营背景的上市公司来说，如果没有适当制约机制，很容易出现实际控制人在董事会"一言堂"现象，将上市公司作为谋取私利的工具。近年来，监管层采取了一系列措施来完善上市公司治理，包括引进独立董事、成立审计委员会、分类表决等制度，但中国的经济、法律和文化环境与发达国家存在很大差别，如何保证这些制度实施过程的有效性是当前亟待解决的问题。由于财务舞弊通常给债权人也带来巨大损失，作为债权人的银行等机构有意愿且有能力来监督公司，我国可考虑适当借鉴大陆法系公司治理模式，加强债权人在公司治理中的作用。

2. 完善银行等金融机构的治理结构和内部控制，加强金融联手监管。达尔曼向银行申请贷款20多亿元能够得逞，并在不同公司之间大量调度资金、向国外转移资金，除了其造假水平高超外，从一个侧面反映了我国银行的治理结构与内部控制存在缺陷。达尔曼系统性财务舞弊和圈钱、洗钱行为已超越了证券行业的范围，扩展至整个金融领域，涉及证券、银行、外汇等多个领域，因此有必要加强金融领域多部门间的监管协作，建立监管信息的沟通机制。例如，人民银行的征信系统可以查询到上市公司在本地银行贷款及担保记录，如果能将各地贷款信息联网，在不同监管部门沟通，对达尔曼未披露的大量融资和担保就可以尽早发现并及时监管。

3. 加强货币资金审计，提防现金流信息的欺骗性。随着造假手段越来越"高明"，现金流信息同样具有很强的欺骗性。达尔曼在伪造业绩的同时，也伪造了相应的现金流，并且采用存单质押担保的贷款方式实现资金的表外实质转移，但从形式上看，企业现金仍然在账上。为此，审计师要分析货币资金余额的合理性和真实性，高度重视银行函证，不仅对表内资产负债进行证实，更要注意查询是否存在财务报告未记载的表外负债或担保。另外，银行单证属于在被审计单位内部流转过的外部证据，其可靠性应被审慎评价。为保证函证有效，避免被审计单位利用高科技手段篡改、变造和伪造银行对账单等单证，审计师应尽量做到亲自前往银行询证，并注意函证范围的完整性。在现金流量指标上，不能只关注经营现金流量信息，还要结合考察投资和筹资活动现金流量状况。

4. 关注上市公司实质性风险。系统性财务舞弊往往采取在主体外造假的做法，如果仅仅局限于主体本身财务报表，账账、账实从形式上看都是相符的，很难通过余额的实质性测试发现问题。新的国际审计风险准则特别强调，应警惕仅实施实质性程序无法提供充分、适当审计证据的风险，为此，审计师或其他利益相关人应当借鉴风险导向审计的手段，重视风险评估，从战略和系统角度来评估公司可能存在的重大风险，保持应有的职业谨慎，发现公司舞弊。

5. 加强上市公司担保的监管。从我国出现问题的上市公司看，一个显著特点是这类公司很多都存在严重违规担保现象，达尔曼也不例外。为此，监管部门应采取措施完善上市公司对外担保管理，加强对担保信息的及时披露。对审计师来说，应当高度关注上市公司担保情况和可能存在的风险。

参考文献

1. ［美］斯蒂芬·A. 罗斯等著，李长青等译：《公司理财：核心原理与应用》，第三版，中国人民大学出版社，2013 年 10 月版。

2. ［英］格伦·阿诺德著，汪平等译：《公司财务管理》，经济管理出版社，2009 年 2 月版。

3. ［意］卢卡·帕乔利，常勋、葛家澍译及解说：《簿记论》，立信会计出版社，2009 年 12 月版。

4. ［美］迈克尔·查特菲尔德著，文硕、董晓柏译：《会计思想史》，中国商业出版社，1989。

5. 刘建位著：《巴菲特股票投资策略》，机械工业出版社，2005 年 6 月版。

6. 袁克成：《明明白白看年报——投资者必读》，机械工业出版社，2008 年 4 月版。

7. ［美］本杰明·格雷厄姆、戴维·多德著，巴曙松、陈剑等译：《证券分析》，第六版，中国人民大学出版社，2013 年 4 月版。

8. ［美］本杰明·格雷厄姆著，王中华、黄一义译：《聪明的投资者》，人民邮电出版社，2011 年 7 月版。

9. 赵文明：《彼得·林奇投资选股智慧全集》，地震出版社，2007 年 11 月版。

10. 乐敏：《巴菲特的投资智慧》，电子工业出版社，2013 年 1 月版。

11. 郭恩才：《做巴菲特的研究生》，中国金融出版社，2014 年 12 月版。

12. 巴菲特致股东信网址：

①腾讯财经网，http：//finance. qq. com/zt2010/bftgddh/；

②新浪博客（风中散发），http：//blog. sina. com. cn/s/articlelist_ 1147298365_ 9_ 1. html；

③巴菲特思想网，http：//www. buffettism. com/。

后　记

产生写作本书的想法是在 2014 年年初，书的题目暂定为《选股必修的财务分析方法》。中国股市问世 1/4 世纪以来，普通投资者从股市上赚到钱了吗？答案并不乐观。

普通投资者赚不到钱，固然有制度设计方面的原因，有股市发育不成熟的原因，有监管方面的原因，甚至有股市文化畸形的原因，其实最根本的还是人类的贪婪本性与股民素质不高相交织的原因（这样说话是要得罪人的，但事实的确如此）。比如，许多投资者没有正确的投资理念，不了解股票市场的基本知识，更不掌握股市投资的技巧，操作股票的信息来源或是道听途说的小道消息，或是听信股评家瞎忽悠，或是迷信被斥为"巫术"的 K 线图，或是盲目自信自以为是，每天在股市上追涨杀跌，扔西瓜捡芝麻，一年到头，多数人投资亏本，甚至有人血本无归，如能打个平手就算不错了。其实，即使是在各方面都不尽如人意的中国股市环境下，如果掌握了正确的投资理念和投资方法，他们也许不会输得这样惨。2014 年 6 月 19 日，万科第一大个人股东——香港的刘元生先生在深圳接受了万科 TV 的采访，讲述了他与王石、与万科 30 多年的缘分。穿越若干牛熊周期，1988 年刘元生投资万科的市值360 万元的股票，今天已经变成 10 亿元，书写了中国股市的传奇。刘元生的投资"秘诀"很简单：找到一只好股票并长期持有。

2014 年年底，中国金融出版社出版了我的新作——《做巴菲特的研究生》。这本书的主旨是弘扬巴菲特的价值投资理念，传播价值投资的方法和技巧，提高投资者的投资收益率。我长期从事金融投资和公司理财的理论研究，深知价值投资的基本方法就是分析拟投资公司的"基本面"，评估其有无投资价值，分析的路径主要是对其财务状况的分析，而分析的方法就是财务分析法。大学里有一门专业课叫《公司理财》，财务分析方法是其核心内容之一。既然是这样，为什么还要写《选股必修的财务分析方法》这本书呢？原因是《公司理财》是教人做财务管理工作的，而不是站在投资者的角度分析拟投资公司的财务状况和判断有无投资价值。虽然这两者在方法论上有共性，但由于所持立场和目的不同，二者所阐述的内容和角度明显不同。

《做巴菲特的研究生》一书出版后，我的想法又有了一些变化。"选股"仅仅研究股票投资的问题，其实，实业投资和其他品类的财务投资也涉及财务分析方法的应用。比如，项目投资的可行性研究要进行财务预测，创业投资要对拟投资项目进行财务预计和分析，银行发放贷款要分析借款企业的财务状况，甚至大学生的创业大赛方案也必须有对企业未来财务状况分析的内容，等等。实际上，财务分析方法广泛应用于投资的各个领域和层面，这就促使我从更广泛的意义上来看待这个问题，于是决定将题目改为《投资必修的财务分析方法》。虽然仅更改了两个字，但书的内容和体系与原来的构想已有重大差别。于是我修改了提纲，重新组织内容，算是"重打鼓，另开张"了。

2014 年我在给工商管理专业研究生上课时，组织他们对《投资必修的财务分析方法》提纲进行了讨论，并鼓励同学们撰写部分章节的初稿。但由于写作主旨的改变，加之书稿质量参差不齐，所以基本上没有采用。但我也吸收了同学们的一些有益的意见，并感谢他们参与了本书内容的讨论。当然，书中的不足或失误由我个人负责。

郭恩才谨识
2015 年 3 月 29 日于大连小平岛